导 论

2020年新冠肺炎疫情的广泛传播，成为第二次世界大战结束以来人类遭遇的最严重的全球公共卫生危机。病毒不仅威胁着人们的健康与生命，而且沉重打击了世界经济、国际贸易和全球金融市场，其破坏性甚至超过了2008年全球金融危机，各国政府不得不在疫情防控和经济重启等政策目标之间做出艰难抉择。迫于疫情失控、经济萎缩的压力，美国财政部推出数轮救助计划，美联储不惜紧急降息、无限量释放流动性，但这些措施都无法缓解美国国内社会撕裂、政党对立以及选举和权力移交过程中的乱象纷争。但即便如此，美国政府对华的极限施压也没有丝毫放松，全面遏制中国崛起的行动更是不断升级。面对突如其来的疫情冲击和越发严峻的外部环境，中国社会治理的方方面面韧性十足：不仅疫情防控阻击战取得了重大胜利，而且适应疫情常态化统筹推进经济社会发展成效显著，成为全球唯一实现正增长的主要经济体。

截至2020年底，人民币国际化指数（RII）达到5.02，同比大幅增长54.20%。RII由中国人民大学国际货币研究所率先编制，在2012年的《人民币国际化报告》中首次正式披露，用以客观描述国际经济活动中人民币的实际使用程度。通过这个综合量化指标，人们可以了解人民币在贸易计价结算、金融交易和官方储备等方面发挥国际货币职能的发展动态，也可以将人民币与其他主要国际货币进行横向比较，为国内外研究和分析人民币国际化问题奠定技术基础。

RII 大幅增长得益于以下几个方面：第一，人民币的国际贸易计价结算职能继续巩固。2020 年，经常项目下跨境贸易人民币结算金额达到 6.77 万亿元，同比增长 12.09%，占我国对外货物和服务进出口总额的 18.44%；在全球范围内，国际贸易人民币结算份额为 2.91%，较上年提高了 18.40%。第二，人民币的金融交易职能显著增强。在全球直接投资持续低迷之际，人民币直接投资规模达到 3.81 万亿元，同比增长 37.05%，创下近五年内最快增速；2020 年底，由直接投资、国际信贷、国际债券与票据等共同决定的人民币国际金融计价交易综合占比达到 9.89%，同比增长 84.23%，成为 RII 攀升的主要动力。第三，人民币的国际储备职能进一步显现。目前已有 70 多家境外央行类机构进入我国银行间债券市场，超过 75 个国家和地区的货币当局将人民币纳入外汇储备。2020 年第四季度，全球官方外汇储备中的人民币资产份额达到 2.25%，同比增长 14.80%；人民币在特别提款权（SDR）中的相对份额为 10.83%，较上一年度小幅回升，与初始权重基本持平。

一般认为，2009 年开始试点、2011 年推广到全国范围的跨境贸易人民币结算，标志着人民币国际化正式拉开序幕。当时人民币在国际市场上的使用几乎完全空白，而仅仅 10 余年以后，RII 就从 0.02 上升至 5.02，经历了快速攀升—遇阻急落—企稳回升—又创新高的曲折过程。在这个过程中，人民币国际化完成了“从无到有”的蜕变，目前人民币已经稳定地跻身于主要国际货币行列。同一时期，主要货币国际化指数的变动情况为：美元从 49.52 上升到 51.27，欧元从 29.84 下降到 26.17，日元从 3.34 上升到 4.91，英镑从 4.00 上升到 4.15。值得注意的是，人民币的国际使用程度在 2020 年上半年超过日元和英镑，并连续三个季度在主要国际货币排名中位列第三。

有趣的是，在人民币成为主要国际货币之前，虽然货币国际化指数一直变化，但是四种主要货币始终保持着两梯队结构，而且第一梯队与第二梯队的国际使用程度差距明显。也就是说，美元、欧元的国际使用程度远远超过日元和英镑，从欧元诞生之日起就是如此，丝毫没有改变的迹象。因此，在人民币加入国际货币俱乐部后，市场普遍关心的问题是：人民币超过日元和英镑会不会只是昙花一现？人民币是否将长期与

大金融书系

Macro-Finance Book Series

International Monetary Institute of RUC

中国人民大学中国财政金融政策研究中心系列报告

人民币国际化报告2021

2021 Annual Report of Renminbi Internationalization

双循环新发展格局与货币国际化

中国人民大学国际货币研究所

中国人民大学出版社

· 北京 ·

编委名单

主　编　涂永红　王　芳

编　委（按姓氏笔画排序）

曲凤杰　庄毓敏　何　青　陆利平

陈周阳　罗　煜　赵雪情　赵锡军

姜　楠　贺晓博　钱宗鑫　鄂志寰

日元、英镑为伍而停滞在国际货币第二梯队？人民币有没有机会跨过边界升级到第一梯队？如果说人民币国际化的最终目标是实现与中国经济地位、贸易地位相匹配的货币地位，那么随着第一个十年目标的顺利实现，未来 10 年、20 年的人民币国际化目标应当如何规划以及怎样实现？

《人民币国际化报告 2021》是中国人民大学研究团队发布的第 10 本年度报告，旨在忠实记录人民币国际化历程，深入研究各个阶段的重大理论问题和政策热点。今年报告的主题为“双循环新发展格局与货币国际化”，系统阐述双循环、高质量发展与人民币国际化之间的理论逻辑和历史逻辑，并在此基础上探讨构建双循环新发展格局的若干工作重点。我们认为，加快形成“以国内大循环为主体、国内国际双循环相互促进的新发展格局”，是中国经济把握新发展阶段、贯彻新发展理念、实现高质量发展的重要战略规划，必将全方位地增强人民币的硬实力与软实力，为人民币国际化再上新台阶创造重大历史机遇。

主权信用货币国际化的本质在于货币职能向世界范围延伸，为此该国应当有商品、服务、资本等的大规模跨境流动。高水平的双循环格局有助于加强上述流动：高水平的内循环可提供雄厚的实体经济和金融市场基础、安全稳定的发展环境和强大的科技竞争力，从而为货币国际化奠定基础条件；高水平的外循环构成货币国际化的实现手段，其作用渠道包括对外贸易、跨国投资、国际金融交易、国际金融服务、国际经济政策协调等。

历史上，英镑曾经处于国际货币第一梯队。在殖民体系瓦解后，随着科技水平和经济实力的下滑，英国的内循环规模萎缩，无力支撑对外贸易扩张和英镑在贸易中的使用。尽管伦敦国际金融中心可以巩固英镑的金融交易职能，但英镑国际化的整体水平仍然长期掉入第二梯队。日本的内循环水平同样有限，日本无法成为面向全世界的出口来源地和进口大市场，从而限制了日元在国际贸易中的使用份额。而且东京国际金融中心难以与纽约、伦敦匹敌，日元在国际市场上长期作为避险货币存在，所以日元一直停滞在第二梯队。类似地，德国马克也始终没能超越第二梯队。但欧元区的建立直接促成了区内大市场和高水平内循环，并自然承接了成员国全部的外循环。于是，欧元甫一诞生即迅速跻身国际货币第一梯队。

由此可见，双循环新发展格局可以为人民币成功晋级国际货币第一梯队创造条件。国内大循环占主体地位，决定了国内消费市场、投资市场的规模和结构。畅通的国际大循环可以保障人民币资产的盈利性和安全性，不断提升人民币的吸引力，从根本上创造居民和非居民对人民币的持续、旺盛的需求。国际大循环是我国坚持多边主义、国际合作的载体，有利于促进各国互利共赢和包容性发展，稳固国际产业链和供应链，有效降低我国经济金融风险，提高发展过程中的效率和稳健性。畅通的国际大循环可以实现人民币流动性的充分供给，不断提高人民币资产的可获得性和使用便利性。构建国内大循环与国际大循环相互促进的经济发展格局，可以大大增加人民币国际使用的场景，增强人民币国际使用的黏性，让广大居民和非居民持有并使用人民币成为一种习惯。

构建双循环新发展格局，是关系我国现代化建设全局的战略部署，目的是在全面深化改革与高水平开放的过程中，助力“十四五”乃至更长时期内的经济高质量发展。当代中国的高质量发展，具有高效率、稳健性和包容性的内涵。具体而言，高质量发展应当是富有效率的；高质量发展应当是稳健有序的，特别是要坚守住不发生系统性金融危机的底线，实现可持续健康发展；高质量发展应当是包容共享的，发展方式要开放平衡，发展效果要落实到全社会、全人类的获得感和幸福感上。

高质量发展决定着人民币国际化的未来。这一方面是因为，高质量发展可以增强国家整体经济实力，为人民币国际化提供坚实的基础和持久的动力，构成人民币的硬实力，为人民币国际化行稳致远保驾护航。另一方面则是因为，高质量发展推动的人民币国际化自然会把效率、稳健性、包容性等元素输出到全球范围。中国主导的国际大循环不是那种居高临下的、放任资本掠夺和压榨财富的殖民路径或霸权模式，而是将国内大循环的庞大市场和宝贵发展机会分享给全世界，追求共商共建共享的全面合作。中国在全球化过程中表现出的博大精深的文化底蕴，对多边主义的和平发展道路的始终如一的践行，以及互相尊重、美美与共、实现人类命运共同体的价值理念，正在不断提高人民币的亲和力和感召力，这构成了人民币重要的软实力。这种欢迎全世界搭乘中国经济发展快车、便车的开放态度，就是对人民币国际化最好的背书。中国向世界展示了这种大国担当和平等姿态，必然会赢得国际社会的广泛认同与支持，进而从根本上保证了人民币国际化的最终目标必将实现。

构建双循环新发展格局，要瞄准问题，抓住关键，重点突破。

畅通国内大循环的突破口主要在于两个方面。第一，在生产端发力。要以增强科技创新、降低劳动力成本为抓手，全面提升供给创造需求的能力；以深化金融市场体系改革、持续推进高水平金融开放、引导金融资源合理流动为抓手，全面提升金融服务实体经济的能力。第二，在市场端发力。要以疏通市场流通“堵点”为抓手，提升市场一体化水平，释放实体经济潜能；以优化营商环境、增强宏观政策协调、健全产权保护体系等为抓手，推进国家治理体系和治理能力现代化，适应高质量发展要求。

畅通国际大循环的突破口在于立足中国本土的高水平开放，通过多种形式的贸易创新重塑国际经济合作与竞争新优势，赢得主动权，提高话语权。第一，要继续办好中国国际进口博览会。对外要扩大规模，提高质量，广泛吸引全球优质产品和服务进入中国市场；对内既要满足消费升级需求，又要在供给端发挥鲶鱼效应，促进贸易合作，拉动直接投资。要持续放大中国国际进口博览会对上海中心城市建设和长三角城市群发展的溢出效应，促进长江经济带区域一体化。第二，要做大做强服务贸易。要扩大服务贸易示范区，打造差异化的服务贸易创新发展平台，大力提高重点领域的数字化水平，尽快补齐监管“短板”。第三，要充分发挥自由贸易试验区在高水平开放和制度创新方面的示范效应。以对外增强投资拉动、对内强化区域联动为目标，加大自由贸易试验区改革开放先行先试力度，形成可复制可推广经验，推动改革红利向自由贸易试验区以外的区域传导和辐射。

加快形成国内国际双循环的相互促进，应当从“一带一路”和离岸市场建设中寻求突破。“一带一路”建设可以带动中国企业和资本“走出去”，扩大贸易和投资合作，提升中资企业竞争优势和国际市场地位，从而有利于促进国内产业转型升级，促进国内市场一体化，以国际大循环助推国内大循环。畅通的国内大循环可为出口和对外投资增长提供动能，要鼓励中国企业和资本更多参与“一带一路”国家经济增长和人民生活改善，共享发展红利，实现畅通的国际大循环。离岸人民币市场的出现是中国经济外循环发展到一定阶段的主动选择，离岸市场的充分发展与合理布局是形成双循环相互促进的必然要求。离岸市场要引导国际市场要素加强与中国的联系，扩大国际大循环的覆盖面和辐射空间；也要帮助中资企业在国内国际两个市场充分利用两种资源，帮助中资金融机构确立国际化经营的独特优势，发挥对国内大循环的积极作用。离岸市场可以方便居民与非居民配置和管理人民币资产，可强化人民币金融交易职能和储备职能，有利于实现国内国际双循环的相互促进，加速形成人民币国际使用的网络效应。

2021 年以来，病毒不断变异，疫情仍有反复，全球经济复苏前景黯淡，地区武装冲突不断，国际政治经济形势动荡，大国博弈加剧。在这样的纷扰喧嚣下，中国进入了“十四五”规划的开局之年，也是第二个百年奋斗目标的起航之年。构建新发展格局，推动高质量发展，既是政治动员，又是行动纲领，为的是全面建成社会主义现代化强国，实现中华民族伟大复兴。只要我们做好中国自己的事，保持战略定力，人民币国际化的终极目标就一定能够实现！

人民币国际化任重道远，但时间和道义皆于我有利。

目　录

第 1 章

人民币国际化指数

2020 年注定是不寻常的一年，新冠肺炎疫情席卷全球，世界经济陷入深度衰退，国际金融市场剧烈震荡。世纪疫情与百年变局交织，世界各国面临前所未有的挑战。在疫情冲击下，中国经济金融体系彰显韧性，人民币国际化逆势前行。2020 年，人民币国际贸易计价结算职能不断夯实，国际金融计价交易职能持续深化，国际储备货币地位稳中有升，人民币国际化再上新台阶。

1.1　人民币国际化指数及其变动原因

1.1.1　人民币国际化指数现状

2020 年，新冠肺炎疫情在全球蔓延，不稳定、不确定因素增加，世界经济陷入 20 世纪大萧条以来最严重的深度衰退。全球经济运行骤然中断，逆全球化情绪升温，保护主义、单边主义抬头，大国博弈加剧。面对突如其来的疫情冲击以及更加严峻的外部环境，我国经济金融体系经受住了考验，在全球范围内率先控制住疫情并复工复产，深度贯彻新发展理念，加快构建新发展格局，经济增长的动能依然强劲，开放发展的节奏没有被打乱，为人民币国际化奠定了坚实的基础。

2020 年，人民币国际化逆势前行，国际使用规模与市场认可度跃上新的台阶。截至 2020 年末，人民币国际化指数（RII）为 5.02，同比大幅增长 54.20%（见图 1-1），创下历史新高。人民币使用程度超过日元和英镑，成为第三大国际货币。2020 年四个季度，RII 分别为 4.10、5.19、5.14、5.02，在疫情冲击下呈现大幅攀升、高位震荡的特点。

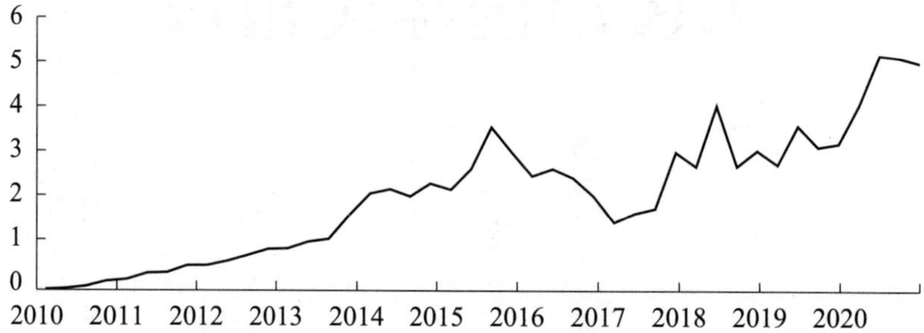

图 1-1　人民币国际化指数

人民币国际化经过十余年的发展，取得了重大成就。2009 年，国际金融危机期间美元流动性急剧收紧，全球货币格局系统性缺陷暴露无遗，我国在被动应对中主动作为，于 2009 年推出跨境贸易人民币结算试点，拉开了人民币国际化的序幕。十余年来，人民币国际化指数从 2010 年第一季度的 0.02 攀升至 2020 年第四季度的 5.02。人民币市场化程度不断加深，国际认可度逐步提升，使用范围从零星的边境贸易结算拓展到各类贸易结算、从经常项目拓展到资本项目、从贸易投资领域拓展到金融交易领域、从企业拓展到个人、从简单业务拓展到复杂业务。作为一个发展中国家，在资本账户尚未完全开放的条件下，我国走出了一条具有中国特色的货币国际化道路。人民币国际化在服务实体经济发展、推动贸易投资便利化、促进金融改革创新方面也发挥了积极作用。展望未来五年和 2035 年远景，中央提出“稳慎推进人民币国际化”，指明了前进的方向与原则。世纪疫情与百年变局交织，国际力量对比加速演进，全球货币格局渐次调整。随着我国制订“十四五”规划以及 2035 年远景目标，综合国力有望进一步提升，人民币在全球货币体系中的地位必将稳中有升，跻身国际货币第一梯队。当然，我们要保持清醒的认识，2020 年 RII 首次超过 5，即国际使用程度超过 5%，这是疫情冲击下的特殊情形，全球经济回归正常后 RII 有可能回落。同时，人民币国际化的目标不是替代、颠覆现行国际货币体系，而是提高本国抗风险、保安全的能力，增加全球公共产品选项，为国际金融体系增添稳定性因素。人民币国际化是一项长期系统性工程，实现这一目标要保有初心、信心与耐心。

1.1.2 人民币国际化发展的主要驱动力

2020年，面对疫情冲击，中国经济金融体系彰显韧性，开放发展的节奏没有被打乱，国际合作深化并升级，人民币国际化基础进一步巩固，市场认可度显著提升。

第一，中国经济彰显韧性，人民币国际化基础进一步夯实。实体经济的稳健运行和高质量发展为人民币国际化提供了重要支撑。2020年，面对新冠肺炎疫情与严峻的国际形势，在党中央的坚强领导下，中国统筹推进疫情防控与经济社会发展，率先走出危机，取得了积极成效。2020年前三季度，中国经济增长由负转正，与海外主要国家走出“时间差”。2020年，中国GDP突破100万亿元大关，增速达2.3%，成为全球唯一实现正增长的主要经济体。在世界经济深度衰退、保护主义抬头的背景下，中国采取多项措施推动贸易投资便利化，对外贸易实现1.9%的正增长，实际利用外资近1万亿元，再创历史新高，逆势增长6.2%，展现出强劲的动能与极强的韧性。面对疫情的深远影响，中国坚持新发展理念，加快构建双循环新发展格局，推行高水平对外开放，进一步丰富和扩展人民币使用场景，为人民币国际化夯实了物质基础与市场信心。同时，在全球经济金融市场震荡的背景下，中国鼓励本币优先，进一步完善人民币跨境使用政策，强化金融服务实体经济功能，更好地完成“六稳”“六保”任务。随着跨境人民币使用流程更加简便，非居民使用人民币的意愿与能力进一步增强。

第二，中国加速金融开放，人民币国际化渠道不断拓展。2020年，面对疫情冲击，中国持续推进改革开放进程，坚持加速对外开放的基本方向不动摇，着力打造“留得住”的国内大市场，营造公平、透明、可预期的制度环境和营商环境，进一步拓宽并畅通人民币跨境使用渠道，提升了人民币的国际竞争力。3月，中共中央、国务院发布的《关于构建更加完善的要素市场化配置体制机制的意见》提出主动有序扩大金融业对外开放。中国金融管理部门明确并简化境外机构投资者境内证券期货投资资金管理要求，完善熊猫债信息披露与发行规则，取消合格境外机构投资者（QFII）和人民币合格境外机构投资者（RQFII）等一系列限制条件，进一步便利境外机构投资者进入境内市场，使人民币的投融资吸引力不断增强。2020 年，中国国债相继被纳入摩根大通全球新兴市场政府债券指数、富时世界国债指数，带动更多国际资金增持人民币金融资产。截至 2020 年末，境外机构和个人持有境内人民币金融资产近 9 万亿元，同比增长了 40%。此外，上海国际金融中心加快建设，长三角、粤港澳大湾区、京津冀等地把握改革机遇，探索创新跨境人民币业务和平台，跨境理财通、人民币国际投贷基金等相继落地设立，不仅为经济高质量发展提供了金融支持，而且进一步提高了人民币可自由使用程度与国际金融计价交易职能。

第三，国际金融市场巨幅震荡，进一步凸显人民币价值稳定。在疫情的冲击下，国际金融市场经历巨幅震荡，一度陷入流动性危机，市场恐慌情绪急剧攀升，主要央行开启超宽松货币浪潮，多国利率降至零，甚至深陷负值区间。与之形成鲜明对比的是，我国经济金融体系经受住了疫情考验，跨境资本流动有序，外汇市场运行平稳，人民币汇率双向波动，人民币对外价值稳中有升。2020 年，人民币兑美元汇率波动幅度仅为 4.2%，远低于美元指数 15%的波幅，较其他主要货币以及新兴市场货币更为稳定。同时，我国货币政策处于正常区间，人民币利率、汇率相对坚挺，人民币资产的国际吸引力持续提高，成为国际投资与风险管理的重要选项。截至 2020 年末，陆股通累计净流入资金为 1.2 万亿元，债券通境外持有量达 3.3 万亿元，分别同比增长了 21.0%和 48.8%。

第四，国际货币合作不断深化，人民币使用平台更加广阔。2020 年，在疫情冲击与国际金融市场震荡的大环境下，我国积极推动国际货币合作与双边本币结算。1 月，中国人民银行与老挝央行签署双边本币合作协议，允许在两国已经放开的所有经常项目和资本项目下交易中直接使用双方本币结算；9 月，中国人民银行与印度尼西亚央行签署《关于建立促进经常账户交易和直接投资本币结算合作框架的谅解备忘录》，成为两国金融合作的重要里程碑。2020 年，中国人民银行先后与埃及、老挝、巴基斯坦、智利、蒙古、新西兰、匈牙利、韩国等货币当局签署、续签或扩大双边本币互换协议，土耳其央行则首次使用互换安排下的人民币资金，用于支付自中国进口的费用。双边本币互换体系进一步拓展并实现功能多元化，有助于促进贸易投资便利化，保障人民币流动性供给。

专栏 1-1

新冠肺炎疫情冲击下中国经济增长韧性十足

2020 年以来，在新冠肺炎疫情肆虐全球、世界经济陷入严重衰退、外部环境更加复杂严峻的情况下，我国在世界主要经济体中率先实现了正增长，且是唯一的正增长。全年国内生产总值（GDP）同比增长 2.3%，历史上首度突破 100 万亿元，高达 101.6 万亿元，显示了我国经济潜力足、韧性大、活力强、回旋空间大的基本特点。

第一，我国消费逐步改善，投资增速由负转正，稳步提升。2020 年，全国居民人均可支配收入为 32 189 元，比上年名义增长 4.7%。社会消费品零售总额在第 3 季度实现增速首次转正，特别是消费升级类商品和网上零售持续较快增长，消费意愿逐步得到改善；全年社会消费品零售总额为 39.2 万亿元，同比下降 3.9%。固定资产投资稳步回升，高技术产业投资增长较快。2020 年，全国固定资产投资 51.9 万亿元，同比增长 2.9%。分领域看，基础设施投资同比增长 0.9%，制造业投资同比下降 2.2%，房地产开发投资同比增长 7.0%。高技术产业投资增长 10.6%，社会领域投资增长 11.9%，其中，卫生、教育投资分别同比增长 29.9%、12.3%。

第二，我国进出口增速快速回稳并实现逆势增长，出口动能强劲，贸易结构持续优化。2020 年，我国货物贸易进出口总值为 32.16 万亿元，比 2019 年增长 1.9%。其中，出口 17.93 万亿元，增长 4%；进口 14.23 万亿元，下降 0.7%；贸易顺差达 3.7 万亿元，增长 27.4%。此外，本年我国外贸主体活力持续增强，有进出口实绩企业达到 53.1 万家，增长 6.2%；贸易伙伴更趋多元化，与我国前五大贸易伙伴（东盟、欧盟、美国、日本和韩国）以及“一带一路”沿线国家的进出口贸易都有不同程度的增长；一般贸易占进出口总值的比重为 59.9%，比上年提高 0.9 个百分点，贸易结构得到持续优化；对防疫物资的持续不断的旺盛需求、防疫大背景下的供给替代以及“宅经济”类商品需求的不断增长，使得

"疫情红利"成为推动我国出口增长的重要因素。

第三，我国农业生产向好，工业生产加快，服务业稳步复苏。农业生产形势较好，2020年农业增加值同比增长3.0%，全国粮食产量再创新高，连续六年保持在1.3万亿斤以上。工业生产逐季逐步回升，年内全国规模以上工业增加值同比增长2.8%。高技术制造业和装备制造业增长较快，2020年同比分别增长7.1%、6.6%，对经济增长起到了重要的支撑作用。服务业稳步复苏，现代服务业增势较好。服务业增加值全年同比增长2.1%，占GDP的比重为54.5%，较上年提高0.2个百分点。全国服务业生产指数与上年持平，其中第4季度同比增长7.7%。现代服务业发展活力不断释放。信息传输、软件和信息技术服务业，金融业，房地产业增加值分别同比增长16.9%、7.0%和2.9%，合计拉动服务业增加值增长2.7个百分点。

1.1.3 人民币国际化面临的主要挑战

2020年，人民币国际化逆势推进，指数再创新高，但也面临以下三大挑战。

第一，国际货币竞争将更加激烈。本次疫情蔓延对政治、经济、社会、外交等各领域造成了重大影响，冲击全球秩序既定运行轨道，使我国面临前所未有的严峻挑战。2020年，国际环境复杂多变，中美冲突频繁，美国不断散布有关疫情的"中国源头论""中国责任论"，实质上损害了中国的国际形象，影响了人民币的国际接纳度。在疫情危机中，经济下行压力越大，国际金融市场越动荡，美元的网络外部性就越强。美元指数时隔4年后一度攀升至103的高位，在一定程度上抑制了人民币的国际使用。同时，美国在涉港、涉疆等问题上频繁越界，使用金融制裁大棒，遏制中资企业和机构，对华金融竞争与脱钩意向开始显现。欧盟退出数字链，加快数字欧元建设，以期在未来5年内提升欧元的国际化程度。人民币国际化面临更加严峻的外部环境、更加激烈的国际货币竞争。

第二，资本项目可兑换问题摆在眼前。货币的国际化程度与其可兑换性直接相关。在初级阶段，人民币国际化发端于跨境贸易结算，对于消除外汇管制、资本项目下可兑换的要求相对较低。随着人民币国际化的主要驱动力从经常项目向资本金融项目延伸，我国金融市场加速开放，资本项目下个别子项目的严格管控成为绕不开的问题。虽然货币国际化并不必然以资本项目完全可兑换为前提，美元国际化进程中也存在一定程度的跨境资本流动限制，但不可否认的是，未来一段时间人民币国际化与资本项目改革协同推进的大方向没有改变，只是利弊取舍、项目匹配、政策协调的问题。在百年变局、大国博弈中，立足“十四五”时期我国新发展格局和国家经济金融安全目标，需要深入研究、探讨与之相匹配的资本项目可兑换目标、次序、风险和路线，重新评估金融管理框架，针对跨境资本流动，建立常态化管理体系与应急处置机制。

第三，人民币流入流出以及投资功能和融资功能非平衡发展。2020年，在疫情海外蔓延叠加全球货币“大放水”的情形下，外资大规模单向流入我国金融市场，大量增持人民币金融资产。尽管当前外资大规模流入在一定程度上有助于稳外资、稳汇率、稳信心，但此类资金流动具有短期性、波动性，今天的流入可能就是明天的流出。如果出现外部环境恶化，或是遭遇国际政治经济博弈的特殊时点，大规模集中性资本外逃或将对人民币汇率、人民币国际化的信心造成严重打击，甚至危害我国经济金融稳定。对这种可能性要始终保持底线思维，并做好应对预案。同时，与人民币资产备受国际投资青睐以及全球债务规模快速膨胀形成鲜明对比，人民币在国际融资领域遇阻。根据国际清算银行（BIS）的统计，2020 年以人民币计价的国际债券余额较 2015 年高位萎缩了约 30%。对于人民币资金流向以及功能上的非平衡发展，应当高度重视，深入研究，综合研判其发展趋势，以及对人民币国际化的短、中、长期影响。

1.2 人民币国际化指数变动的结构分析

根据人民币国际化指数的计算方法，人民币在贸易结算、金融交易和国际外汇储备中所占比例的变化均会对 RII 产生影响。过去 11 年来，贸易项目下人民币使用全面铺开，资本金融项目下人民币交易更加活跃，人民币的储备货币地位进一步巩固，RII 及其结构出现了一些新变化和新特征。

1.2.1 人民币的国际贸易计价结算职能进一步巩固

跨境贸易人民币结算是人民币国际化发展的起点与基础。自 2009 年试点以来，跨境贸易人民币结算规模累计突破 50 万亿元。2020 年，经常项目下跨境贸易人民币结算规模达 6.77 万亿元，同比增长 12.09%。其中，货物贸易项目下跨境贸易人民币结算规模为 4.79 万亿元，服务贸易及其他经常项目下跨境贸易人民币结算规模为 1.98 万亿元。截至 2020 年末，跨境贸易人民币结算规模全球占比为 2.91%，较上年提高了 18.40%，人民币的国际贸易计价结算职能进一步巩固提升（见图 1-2）。

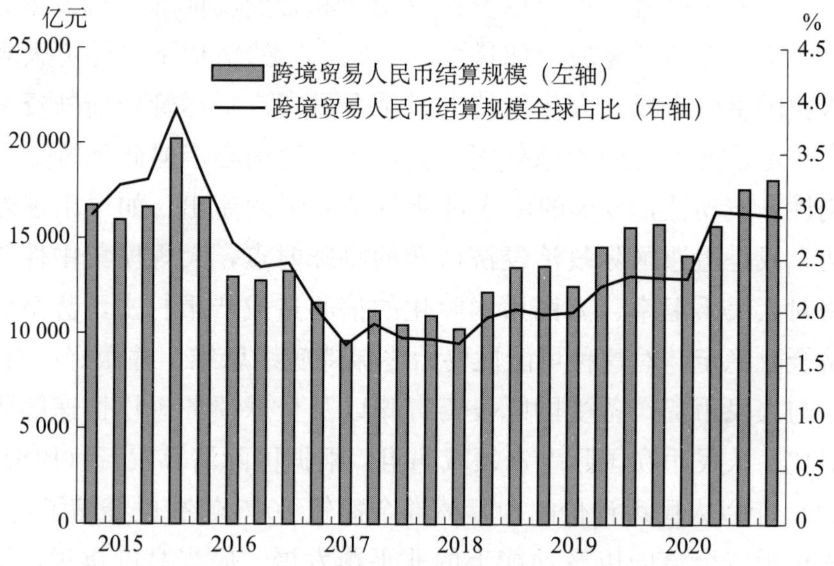

图 1-2 人民币的国际贸易计价结算职能

2020 年，跨境贸易人民币结算规模逆势攀升。随着新冠肺炎疫情的蔓延，全球供应链价值链受到很大冲击，有的甚至中断，各国生产以及国际贸易陷入历史性衰退。在如此严峻的形势下，我国跨境贸易人民币结算仍然实现了 12.09%的增长，不仅与 2020 年全球贸易萎缩 7.56%形成了鲜明对比，也远高于我国进出口 1.9%的增速。这主要有三方面的原因：

第一，我国货物贸易第一大国的地位更加巩固，对外贸易结构持续优化。2020 年，我国在疫情冲击下率先复工复产，充分释放产能，先后出台了四轮稳外贸政策，进出口总值达 32.16 万亿元人民币，同比增长 1.9%。根据世界贸易组织（WTO）的数据，2020 年前三季度，我国出口增速高于全球 9.6 个百分点，国际市场份额创历史新高。从贸易结构来看，东盟首次成为我国第一大贸易伙伴，外贸总额占比高达 14.7%。我国首次超过美国，成为欧盟最大贸易伙伴。国际市场布局更加多元，为人民币计价使用提供了基础性条件。

第二，我国跨境人民币政策进一步完善，贸易项目下人民币使用更加便利。在全球经济金融市场动荡的背景下，为了减少汇率风险，我国鼓励本币优先。2020 年，中国人民银行会同有关部委围绕实体经济需求，进一步完善跨境人民币政策，推动更高水平贸易投资人民币结算便利化，使跨境人民币使用流程更加简便。以重庆为例，跨境人民币结算业务办理时间由原先的 1～2 天缩短至 5 分钟左右。在政策支持下，人民币跨境使用量大幅增加。与此同时，随着跨境政策体系的完善，人民币跨境投融资渠道拓展，流程更加简化、明晰，贸易融资增长较快，提高了金融、贸易双轮驱动效力，进一步助推了贸易项目下人民币结算规模的逆势扩大。

第三，我国外贸企业话语权提升，人民币使用意愿显著增强。新冠肺炎疫情下，中国率先复工复产，带动上下游产业链恢复，并向国际价值链上游攀升，支撑国际供应链运转。中资企业在某种程度上扮演了全球最后供应商的角色，在跨境贸易结算方面的话语权有所上升。尤其是，在生产与需求严重萎缩的情形下，大宗商品市场的买方优势进一步增强，原油、铁矿石等大宗商品交易更多使用人民币计价结算。与此同时，面对国际金融市场动荡以及美国霸凌行为的加剧，更多中资企业综合考虑汇兑风险与安全成本，主动选择以人民币进行跨境贸易结算。

1.2.2 人民币的国际金融计价交易职能大幅提升

十余年来，中国资本账户开放取得了突出进展，资本金融项目下受严格管制的项目明显减少，人民币使用更加自由。国际金融计价交易成为 RII 增长的最大动力。2020 年，在直接投资、债券和信贷规模扩大的共同作用下，人民币国际金融计价交易表现出高速增长、大幅波动的特征。2020 年末，人民币国际金融计价交易综合占比为 9.89%[①]，同比增

① 据经济合作与发展组织（OECD）统计，2020 年第 4 季度全球对外直接投资流出为负，与实际情况存在较大出入。根据定义，全球直接投资的流入量和流出量应该相等，然而在实际操作中统计上存在差异，故将 2020 年第 4 季度全球直接投资的流入量乘以 2，近似作为该季度的全球直接投资规模。

长 84.23%，成为 RII 攀升的主要驱动力（见图 1-3）。

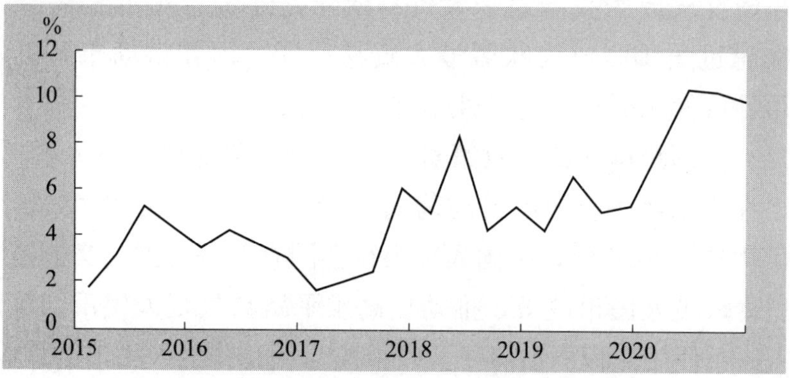

图 1-3　人民币国际金融计价交易综合指标

(1) 人民币直接投资涨势强劲。

人民币直接投资由人民币对外直接投资（人民币 ODI）和人民币外商直接投资（人民币 FDI）两部分构成。继跨境贸易人民币结算启动后，2011 年中国先后发布《境外直接投资人民币结算试点管理办法》和《外商直接投资人民币结算业务管理办法》，人民币 ODI 和人民币 FDI 相继启航发展，人民币资本项目开放迈出重要的一步。随着中国加快融入全球经济体系，人民币直接投资快速增长，累计规模达 17.61 万亿元。2020 年，尽管受到新冠肺炎疫情的干扰，但其规模达 3.81 万亿元，创下 5 年来最快增速，(同比增长 37.05%)（见图 1-4）。

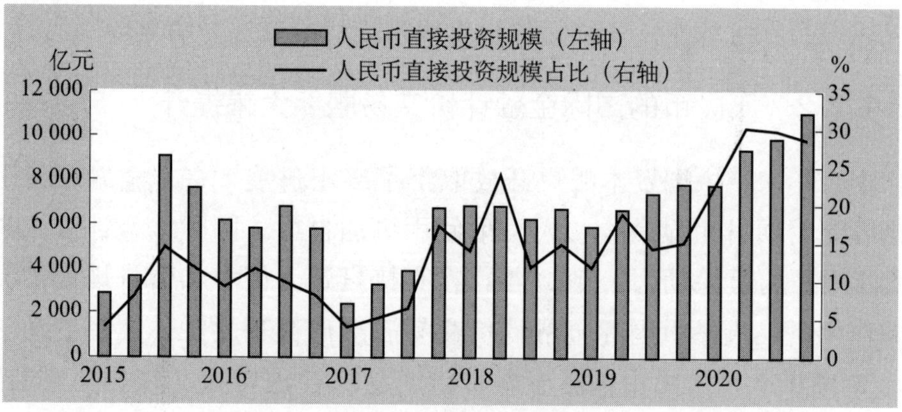

图 1-4　人民币直接投资规模及其占比

在全球直接投资持续低迷的大背景下，人民币 FDI 逆势攀升，总规模达 2.76 万亿元，同比增长 36.63%。2020 年，我国积极应对新冠肺炎疫情的严重冲击，继续推进高水平金融开放，出台了一系列稳外资政策，不断优化营商环境，2020 年全国版负面清单较上年压减比例为 17.5%，实际利用外资规模创历史新高。不仅如此，我国还推动海南自贸港建设，使自贸试验区进一步扩围，并组建重点外资项目工作专班，累计帮助外资企业解决防疫物资短缺、通关便利、上下游协同复工等困难 3 000 多项。同时，我国加大对外国投资者的吸引力度，2020 年增加 127 个允许外商投资的行业领域，主要集中在中西部地区和东北地区。2020 年，我国新设外资企业 3.9 万家，成为全球最大外资流入国，实现引资总量、增长幅度、全球占比“三提升”，为人民币 FDI 逆势攀升奠定了坚实的基础。

2020 年，人民币对外直接投资大幅回升，总规模达 1.05 万亿元，同比增长 38.16%。人民币双向直接投资增幅大体相当，我国已从过去的利用外资大国成长为利用外资和对外投资大国。2020 年，我国继续加大对外投资，同比保持 3.3%的增速，成为全球直接投资中的一抹亮色。“一带一路”沿线国家投资合作稳步推进，2020 年我国企业对沿线非金融类直接投资达 177.9 亿美元，同比增长 18.3%，为七年来规模与增速最高的一年。同时，我国对外直接投资更多流向租赁、商务服务、批发零售、科学研究和专业技术服务、电力的生产与供应等领域，地方主体更加积极地“走出去”，水利等基础设施项目合作增多，为人民币的国际化使用提供了强劲的动能与广阔的平台。

（2）人民币国际存贷款规模调整回升。

人民币国际存贷款是人民币国际使用的重要组成部分，保持一定规模的资金池对于推进人民币国际化具有积极作用。截至 2020 年末，人民币国际信贷的全球占比同比回升 9.14%（见图 1-5）。总体来看，人民币国际信贷份额回升主要有两个方面的原因：其一，境外人民币贷款需求显著上升。2020 年，中国金融机构人民币境外贷款规模达 6 095.89 亿元，同比增长 13.56%。其二，市场对人民币的信心增强，推升了人民币的境外存款规模，主要离岸市场逐渐走出低迷期。截至 2020 年第 4 季度末，人民币资金池规模达 1.8 万亿元，同比扩张 11.34%。其中，韩国、新加坡、英国、中国香港、中国澳门人民币存款规模分别增长 32.51%、

13.56%、13.51%、14.15%、38.56%。

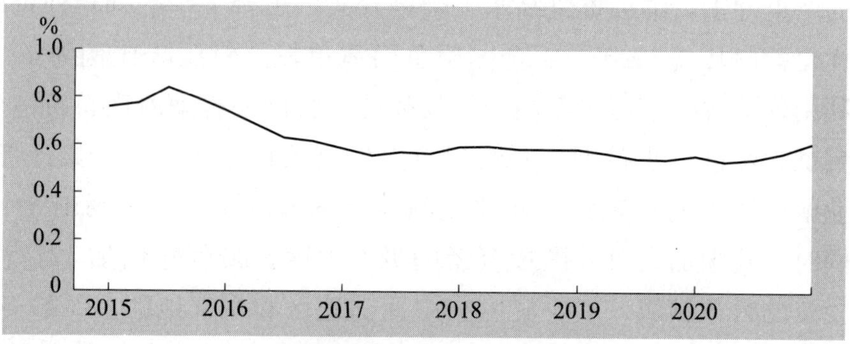

图 1-5　人民币国际信贷全球占比

(3) 人民币国际债券存量相对萎缩。

债券市场是国际金融市场的重要组成部分，国际债券市场的份额是衡量一国货币国际使用程度的重要指标之一。疫情暴发以来，全球开启新一轮货币宽松浪潮，美元、欧元作为主要货币与廉价资金充斥国际债券市场，人民币份额不可避免地受到挤压。特别是，人民币利率相对较高，汇率处于走强周期，较高的成本进一步降低了人们对人民币作为国际融资货币的使用意愿。截至 2020 年末，人民币国际债券与票据余额为 1 112.87 亿美元，全球占比为 0.41%，较 2015 年第 4 季度末的 0.59%的峰值下降了 0.18 个百分点（见图 1-6）。

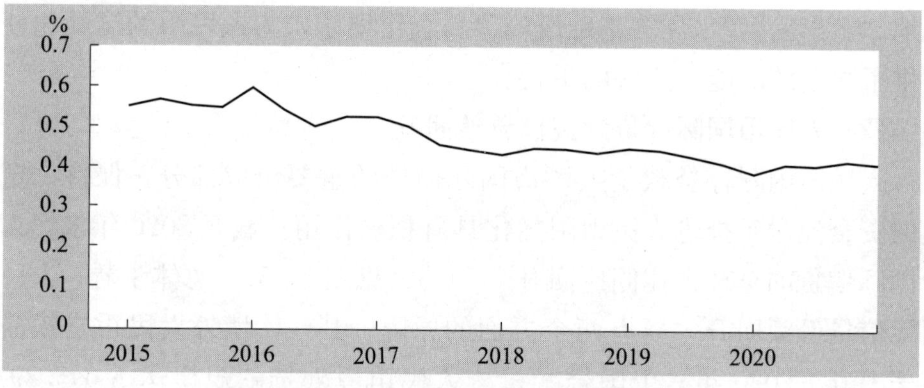

图 1-6　人民币国际债券与票据余额全球占比

1.2.3　人民币的国际储备货币职能不断增强

2020 年，我国经济金融体系经受住了疫情考验，开放发展的节奏没被打乱，人民币稳定价值进一步凸显。在全球长期低利率的大环境下，境外央行类机构投资境内人民币金融资产的意愿显著上升。截至 2020 年 12 月末，共有 71 家境外央行类机构进入我国银行间债券市场。人民币国际储备职能进一步显现。据不完全统计，全球有超过 75 个国家和地区的货币当局将人民币纳入外汇储备。截至 2020 年末，人民币在全球储备资产中的份额为 2.25%，较 2016 年刚加入 SDR 篮子时提升了 1.18 个百分点（见图 1-7），全球第五大储备货币的地位得到巩固。

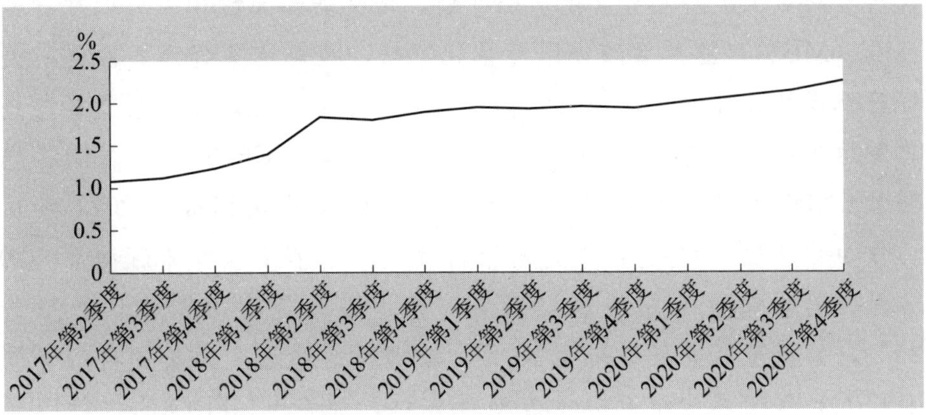

图 1-7 人民币储备全球占比

专栏 1-2

新冠肺炎疫情冲击下全球掀起超宽松货币浪潮

2020 年 3 月以来，新冠肺炎疫情在全球范围内迅速蔓延，世界经济陷入深度衰退，金融市场剧烈波动。各国央行紧急降息，制订加大资产购买力度的计划，重启并创新了 2008 年金融危机时期的诸多货币政策工具，掀起了历史上罕见的全球超宽松货币浪潮。

第一，采用直接利率调控和前瞻性指引的货币政策。随着疫情冲击持续蔓延，各国央行果断采取行动，直接降低基准利率水平。美联储紧急降息 150 个基点，将联邦基金目标利率下调至 0～0.25%，降息速度和幅度均超过市场预期与 2008 年金融危机时期水平。2020 年 3 月以来，数十家央行降息，推动全球基础利率水平快速走低，为市场主体提供低成本资金与流动性支持。美联储明确基准利率走向，表示利率将保持在最低水平，直到经济转好并有望实现其最大就业和物价稳定目标。欧洲央行宣称，未来利率将保持在不高于－0.5%水平的区间运行，直到通胀预期在未来收敛至2%左右。这些前瞻性指引进一步确定了中期内超宽松货币政策基调，有利于平抑市场波动并提振经济。

第二，继承重启并创新发展针对金融机构和金融市场的资产购买、流动性支持等政策工具。资产购买是指央行通过购买国债等资产，增加货币供给，向市场注入流动性。面对疫情冲击，美联储再度迅速扩表，3月宣布启动7 000亿美元量化宽松计划，购买美国国债和住房抵押贷款支持证券（MBS），随后宣布无限量量化宽松，按需购买资产。由此，美联储资产规模从3月的4万亿美元扩张至7.2万亿美元。欧洲央行3月也启动总额达7 500亿欧元的大流行病紧急购买计划（PEPP），6月购买规模再增加6 000亿欧元至1.35万亿欧元，并延长购买期限至2021年6月底。作为“最后贷款人”，央行向银行提供紧急信贷以补充流动性。2020年3月，美联储重启贴现窗口工具，累计将贴现率下调150个基点至0.25%，贴现窗口期限延长至90天。欧洲央行通过定向长期再融资操作（TLTRO）等工具向银行提供流动性支持，并将TLTRO的执行门槛降至零，3月、4月连续两次下调TLTRO利率水平至－1%。此外，欧洲央行还设立了新的“大流行病紧急长期再融资操作”（PELTRO）工具，进一步放宽了对银行申请贷款“资格”和“数量”的条件限制。美联储针对不同金融机构分门别类地采取了一系列流动性支持方案。针对交易商，美联储重启了一级交易商信贷便利（PDCF）；针对货币市场基金，美联储设立了货币市场共同基金流动性便利（MMLF）。

第三，创新设立一系列政策工具，缓解信贷紧缩，救助企业和个人，支持政府的救助计划。针对地方政府，美联储于4月推出了市政流动性便利（MLF），通过购买受疫情冲击的州和地方政府短期票据，向其提供最高5 000亿美元的短期信贷支持。针对企业，美联储创新提供了一级市场公司信贷工具（PMCCF）和二级市场公司信贷工具（SMCCF），购买企业新发行的债券，为企业提供最高7 500亿美元的融资；通过商业票据信贷便利（CPFF）为合格的商业票据提供贴现，向企业提供日常营业所需的短期流动性。同时，美联储还推出了“主街贷款计划”（Main Street Lending Program），通过新发贷款便利（MSNLF）、扩展贷款便利

(MSELF) 和优先贷款便利 (MSPLF) 等工具扩大潜在借款企业范围，为其提供最高 6 000 亿美元的贷款。针对居民个人，美联储重启次贷危机时的重要工具定期资产支持证券信贷便利 (TALF)，对拥有合格抵押品的个人提供融资便利，以缓解个人流动性问题及由此引发的汽车贷款、信用卡贷款等违约造成的资产支持证券 (ABS) 市场流动性风险。

面对疫情冲击，主要央行推行诸多非常规货币政策工具，在稳定金融市场、促进银行信贷、防止经济进一步衰退等方面快速见效，避免了全球经济金融陷入螺旋式下降的恶性循环。但从长期来看，更偏重短期效果的货币政策在经济复苏阶段所能发挥的作用有限，无法从根本上解决新冠肺炎疫情这一“黑天鹅”事件背后长期存在的周期性、结构性问题，甚至埋下了诸多隐患。同时，考虑到疫情反复及其经济影响长期化，现行超宽松货币政策的长期实际效果面临不确定性。

1.3 主要货币的国际化指数比较

国际货币多元化是一个动态发展过程，国际贸易格局、国际金融市场的变化都会导致国际货币格局发生相应的调整，表现为一些货币的国际使用程度上升，另一些货币的国际使用程度下降。为了客观评估国际货币格局的发展变化，动态反映人民币与主要货币国际化水平之间的差距，本报告还编制了美元、欧元、英镑、日元的国际化指数（见图 1－8）及其变化趋势图（见图 1－9）。

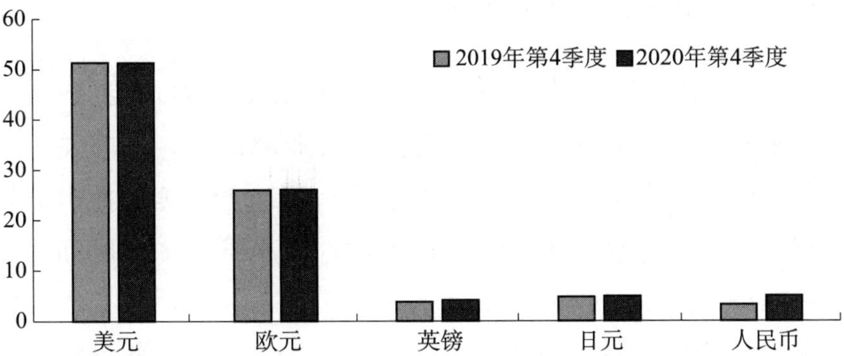

图 1－8　主要货币国际化指数对比

2020 年，在新冠肺炎疫情的冲击下，全球经济陷入深度衰退，加之疫情反复和各国防控效果存在差异，呈现经济分化、金融动荡的特征。为了托底经济社会发展，各国持续加大财政与货币政策宽松力度，全球政府债务急剧膨胀，国际市场步入低利率甚至负利率时代。百年变局与世纪疫情交织，单边主义、保护主义抬头，大国博弈更加激烈，地缘政治风险上升，不确定、不稳定因素增加。在大危机、大分化、大动荡下，主要货币国际化指数剧烈波动，力量对比急剧变化。

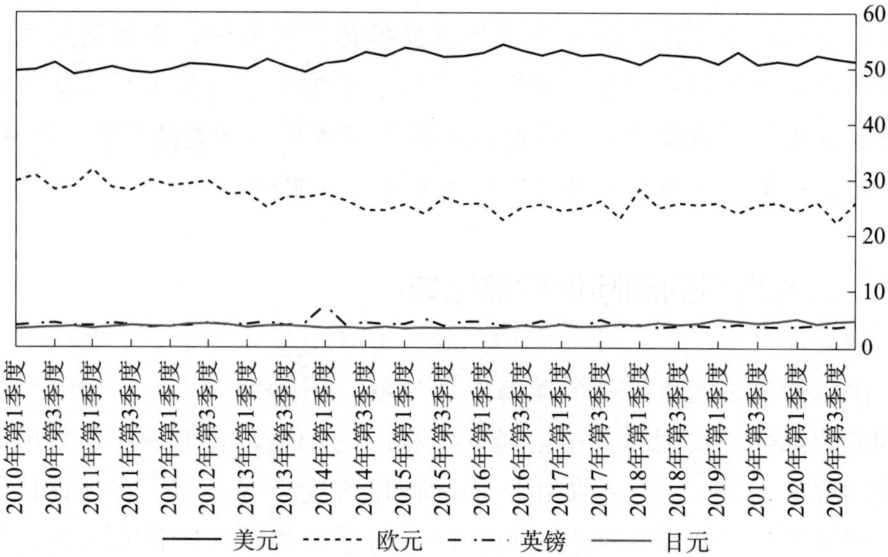

图 1-9　世界主要货币国际化指数变化趋势

1.3.1　美元的国际地位基本稳固

2020 年，美国经济大起大落，全年 GDP 萎缩 3.5%，创 1946 年以来的最低水平。美国制造业与服务业受限，失业率高企，领取失业救济金的人数创历史最高水平。为了应对疫情的负面冲击，美国推出数轮财政救助计划，并紧急降息、无限量释放流动性。尽管第 3 季度和第 4 季度美国经济颓势在扩张性政策的支持下有所缓和，但疫情防控形势依然严峻，经济增长动能疲弱。特别是，2020 年是美国大选之年，疫情冲击以及两党博弈进一步撕裂了美国社会，加剧了其结构性矛盾，为其未来发展埋下了隐患。

2020年，新冠肺炎疫情在全球大流行，使经济受到重创，国际金融市场一度爆发流动性危机，美元指数及其国际需求经历了一个先升后降的过程。全球贸易及美元结算需求大幅萎缩，美国贸易总额同步收缩，第4季度美元国际贸易结算占比同比下降0.10个百分点。疫情反复为直接投资按下了暂停键，第4季度美国外资规模同比下降34.79%，但在全球各国直接投资普遍低迷的情况下，美元直接投资的全球占比却较上年上升了9.2个百分点。虽然经济衰退背景下各类市场主体再融资、避险及流动性需求旺盛，带动美元上半年在国际信贷和国际债券市场中表现不俗，但第4季度美元在两个市场双双遇冷，分别同比下跌2.76个百分点和4.03个百分点。从全球储备结构来看，大规模的财政货币宽松政策进一步削弱了美元的内在价值，汇率贬值、利率走低打击了人们对美元储备资产的持有意愿。截至2020年第4季度，美元在全球储备中的占比下降了逾1.71个百分点，多国对美元投了否决票。2020年第4季度，美元国际化指数为51.27，较上年末仅下降0.09。总体上看，实体需求萎缩，金融需求上升，美元作为国际上第一大货币的地位基本稳固。

1.3.2 欧元的国际地位止跌企稳

2020年，欧洲经济受到重创，疫情打压下复苏乏力，全年GDP萎缩6.8%，为二战以来最低水平。疫情暴发以来，欧元区生产停滞，服务业几乎中断，第4季度综合采购经理人指数（PMI）为48.4，仍处于荣枯线下方。尽管第3季度劳动力市场有所回暖，但全年失业率仍处于8.3%的高位，远超疫情前水平。为应对疫情的冲击，欧洲央行加大了资产购买力度，欧盟推出了1.8万亿欧元中长期经济刺激方案，但疫情防控形势与经济复苏前景仍面临重大挑战和不确定性。

2020年，欧元区深度衰退，进出口规模明显回落，供应链产业链一度断裂，第4季度欧元在全球贸易结算中的占比下降0.07个百分点。疫情反复与经济封锁重创了欧洲海外投资，第4季度欧元区直接投资规模同比断崖式下跌63.26%，欧元直接投资国际占比随之下挫4.27个百分点。从国际融资来看，欧元凭借银行体系以及负利率，第4季度国际信贷占比回升1.06个百分点，国际债券市场上占比回升4.46个百分点。在外汇储备方面，截至 2020 年第 4 季度，欧元全球储备占比为 21.24%，“收复” 0.66 个百分点。总体而言，欧元区深陷疫情反复、经济衰退、内部分化的困境，在贸易与直接投资方面份额萎缩，但金融投融资扩张，欧元的国际地位得以维持。2020 年第 4 季度，欧元国际化指数为 26.17，同比反弹 0.17，国际地位略有恢复。

1.3.3 英镑的国际化水平低位徘徊

2020 年，英国受疫情和脱欧的双重冲击，经济深陷衰退泥沼。2020 年 1 月，英国正式脱欧，并进入了为期 11 个月的过渡期，双方关系的不确定性严重影响了英国经贸发展与经济前景。与此同时，新冠肺炎疫情的冲击致使英国经济更添新忧、雪上加霜。英国央行紧急降息，推出紧急流动性救助工具，以期在更大范围内实施救助，支撑经济复苏与社会发展。但是，在疫情反复、经济封锁以及政策见底的情况下，英国复苏前景仍然暗淡，“全球英国”战略难言乐观。

2020 年，英国经济负增长，进出口规模萎缩，尽管第 3 季度以来有所回暖，但远未达到疫情前同期水平，第 4 季度英镑在国际贸易结算中的占比较同期下降 0.14 个百分点。虽然在脱欧带来的不确定性以及疫情的冲击下，英国对外资的吸引力大幅下降，如 2020 年第 4 季度英国直接投资规模同比下跌了 11.06%，但在全球规模萎缩的大背景下其市场占比上升了 3.18 个百分点。从国际融资来看，英镑的国际使用份额基本稳定，国际信贷与债券使用表现“此起彼伏”，分别上升了 0.09 个百分点和下降了 0.10 个百分点。在国际储备方面，2020 年第 4 季度英镑在全球储备中的占比为 4.69%，较上年同期上升了 0.06 个百分点。2016 年以来，英镑的国际化水平呈下降态势，2020 年第 4 季度国际化指数为 4.15，处于历史低位。

1.3.4 日元的国际地位小幅回升

2020 年，内外部环境恶化，日本经济面临巨大挑战。受疫情影响，日本消费与投资严重萎缩，居民收入大幅跳水，全年平均失业率达 2.8%，为 11 年来首次上升。尽管下半年外部需求有所改善，但日本外贸与制造业依然低迷，12 月制造业和服务业 PMI 分别反弹至 49.7 和

47.7，分别连续23个月和10个月处于荣枯线下方。为了托底经济，日本央行和财政部极力营造宽松环境，延续超低基准利率不变，推出大规模财政救助计划。但是，这一系列刺激政策难以从根本上缓解日本衰退风险与通缩压力。

作为贸易大国，全球贸易萎缩严重影响日本出口与经济增长，2020年第4季度日本贸易规模同比下跌2.62%。在疫情的冲击下，日本投资热度不减反增，日元国际直接投资占比止跌回升0.78个百分点。作为传统的融资货币，2020年第4季度日元国际信贷有所扩张，市场份额同比上升0.03个百分点，但在国际债券存量中占比受到挤压，下降0.15个百分点。面对国际市场震荡，避险情绪高涨带动日元需求增强，2020年第4季度日元国际储备占比上升了0.14个百分点。总体上，2020年第4季度，日元的国际化指数为4.91，较上年末增加0.13，在避险情绪下国际地位小幅回升。

1.4 人民币在国际货币格局中的动态比较

1.4.1 人民币在SDR中的份额基本持平

特别提款权（SDR）是国际货币基金组织（IMF）支持创造的一种重要的国际补充储备资产。2016年10月1日，人民币被正式纳入SDR货币篮子，成为除美元、欧元、日元和英镑以外的第5种货币。加入SDR是一个里程碑，开启了人民币走上全球主要储备货币舞台的新阶段。比较人民币在SDR货币篮子中的份额及相关指标变化，不仅有助于从特定视角了解人民币国际化的动态发展，而且对于应对IMF下一次定值审查、管理人民币国际化进程也具有现实意义。

SDR货币篮子中各货币的权重由各货币在世界贸易和金融体系中的相对重要性决定，以定值审查的形式每5年调整一次。据IMF执行董事会决定，下一次定值审查将于2021年9月30日进行。在最近一次审查中（2015年），依托一系列指标与评判标准，人民币在SDR货币篮子中的权重为10.92%，仅次于美元（41.73%）、欧元（30.93%），高于日元（8.33%）、英镑（8.09%），位居第三位（见表1-1）。

表 1－1　　SDR 货币篮子中各货币的权重（%）

	2000 年	2005 年	2010 年	2015 年
美元	45	44	41.9	41.73
欧元	29	34	37.4	30.93
日元	15	11	9.4	8.33
英镑	11	11	11.3	8.09
人民币	—	—	—	10.92

资料来源：IMF.

受疫情冲击和下半年经济复苏的影响，2020 年人民币在 SDR 货币篮子中的相对权重先降后升。随着美元持续走弱，下半年人民币始终处于上升通道，11 月份额一度上升至 10.90%，为自 2019 年 5 月以来的高点（见图 1－10）。截至 2020 年末，人民币份额最终收于 10.83%，较年初上升了 0.27 个百分点。2020 年，美元在 SDR 货币篮子中依然占据绝对主导地位，但是份额有所下降，年末为 40.45%，较年初下降了 1.64 个百分点。与美元不同，2020 年欧元的份额缓慢上升至 32.73%，较年初上升了 1.48 个百分点。英镑和日元一降一升，年末的份额相当，分别为 8.01%和 7.99%，前者小幅下降 0.19 个百分点，后者小幅上升 0.08 个百分点（见图 1－11）。

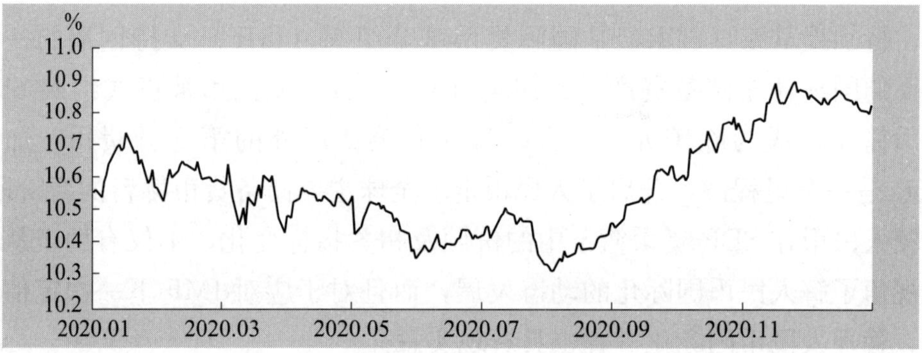

图 1－10　人民币在 SDR 货币篮子中的相对份额变化

资料来源：IMF.

1.4.2　人民币在国际支付交易中位列第五

2020 年，人民币第五大国际支付货币的地位得到巩固。据环球同业银行金融电讯协会（SWIFT）的统计，2020 年 12 月，人民币在国际支

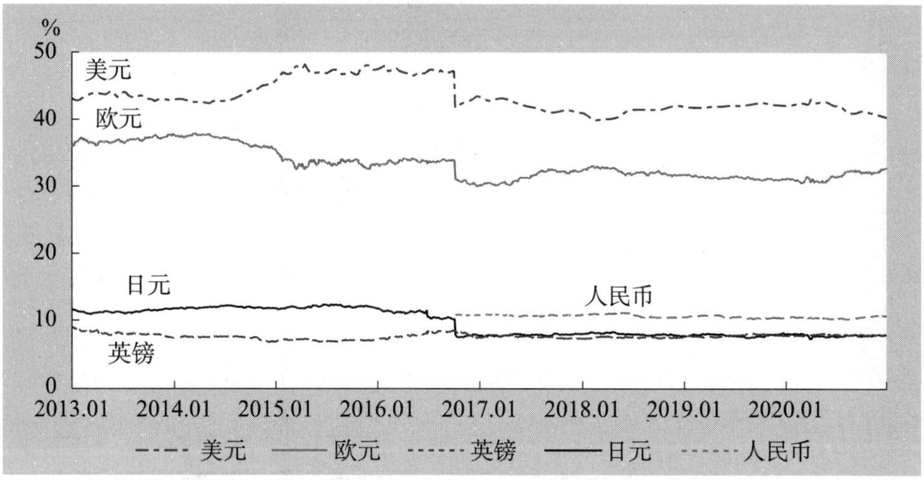

图 1-11　SDR 货币篮子中货币的相对份额变化

资料来源：IMF.

付交易中位列第五，市场占有率为 1.88%。相较于其他主要货币，人民币在国际支付中的使用仍存在一定差距。在全球支付交易中，美元与欧元处于主体地位，二者合计在国际支付中的占比超过 75%。目前，美元仍然居于首位，但 2020 年其地位受到欧元的挑战，呈现“欧进美退”的趋势，10 月欧元在国际支付中的占比一度超越美国。数据显示，12 月美元在国际支付中的占比为 38.73%，较上年下跌了 3.49 个百分点，而欧元在国际支付中的占比为 36.7%，较上年上升了 5.01 个百分点。英镑和日元的排名稳定，在国际支付中的占比分别为 6.50%和 3.59%（见图 1-12 和表 1-2）。

在国际支付交易中，人民币使用存在较大增长空间。一方面，经历前期高增长后，人民币在国际支付交易中的使用规模增速有所放缓，在全球货币支付体系中排名较为稳定，占比基本维持在 2%左右。另一方面，人民币国际支付交易地域集中的特点仍然比较突出。自 2013 年以来，中国香港一直是最大的离岸人民币清算中心，约占市场份额的 75%，英国和新加坡分列第二、第三位，2020 年仍然延续了这种格局。未来，随着我国经济率先复苏，人民币国际化稳慎推进，支付清算设施更加完善，全球人民币支付交易量有望稳步增长，人民币的国际影响力必将获得更大提升。

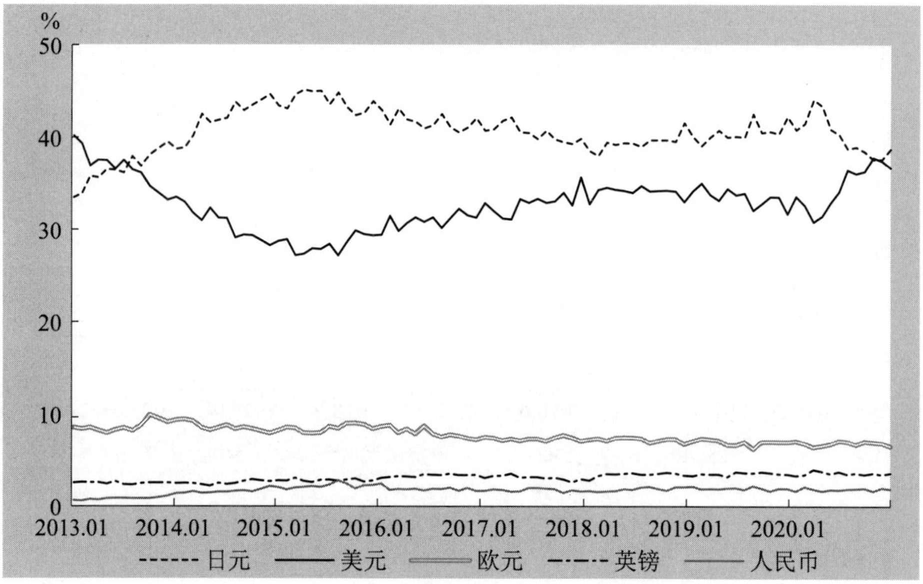

图 1-12　主要货币在国际支付中的占比

资料来源：SWIFT.

表 1-2　　主要货币在国际支付中的占比及排名

币种	2016 年 12 月		2017 年 12 月		2018 年 12 月		2019 年 12 月		2020 年 12 月	
	占比（%）	排名	占比（%）	排名	占比（%）	排名	占比（%）	排名	占比（%）	排名
美元	42.09	1	39.85	1	41.57	1	42.22	1	38.73	1
欧元	31.30	2	35.66	2	32.98	2	31.69	2	36.70	2
英镑	7.20	3	7.07	3	6.76	3	6.96	3	6.50	3
日元	3.40	4	2.96	4	3.36	4	3.46	4	3.59	4
人民币	1.68	6	1.61	5	2.07	5	1.94	6	1.88	5

资料来源：SWIFT.

第 2 章

人民币国际化现状

2020 年，新冠肺炎疫情全球大流行，对世界经济造成了严重冲击。主要发达经济体步入衰退，经济增速进入负区间。中国率先控制住国内疫情，实现经济复苏，成为全球唯一实现经济正增长的主要经济体。在此背景下，人民币国际化稳慎推进。跨境贸易人民币结算稳中有进，依托贸易数字化转型，人民币结算的数字化新特征逐步显现；人民币直接投资、境外信贷、利率衍生品等人民币金融交易量稳步增长，人民币金融资产越发受到国际投资者青睐；人民币全球外汇储备规模持续上升，储备货币职能日益增强；人民币币值经受住新冠肺炎疫情等极端事件的考验，人民币汇率韧性增强，正在成为国际避险货币。

2.1 跨境贸易人民币结算

2.1.1 结算规模和占比稳中有进

2020 年，受新冠肺炎疫情影响，世界经济增长和全球贸易遭受严重冲击，而中国率先控制住疫情并实现复工复产，外贸进出口实现了快速回稳、持续向好，成为全球唯一实现货物贸易正增长的主要经济体，展现了强大的韧性和综合竞争力。国际收支口径下，2020 年我国货物贸易进出口总值达 32.16 万亿元，同比增长 1.9%，货物贸易第一大国的地位继续巩固；2020 年我国服务贸易进出口总值为 4.56 万亿元，同比下降 15.7%，但服务贸易逆差减少，知识密集型服务贸易占比提高。在疫情阴霾挥之不去、多边贸易体系频遭挑战的 2020 年，中国与欧盟成员国、东盟成员国、“一带一路”沿线国家以及美国的贸易往来依然保持增长势头，《区域全面经济伙伴关系协定》（RCEP）如期落定，历经七年的中欧投资协定谈判也顺利结束。中国亮眼的外贸成绩单不仅有利于促进国际贸易发展、维护全球供应链稳定，而且有利于各国抗击疫情、推动全球经济复苏。

跨境贸易人民币结算规模保持了稳中有进的态势。自 2009 年 7 月跨境贸易人民币结算试点设立以来，跨境贸易人民币结算规模在货物与服务贸易进出口总值（国际收支口径）中的占比经历了先升后降、企稳回升的发展变化，2015 年 3 月达到峰值 30%；在人民币汇率形成机制改革后，人民币汇率由单边升值转为双向波动，汇率水平有升有贬、总体稳定，跨境贸易人民币结算中的投机性交易逐渐减少，2017 年占比降至 13%；在中国举办进博会、扩大自由贸易区的背景下，跨境贸易人民币结算规模稳中有升，避险性交易增多，2020 年占比回升至 18.6%（见图 2-1）。2020 年，越来越多的跨国企业选择使用人民币，经常项目下跨境贸易人民币结算业务[①]累计发生 6.77 万亿元，较 2019 年增加 7 300 亿元，同比增长 13%，高于贸易进出口的增速。

2020 年全球贸易受到冲击，跨境贸易人民币结算规模仍保持稳中有升，主要呈现出以下几个特点：

第一，贸易进出口规模和国际市场份额再创新高，为跨境贸易人民币结算规模继续扩大奠定了良好的基础。面对新冠肺炎疫情的严重冲击和异常复杂的国际形势，中国政府出台了一系列超常规政策措施来稳外贸，外贸企业想方设法开拓市场，2020 年中国外贸逆势增长，进出口总值、出口规模、国际市场份额均创历史新高，防疫物资和“宅经济”产品推动出口较快增长。与此同时，国内超大规模市场为扩大进口提供了有力支撑。据海关总署统计，2020 年我国原油、金属矿砂等资源型产品

① 包括以人民币进行结算的跨境货物贸易、服务贸易及其他经常项目。

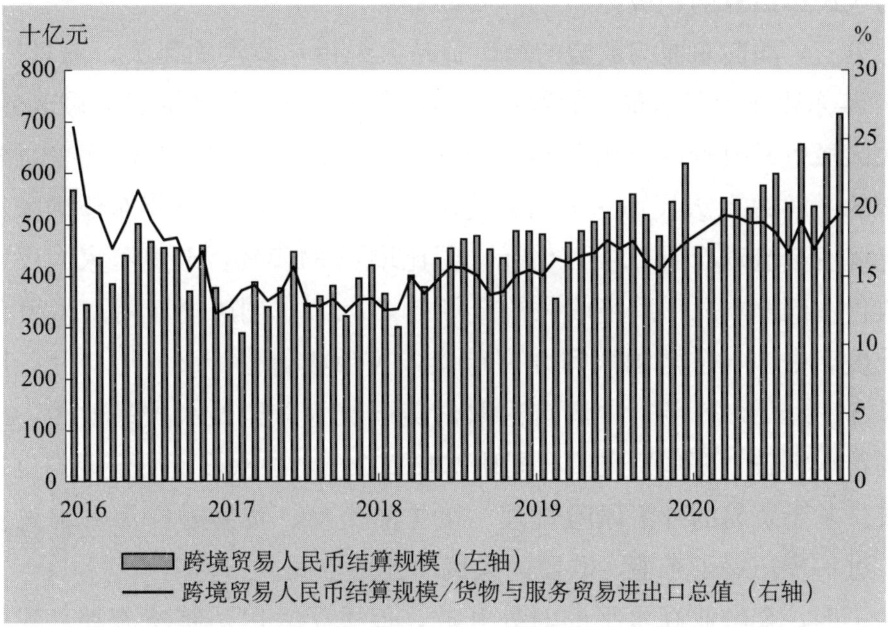

图2-1　跨境贸易人民币结算规模及其在货物与服务贸易进出口总值中的占比

说明：1月进出口总值数据缺失，只有1月和2月合计的进出口总值数据。

资料来源：中国人民银行、商务部、国家外汇管理局。

进口量分别增加了7.3％和7％，粮食、肉类等农产品进口量分别增加了28％和60.4％。2020年11月，第三届中国国际进口博览会（简称进博会）在上海成功举办，累计意向成交726.2亿美元，同比增长2.1％。

第二，跨境贸易人民币结算业务增速快于贸易进出口增速，人民币使用意愿上升，取得突破性进展。一方面，我国贸易发展质量不断提升，贸易项目下人民币计价结算话语权提升。2020年我国贸易结构进一步优化，一般贸易进出口占比持续提升，占我国外贸总值的59.9％，加工贸易进出口占比为23.8％。民营企业展现强大活力和韧性，笔记本电脑、家用电器、医疗仪器等出口增长势头明显，出口产品不断向价值链上游攀升。为有效规避汇率风险，更多进出口企业优先选择使用人民币计价结算，推动人民币在贸易项目下的使用规模进一步扩大。另一方面，政策利好加码，跨境人民币绿色通道不断畅通。金融机构简化业务流程、多渠道办理“无接触”业务，为涉外企业提供了安全高效的跨境金融服务，有力保障了企业在疫情期间的资金流转。同时，跨境贸易人民币结算高水平便利化试点政策的受惠面不断扩展，有效调动了企业进行跨境贸易人民币结算的积极性。

第三，面向东盟与欧盟的跨境贸易人民币结算潜力巨大，前景广阔。2020 年东盟成为我国最大的贸易伙伴，东盟十国主导的 RCEP 顺利签署，亚太区域贸易投资的自由化和便利化程度将进一步提升。广西金融学会发布的《2020 年人民币东盟国家使用报告》显示，2019 年东盟国家人民币跨境资金流动合计 2.4 万亿元，同比增长 34.7%，东盟国家人民币跨境收付占同期本外币跨境收付总金额的 37.4%，创历史新高；2020 年前三季度，中国与东盟国家间办理跨境人民币收付合计 2.9 万亿元，同比增长 64%。[①] 2020 年，中国首次取代美国成为欧盟最大贸易伙伴，中欧班列首次突破“万列”大关，同比增长 50%[②]，中欧投资协定谈判也如期完成。基于贸易的外汇风险管理、衍生品交易、贸易融资等需求愈发旺盛，进一步拓展了东盟、欧盟的人民币使用空间。

第四，金融业高水平的对外开放，促进了人民币跨境流动。我国遵循国际化、市场化、法治化原则，主动有序的金融业高水平开放迈入新阶段，一系列扩大金融业开放的措施落地，境内外资本市场双向开放渠道不断拓展，境外投资者持有我国金融资产的比重不断提高。2020 年，我国经济发展优势明显，为推动世界经济贸易复苏做出了重要贡献，成为国际资本投资的重要标的市场。境外人民币资产持有及交易规模大幅提升进一步促进了人民币跨境流动，也带动了跨境贸易人民币结算。

第五，大宗商品跨境贸易人民币结算继续突破，产生人民币使用的溢出效应。2020 年 1 月以来，国内最大钢铁集团中国宝武钢铁集团有限公司（简称中国宝武）与巴西淡水河谷公司、澳大利亚必和必拓集团和力拓集团先后完成首单跨境贸易人民币结算，至此，全球铁矿石三巨头均已在对华铁矿石贸易中使用人民币结算。为了扩大销售和分散风险，一些以我国为主要目标市场的大宗商品供应商开始接受人民币作为结算币种，并在开户、结算以及后续资金管理中接受更多的人民币金融服务和产品，使用人民币计价结算的溢出效应逐渐显现。

第六，跨境贸易人民币结算的基础设施继续完善，使用成本逐步下

---

① 前三季度中国与东盟跨境人民币收付近三万亿元 同比增六成．中国新闻网，2020－11－28.

② 12406 列！2020 年中欧班列开行数量刷新纪录．腾讯网，2021－01－20.

降。截至2020年12月末，人民币跨境支付系统（CIPS）共有参与者1 092个，其中直接参与者42个，间接参与者1 050个，覆盖全球99个国家和地区。2020年全年CIPS处理业务220.5万笔，同比增长17%，金额达45.3万亿元，同比增长33.4%，为171个国家和地区提供人民币跨境和离岸业务资金清算服务，有力支持了“一带一路”建设和人民币国际化。此外，随着人民币交易规模的不断扩大，人民币支付成本进一步下降，国际竞争力有所增强。

专栏2-1

推动人民币国际化与深化服务贸易创新相促相长

服务贸易增速持续超过货物贸易，已成为全球贸易增长的新引擎。在双循环新发展格局下，应全面推动服务贸易创新，为我国实现贸易高质量发展提供根本动力。大力发展新兴服务贸易、改善服务贸易发展格局，提升资金流动便利化水平、为服务贸易企业优化营商环境，是促进服务贸易领域人民币跨境使用的重要举措，也是服务贸易创新发展的题中应有之义。因此，推动人民币国际化与深化服务贸易创新是相促相长的。

推动人民币国际化，必然要求金融服务“走出去”，这是深化服务贸易创新的重要内容。根据世界贸易组织（WTO）《服务贸易总协定》（GATS）的条款，金融服务是指商业性的金融活动，内容涵盖银行、保险、证券、金融信息等领域，金融服务是新兴服务贸易的重要组成部分。2019年，发达国家金融服务出口占服务贸易出口的比例为10.5%[①]，而我国只有1.6%[②]，说明我国金融服务的国际竞争力较弱。目前，随着全球市场对人民币的认同与接受程度逐渐提高，境外人民币资产持有量提升，有利于中资金融机构提供更多人民币跨境业务，尤其是海外分支机构开展更多人民币投融资业务。同时，随着我国金融开放步伐加快，外资金融机构增多，有利于推动我国金融服务贸易增长，优化服务贸易结构。

为提升“中国服务”在全球价值链中的地位，充分发挥服务贸易稳

① 联合国贸易和发展会议（UNCTAD）统计数据。

② 中国国家外汇管理局数据。

外贸、稳外资的支撑作用，2020 年 8 月商务部印发《全面深化服务贸易创新发展试点总体方案》，在试点任务第三条“全面探索提升便利水平”中强调要“加快推进人民币在服务贸易领域的跨境使用”。依照“本币优先”原则，指导服务贸易企业积极选择人民币进行计价结算，支持在试点地区率先建立人民币跨境贸易融资和再融资服务体系、持续优化跨境人民币业务。通过人民币跨境结算、贸易融资便利化，提升企业收付款业务效率，缓解企业资金压力，进而增加人民币在服务贸易领域的跨境使用。此外，数字贸易、跨境电商、服务外包等新兴贸易业态和模式正在成为服务贸易增长的新引擎，推动传统服务贸易的数字化、信息化转型，为人民币国际化带来更广阔的空间。

2.1.2 跨境货物贸易人民币结算占主导地位，跨境服务贸易人民币结算平稳增长

经常项目下跨境贸易人民币结算结构持续优化，跨境货物贸易人民币结算仍占主导地位，跨境服务贸易人民币结算平稳增长。2020 年，跨境货物贸易人民币结算累计发生 4.79 万亿元，较 2019 年增长 12.7%，占当年跨境贸易人民币结算总额的 70.8%；跨境服务贸易人民币结算累计发生 1.98 万亿元，同比增长 10.6%，占当年跨境贸易人民币结算总额的 29.3%（见图 2-2 和图 2-3）。2017 年以来，跨境服务贸易人民币结算规模的年均增速为 15.6%，高于跨境贸易人民币结算规模的年均增速 8.9 个百分点。

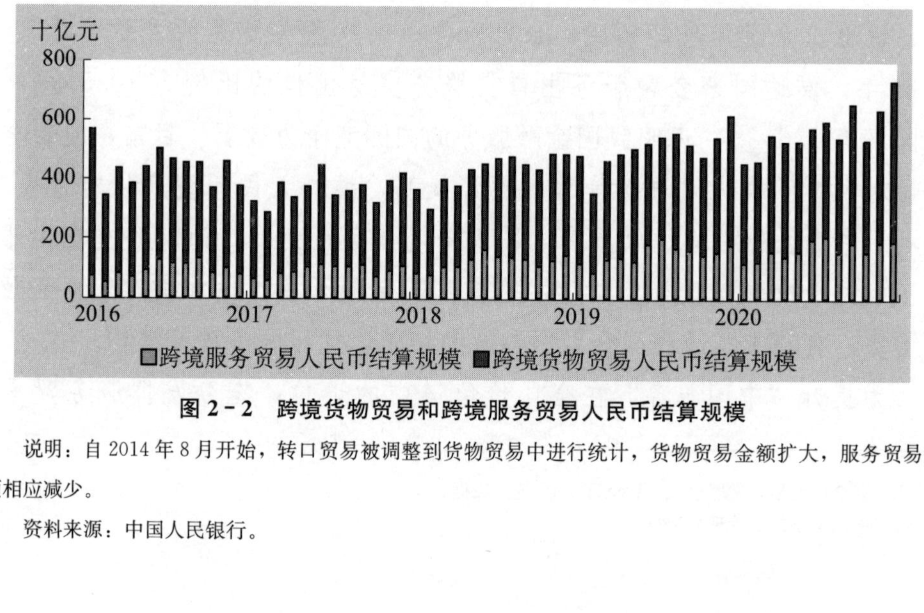

图 2-2 跨境货物贸易和跨境服务贸易人民币结算规模

说明：自 2014 年 8 月开始，转口贸易被调整到货物贸易中进行统计，货物贸易金额扩大，服务贸易金额相应减少。

资料来源：中国人民银行。

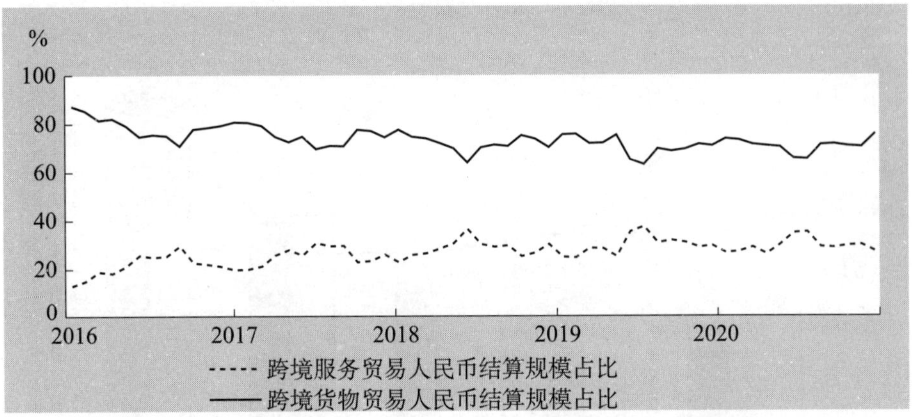

图 2-3 跨境货物贸易和跨境服务贸易人民币结算规模占比

资料来源：中国人民银行。

2.1.3 资本项目增速加快，收支基本平衡

2020 年，我国跨境人民币收付金额合计 28.4 万亿元，同比增长 44%，人民币流出、回流规模均比 2019 年有所扩大。2014 年跨境贸易人民币结算收支口径扩大为包括资本金融交易在内的人民币结算收支后①，由于金融交易波动性较大，跨境人民币收付顺差、逆差交替。经过 2016、2017 年的逆差后，2018、2019 年跨境人民币收付转为小幅顺差，2020 年再次转为小幅逆差，收付比为 1.01，其中实收 14.1 万亿元，实付 14.3 万亿元，自 2017 年开始收付比持续保持平衡、稳定（见图 2-4）。

从结构上看，2020 年，经常项目下跨境人民币收付金额合计 6.77 万亿元，同比增长 12.09%；资本项目下跨境人民币收付金额合计 21.6 万亿元，同比增长 59%。不难看出，资本项目下跨境人民币收付已成为跨境人民币收付增长的主要驱动力。近年来，人民币币值稳定、进出口结构优化、外贸企业在结算货币选择上的议价能力增强，加上跨境人民币使用便利化，这些因素共同促进了跨境贸易人民币结算规模的扩大及跨境人民币收付结构的平衡。

---

① 2014 年及以前统计口径是跨境贸易人民币结算收付，此后是全口径，包括资本和金融项目下的人民币结算收付。

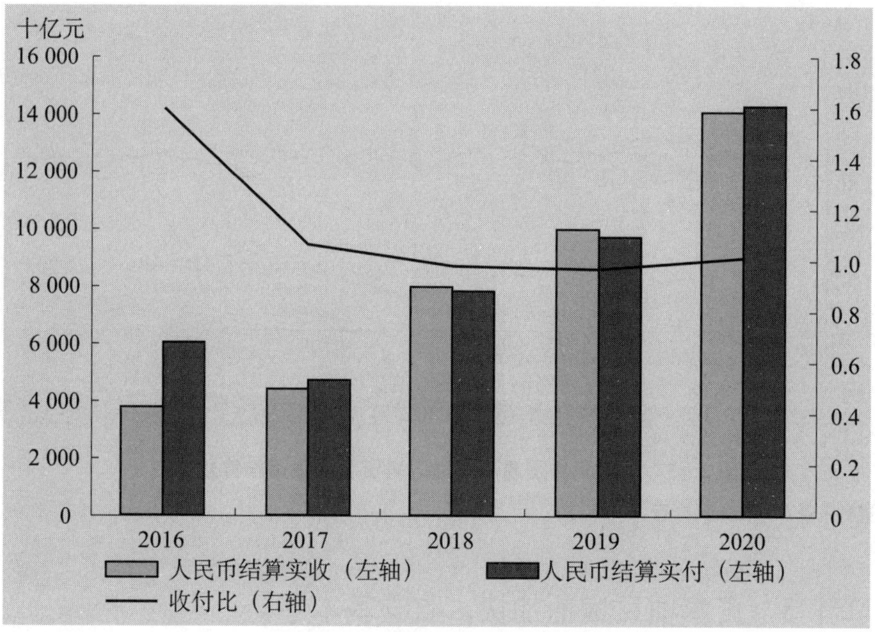

图 2－4　跨境人民币结算收付比

资料来源：中国人民银行。

2.1.4　拓展人民币结算渠道，第三方支付平台发挥重要作用

第三方跨境支付是指第三方支付机构为跨境电子商务、境外线下商务的交易双方提供跨境互联网支付或移动支付服务，包含外汇资金集中收付及相关结算等业务。“互联网＋外贸”催生了跨境电商这一外贸新业态，缩短了外贸的交易链条，具有交易额小、成本低、风险低、便捷灵活等特点。通过聚集多笔小额跨境支付交易，第三方跨境支付能够有效降低交易成本，非常适用于小额、高频的跨境电商交易①，尤其是零售市场交易。

2013 年 9 月，包括支付宝、易宝支付、银联电子支付、钱宝在内的 17 家第三方支付公司获得首批跨境电子商务外汇支付业务试点资格。2014 年 2 月，为积极支持跨境电子商务发展，扩大人民币跨境使用，中国人民银行上海总部印发了《关于上海市支付机构开展跨境人民币支付业务的实施意见》，支付机构依托互联网渠道，为境内外收付款人之间基于非自由贸易账户的真实交易需要，提供双向人民币支付服务。近年来，天猫、京东、唯品会、网易考拉等国内跨境电商平台以及亚马逊、易贝

① 艾瑞咨询．2020 年中国第三方跨境支付行业研究报告．艾瑞网，2020－10－09.

(eBay) 等国外跨境电商平台通过与银联、威士 (Visa)、万事达卡 (MasterCard) 等银行卡清算机构以及支付宝、微信支付、财付通、PayPal 等第三方支付平台合作，构建起人民币结算的跨境电商贸易新模式，在降低企业外币汇兑成本的同时，进一步提升了人民币国际化的渗透程度。以阿里巴巴"双 11"购物狂欢节为例，全球 200 多个国家和地区的消费者都可以通过速卖通（AliExpress)、Lazada、Daraz 和天猫淘宝海外等阿里巴巴平台来参与"双 11"，还有 6 款本地版"支付宝"加入支付通路的队伍，包括泰国的 Truemoney、印度尼西亚的 DANA、马来西亚的 TnGD、菲律宾的 GCash、孟加拉国的 bKash 和巴基斯坦的 Easypaisa，海外线上支付用户量大幅增加。

新冠肺炎疫情的全球流行沉重打击了国际贸易，却激发了我国跨境电商贸易的活力。据海关统计，2020 年通过海关跨境电子商务管理平台验放进出口清单 24.5 亿票，同比增长 63.3%，全年跨境电商进出口 1.69 万亿元，增长 31.1%，数万家传统外贸企业触网上线、提质增效，跨境电商成为我国外贸业务发展的新引擎。在跨境电商发展过程中，第三方跨境支付凭借技术手段降低了金融服务的成本和门槛，提高了用户使用频次，同时具有快速便捷、安全性较高的优势，已成为不可或缺的支付渠道。作为深化服务贸易创新的重点内容，第三方支付将进一步推动跨境交易渠道多元化、便利化，方便零售市场人民币计价结算，为扩大跨境人民币结算规模提供新动力。

2.2 人民币金融交易

2.2.1 人民币直接投资

2020 年我国发生人民币直接投资 3.81 万亿元，同比增长 37.05%，与 2019 年 4.5%的同比增长率相比，增幅巨大。

1. 人民币对外直接投资

我国对外直接投资保持平稳健康发展，以人民币结算的对外直接投资大幅增长。据商务部和国家外汇管理局统计，2020 年，我国对外直接投资达 9 169.7 亿元人民币（折合 1 329.4 亿美元)，较 2019 年增长了

3.3%。境内投资者共对全球 172 个国家和地区的 6 790 家境外企业进行了非金融类直接投资，累计投资 7 597.7 亿元人民币（折合 1 101.5 亿美元），同比下降 0.4%，基本保持平稳。其中，以人民币结算的对外直接投资累计达 1.05 万亿元，同比增加 38.2%，扭转了 2019 年出现的负增长局面（见图 2-5 和图 2-6）。回望过去五年，2017 年我国加强了针对非理性对外直接投资的管控，导致人民币对外直接投资规模出现较大回落；随后对外直接投资回归理性，呈波动增长态势。

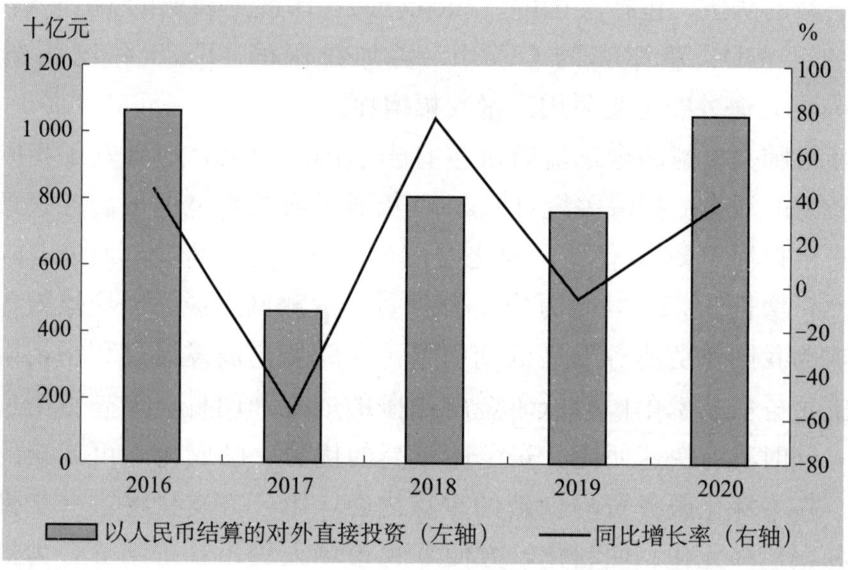

图 2-5　以人民币结算的对外直接投资及其同比增长率

资料来源：中国人民银行网站。

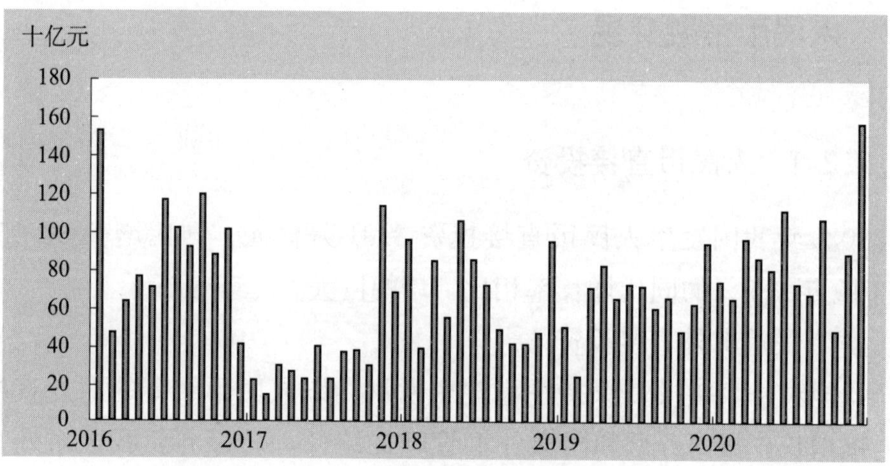

图 2-6　以人民币结算的对外直接投资月度数据

资料来源：艾瑞咨询 . 2020 年中国第三方跨境支付行业研究报告 . 艾瑞网，2020-10-09.

导致人民币对外直接投资增长的原因是政策放开和“一带一路”高质量发展。一方面，金融对外开放全面推进，人民币使用范围扩大。例如，设立“坚持全球视野、突出北京特色”的人民币国际投贷基金，采用市场化、专业化运作模式，重点支持北京市企业对外合作和转型升级，开展人民币境外直接投资业务。另一方面，“一带一路”投资合作稳步推进，人民币跨境使用范围进一步扩展。2020 年，我国企业对“一带一路”沿线 58 个国家非金融类直接投资折合 177.9 亿美元，同比增长 18.3%，占同期总额的 16.2%，较上年提升 2.6 个百分点；在沿线国家新签承包工程合同额折合 1 414.6 亿美元，完成营业额折合 911.2 亿美元，分别占同期总额的 55.4%和 58.4%，主要投向新加坡、印度尼西亚、越南、老挝和马来西亚等国家。

2020 年我国对外直接投资呈现以下特点：第一，对外直接投资的结构持续多元化。对外直接投资主要流向租赁和商务服务业、批发零售业、科学研究和专业技术服务业、电力的生产和供应业等领域。2020 年，流向租赁和商务服务业的投资为 417.9 亿美元，同比增长 17.5%；流向批发和零售业的投资为 160.7 亿美元，同比增长 27.8%；流向电力的生产和供应业、科学研究和专业技术服务业的投资分别增长 10.3%和 18.1%。第二，地方对外直接投资活跃。2020 年，地方企业对外非金融类直接投资达 807.5 亿美元，同比增长 16.4%，占同期对外直接投资总额的 73.3%。其中东部地区对外直接投资同比增长 21.8%；广东、上海、浙江位列前三。第三，对外承包工程新签项目集中于基础设施领域，包括一般建筑和水利建设类。2020 年，我国企业承揽的境外基础设施类工程项目达 5 500 多个，累计新签合同额超过 2 000 亿美元，占当年合同总额的 80%。

2. 以人民币结算的外商直接投资

在全球跨国直接投资大幅下降的背景下，2020 年我国实际使用外资逆势增长。2020 年全年，全国实际使用外资 9 999.8 亿元人民币，同比增长 6.2%，规模再创历史新高（未含银行、证券、保险领域数据）。从行业分布来看，服务业实际使用外资 7 767.7 亿元人民币，增长 13.9%，占比 77.7%。高技术产业吸收外资增长 11.4%，高技术服务业吸收外资增长 28.5%，其中，研发与设计服务、科技成果转化服务、电子商务服务、信息服务吸收外资分别增长 78.8%、52.7%、15.1%和 11.6%。从地区分布来看，东部地区吸收外资增长 8.9%，占比 88.4%。

2020 年以人民币结算的外商直接投资发生 2.76 万亿元，较 2019 年增长 36.6%（见图 2-7 和图 2-8）。与以人民币结算的对外直接投资趋势类似，以人民币结算的外商直接投资规模在 2017 年下降，随后以年均 33%的增长率稳步增长。

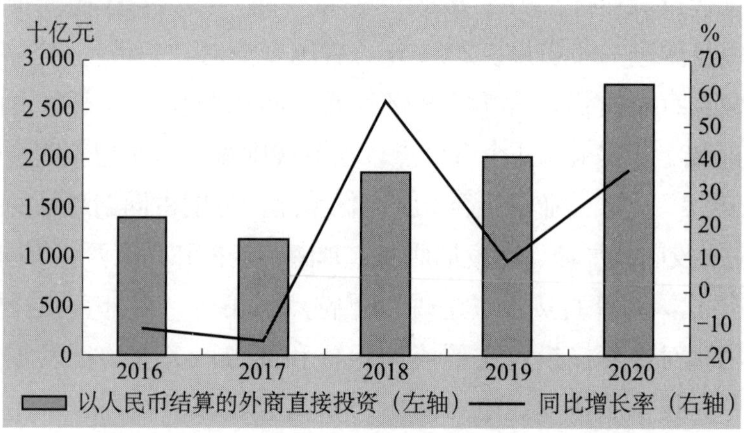

图 2-7 以人民币结算的外商直接投资及其同比增长率

资料来源：艾瑞咨询．2020 年中国第三方跨境支付行业研究报告．艾瑞网，2020-10-09.

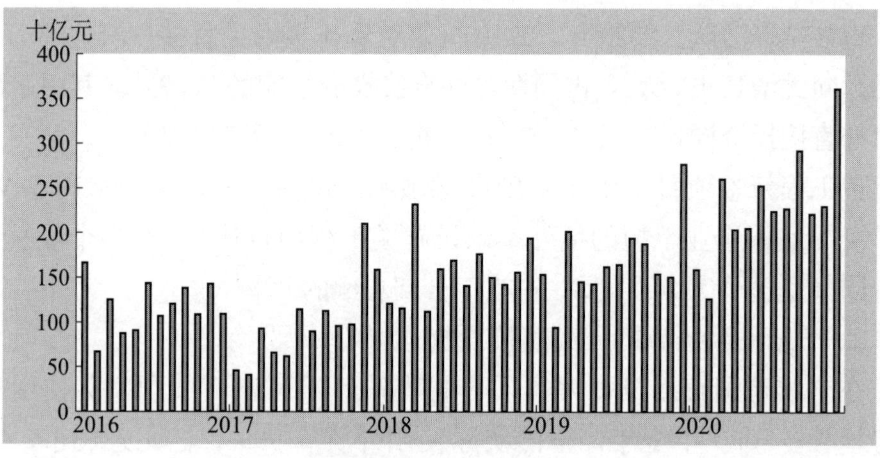

图 2-8 以人民币结算的外商直接投资月度数据

资料来源：艾瑞咨询．2020 年中国第三方跨境支付行业研究报告．艾瑞网，2020-10-09.

根据 UNCTAD 发布的《全球投资趋势监测》报告，2020 年，中国外商直接投资超过美国，成为全球最大的外资流入国。主要原因有三个：一是新冠肺炎疫情导致主要经济体经济萎缩，但中国采取严格的防疫措施，经济率先恢复增长，吸引外资进入。二是全球疫情期间跨国企业对在华产业链和供应链的高度依赖，维持了在华外资的稳定。随着中国经济复苏势头增强，外国企业纷纷扩大在华业务，将中国视为关键的产品增长市场。三是政府采取了有效的投资便利化措施，有助于稳定投资。负面清单长度只减不增，自贸区的开放力度更大。例如，新设立的海南自由贸易港大幅缩减了禁止外商投资的负面清单，取消对矿业和汽车制造业的限制，进一步削减电信、教育和法律服务方面的限制。2020年，中国政府增加127个允许外商投资的行业，主要集中在中西部地区和东北地区，促进了新的投资增加。因此，在全球跨国直接投资大幅下降的背景下，中国全年吸收外资逆势增长。

2.2.2 人民币证券市场

1. 债券市场

新冠肺炎疫情暴发导致大量企业面临短期内资金链趋紧问题，发债成为抗击疫情、补充运营资金及偿还债务利息的重要手段。2020年，债券市场共发行各类债券56.9万亿元，较上年增长26.0%。其中国际金融债券共发行554亿元，同比增长18.4%。

人民币国际债券和票据规模在2016—2020年间出现小幅调整，但保持整体稳定。尽管2016—2019年人民币国际债券和票据存量及在全球国际债券和票据市场占比呈现小幅下滑趋势，但从2020年第一季度开始稳步增长，年末余额为1 112.9亿美元，在全球国际债券和票据市场的占比为0.41%，分别同比增长15.1%和7.5%（见图2-9）。2020年底，在全球国际债券和票据余额中，美元占比45.0%，欧元占比40.1%，英镑占比7.9%，日元占比1.7%，均大大高于人民币，表明人民币债券市场具有很大的发展空间。

人民币国际债券和票据市场呈现以下几个特点：一是外资持续增配。截至2020年末，境外机构持有我国银行间市场债券3.25万亿元，市场占比达到3%。其中，外资机构超六成持仓为国债，占国债市场的9%，对国债市场定价有一定的影响力。二是债券通成为境外投资者入市的主渠道。债券通允许境外投资者通过境外电子交易平台直接下达指令，降低交易成本，缩短交易时间差，相比结算代理交易更加便利，深受境外投资者青睐。2020年，通过债券通入市的境外投资者（含产品）共计2 352个，较上年

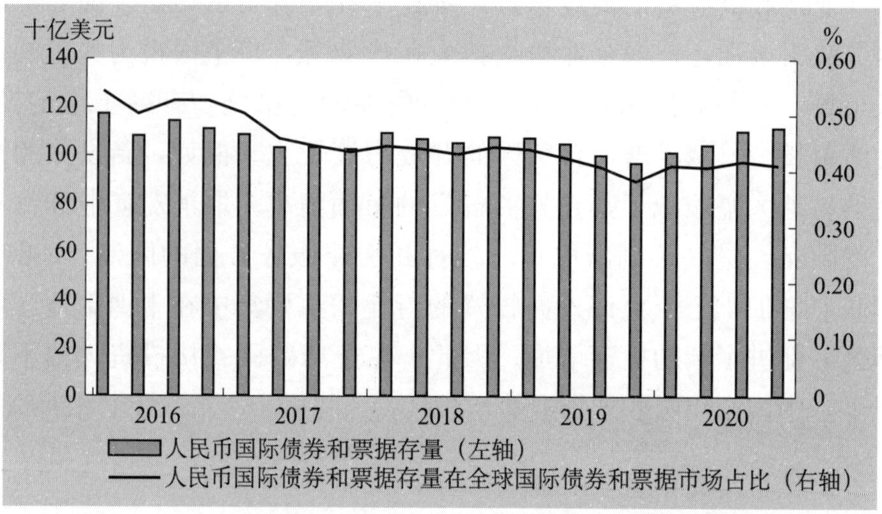

图 2-9　人民币国际债券和票据存量及其在全球国际债券和票据市场占比

资料来源：BIS.

底增长 46.9%。三是积极推出新品种。2020 年 12 月 8 日，上海清算所与欧洲清算银行合作推出“玉兰债”业务，通过金融基础设施跨境互联互通，为境内发行人在海外发债打开了新通道。9 月 21 日，由 CSOP 资产管理公司管理的新加坡第一只中国债券 ETF 开始交易，原始资金为 6.76 亿美元（约合 45.8 亿元人民币），增加了境外投资者投资人民币债券的渠道。

人民币国际债券和票据市场的快速发展得益于我国经济持续回暖、人民币利率高和对外开放政策密集出台。具体来说，一是受益于疫情防控得力，我国经济保持平稳增长，国内宏观经济政策逐渐回归常态化，并在全球范围内保持较强独立性。二是人民币利率较高，人民币债券对国际投资者的吸引力大幅增强。三是便利境外投资者的政策获得了国际社会的高度认可。2020 年 5 月 27 日，我国出台《外国政府类机构和国际开发机构债券业务指引》，完善信息披露要求，鼓励有真实资金需求的发债，稳步推动熊猫债市场的发展。9 月 2 日，我国发布《中国人民银行 中国证监会 国家外汇管理局关于境外机构投资者投资中国债券市场有关事宜的公告（征求意见稿）》，为进一步加强中国债券市场对外开放的系统性、整体性、协同性夯实制度保障。

2020 年，离岸人民币债券市场建设继续推进。离岸市场共发行 374 只人民币债券，较 2019 年增加 89 只，总发行额为 2 065.2 亿元，较 2019

年增长15%。其中，财政部在境外发行了60亿美元和40亿欧元的主权债券。另外，中国人民银行在香港发行了1 550亿元的央行票据，丰富了离岸市场人民币投资产品系列，增加了人民币流动性管理工具，能更好地满足离岸市场投资者的需求，并完善离岸人民币债券收益率曲线。2020年4月，中国建设银行阿斯塔纳分行发行中亚地区首只离岸人民币债券"雄鹰债"，支持"一带一路"相关项目建设，有利于促进阿斯塔纳国际金融中心、哈萨克斯坦以及整个中亚地区离岸人民币市场的发展。

2020年，熊猫债市场发行总额达586.50亿元，同比小幅回落1.99%（见图2-10）。共有24家主体累计发行熊猫债43期，发行主体数和发行期数分别同比增加9.09%和7.50%。从发行场所来看，本年度熊猫债在银行间交易市场的发行集中度较2019年进一步上升，2020年银行间债券市场共发行熊猫债39期，累计发行金额为545.50亿元，分别占发行总期数和发行总金额的90.70%和93.01%；交易所市场全年发行熊猫债4期，发行金额为41亿元，仅占总发行规模的6.99%。预计2021年熊猫债市场继续平稳运行和健康发展。

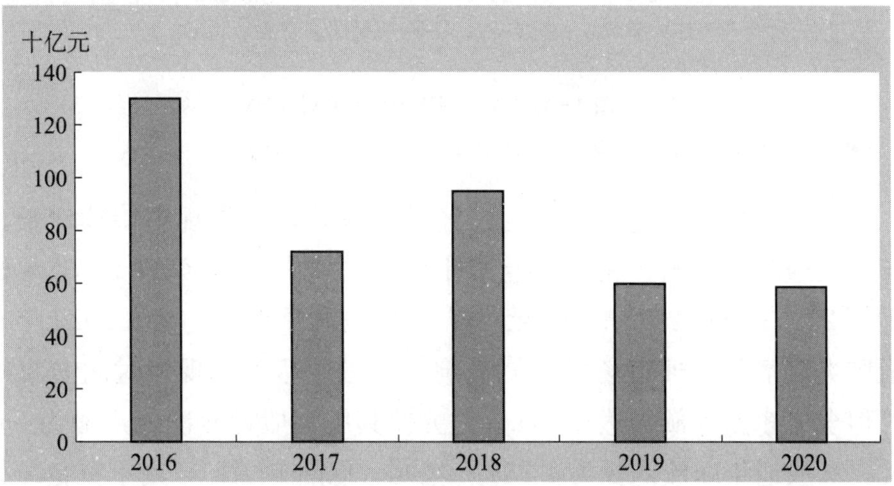

图2-10 熊猫债发行情况

资料来源：积极稳妥推动熊猫债市场发展 助力债券市场高水平对外开放．中国银行间市场交易商协会网站，2021-01-14.

2. 股票市场

2020年，我国股票市场结构进一步完善，融资功能增强。上证综合指数收于 3 473.07 点，同比增长 13.9%；深证成份指数收于 14 470.68 点，同比增长 38.7%。两市全年成交额达 206.83 万亿元，同比增长 62.3%。创业板指数收于 2 966.26 点，同比增长 65.0%。沪市 A 股平均市盈率从 2020 年初的 14.42 倍增至年末的 16.76 倍，深市 A 股平均市盈率从 2020 年初的 26.73 倍增至年末的 34.51 倍。图 2-11 展示了 2016—2020 年中国股票市场交易情况。

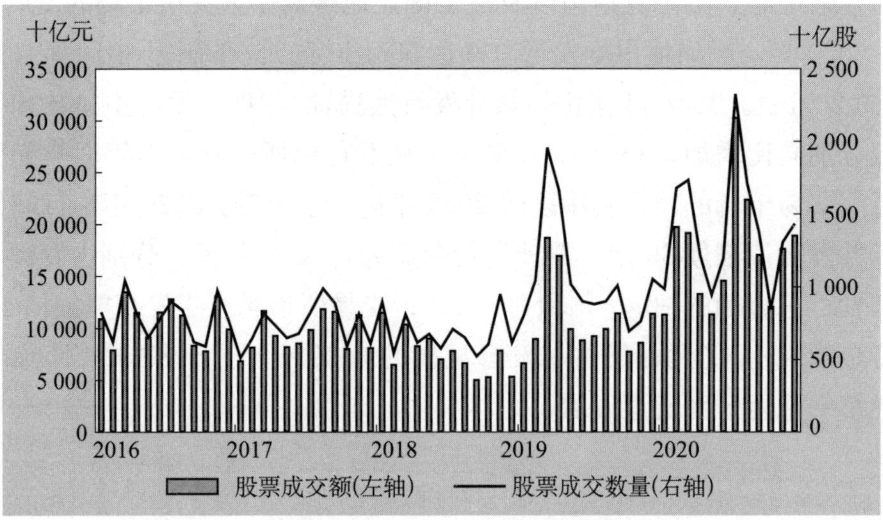

图 2-11　中国股票市场交易情况

资料来源：上海证券交易所和深圳证券交易所网站。

沪深港通机制经过五年运营已经较为成熟，交易规模持续增长。受益于沪股通和深股通，北上资金累计净流入额从 2016 年的 1 477.8 亿元增加至 2020 年的 12 024.1 亿元，成为 A 股的重要参与者。2020 年，受新冠肺炎疫情和海外市场扰动的影响，外资虽然曾出现短时间大幅净流出，但全年净流入额仍达 2 089.3 亿元。其中沪股通年净流入额为 855.1 亿元，深股通年净流入额为 1 234.2 亿元（见图 2-12）。南下资金净买入港股 3 381.2 亿港元，同比增长 238.8%，累计净买入 17 304.0 亿港元，创历史新高（见图 2-13）。内地投资者目前在港股交易中的占比明显提高，这推动了港股市场流动性的提升。港股集中了一批未在 A 股上市的优质公司，预计未来港股对内地资金的吸引力仍将日益增强。

另外，我国放松对 QFII/RQFII 和合格境内机构投资者（QDII）的

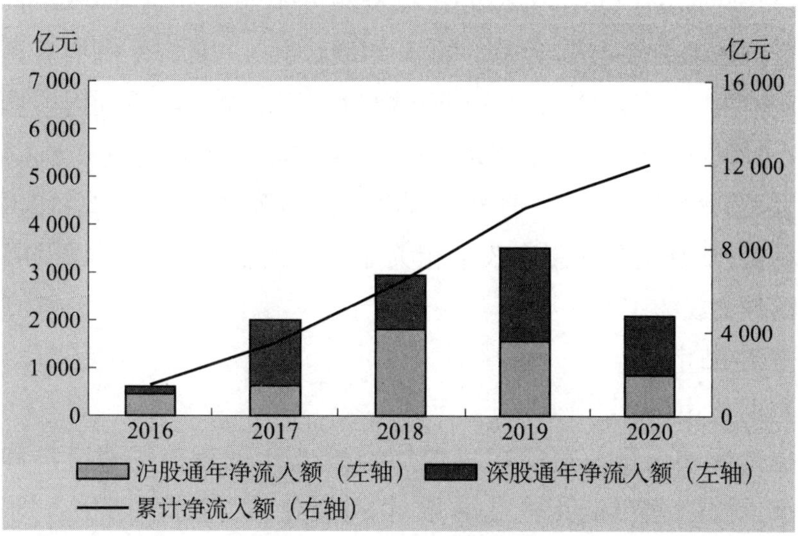

图 2-12　北上资金各年流入量

资料来源：Wind.

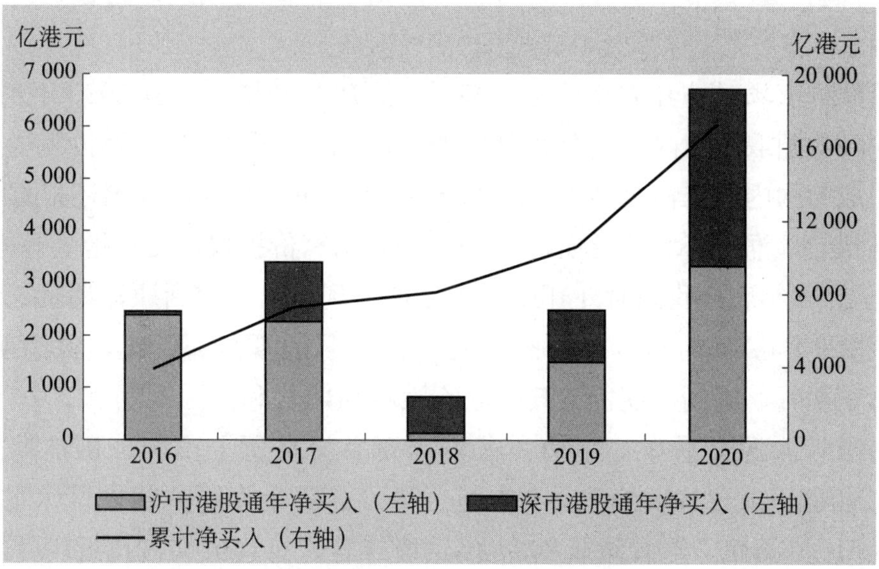

图 2-13　南下资金各年买入量

资料来源：Wind.

金融管制，并逐步以更加透明、更符合国际惯例的方式同等对待内外资金融机构，境内外资本市场进一步联通。2020 年 9 月 25 日，中国证券监督管理委员会（简称证监会）、中国人民银行、国家外汇管理局发布《合格境外机构投资者和人民币合格境外机构投资者境内证券期货投资管理办法》，宣布全面取消 QFII 和 RQFII 投资额度限制，并继续降低准入门槛、扩大投资范围和加强持续监管。截至年底，共 45 家境外机构获证监会核准，同比增加 39 家，QFII 和 RQFII 数量达 558 个。与此同时，国家外汇管理局在时隔两年半后重启 QDII 额度扩容，向 18 家机构发放了 QDII 额度 33.6 亿美元，涵盖了基金、证券、理财子公司等多类型机构。12 月 28 日，沪深市场 QFII 登记结算制度改革相关业务正式上线，允许 QFII 参与融资融券类证券交易。

3. 衍生品市场

(1) 期货市场。

受疫情影响，企业避险需求增加，2020 年期货市场成交额和成交量均创历史新高。全国期货市场累计成交量为 61.52 亿手，同比增长 55.29%，累计成交额为 437.53 万亿元，同比增长 50.56%。2020 年，我国期货市场推出液化石油气、低硫燃料油、短纤、国际铜等 12 个新品种，首创“云上市”品种，助力企业应对价格波动风险，完善贸易定价机制。

期货市场对外开放路径更加多元，开放品种增加。自 2020 年 1 月 1 日起，我国取消国内期货公司外资股比限制，7 月 21 日，摩根大通期货公司成为国内首家由外资全资控股的期货公司。此外，我国还根据品种自身特点，推出跨境商品期货 ETF，创新结算价授权、交易指令等方式。截至 2020 年底，我国对外开放期货品种达到 7 个，包括原油期货、铁矿石期货、PTA（精对苯二甲酸）期货、20 号胶期货、低硫燃料油期货、国际铜期货、棕榈油期货。其中低硫燃料油期货和国际铜期货 2020 年在上海国际能源交易中心上市。在大连商品交易所上市的棕榈油期货于 2020 年底正式允许境外投资者参与。2020 年，上海原油期货累计完成交割 8 515.9 万桶，同比增长 4.83 倍。境外客户日均成交占比近 19%，日均持仓占比近 25%。PTA 期货作为我国期货市场首个引入境外交易者的化工品种期货，已经成为全球聚酯产业的价格风向标。天然橡胶期货和 20 号胶期货互为补充，提升了我国成为全球最主要的天然橡胶期货市场的地位。期货交易所按照“国际平台、净价交易、保税交割、人民币计价”的总体方案引入境外交易者，有助于服务国家“一带一路”建设，有利于稳步推进人民币国际化。值得一提的是，疫情发生后，期货公司围绕抗疫物资生产需求，积极创新业务模式，推出口罩期货、手套期货等产品，助力企业复工复产，保障了抗疫物资供应。图 2-14 列出了2020 年上海国际能源交易中心四种国际期货的成交量。

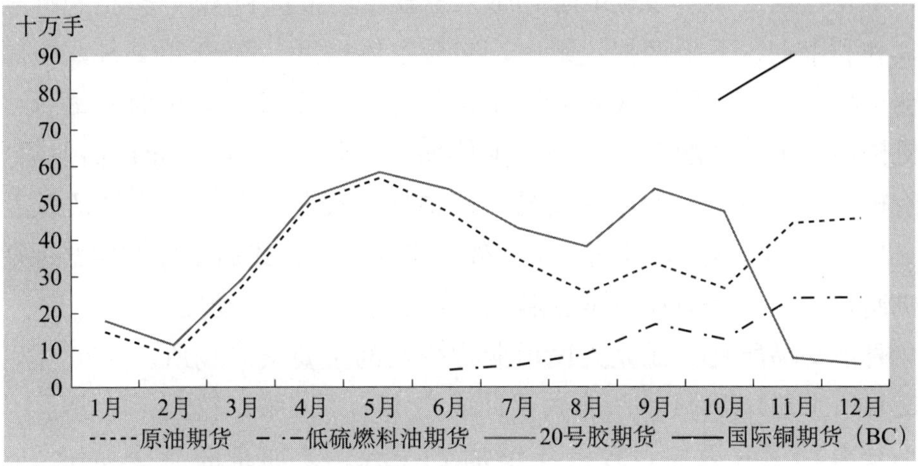

图 2-14　2020 年上海国际能源交易中心四种国际期货的成交量

资料来源：上海国际能源交易中心。

（2）利率和汇率衍生品市场。

2020 年，银行间人民币利率衍生品市场累计成交 19.9 万亿元，同比上升 6.8%。其中，利率互换名义本金额为 19.4 万亿元，同比上升 6.8%；标准债券远期成交 4 532.3 亿元，信用风险缓释凭证创设名义本金额为 149.3 亿元，信用违约互换名义本金额为 12 亿元。互换利率有所下降，2020 年末，1 年期 FR007 互换利率收盘价（均值）为 2.48%，5 年期 FR007 互换利率收盘价（均值）为 2.83%。表 2-1 列出了近几年银行间市场利率互换交易的总体趋势。

表 2-1　　银行间市场利率互换交易额

年份	交易笔数（笔）	名义本金额（亿元）
2016 年	87 018	98 587
2017 年	137 974	143 462
2018 年	184 560	210 863
2019 年	237 744	181 529
2020 年	274 029	195 565

资料来源：中国外汇交易中心。

2020 年，利率衍生品市场呈现以下特点：第一，交易品种进一步丰富。中国外汇交易中心在原有的债券远期、利率互换、远期利率协议、标准债券远期等业务品种的基础上，于 2020 年 3 月正式上线利率期权业务，主要挂钩 1 年期和 5 年期 LPR（贷款市场报价利率），包括利率互换期权和利率上、下限期权。第二，交易主体拓展。2020 年 2 月，中国证监会、财政部、中国人民银行、中国银保监会发布《关于商业银行、保险机构参与中国金融期货交易所国债期货交易的公告》，允许商业银行、保险机构参与中国金融期货交易所国债期货交易。第三，交易活跃度提升。自 2020 年 3 月 18 日起，中国外汇交易中心正式启动标准债券远期报价机制，调整可交割券切换规则，显著提升了市场流动性。

香港交易所是美元兑人民币期货合约的主要交易场所。2020 年，香港交易所 USD/CNH 期货合约累计成交 176.8 万张，较上年减少 8.8%；未平仓合约 2.8 万张，较上年增加 21.7%。芝加哥商品交易所 USD/CNH 期货合约交易规模稳步增长，2020 年共成交 27.8 万张，未平仓合约 4 713 张，较上年分别减少 15.6%和增加 205.2%（见图 2－15）。此外，2020 年 1—11 月，新加坡交易所 USD/CNH 期货合约共成交 916.8 万张，同比增加 10.7%；未平仓合约 9.2 万张，同比增加 59.5%。

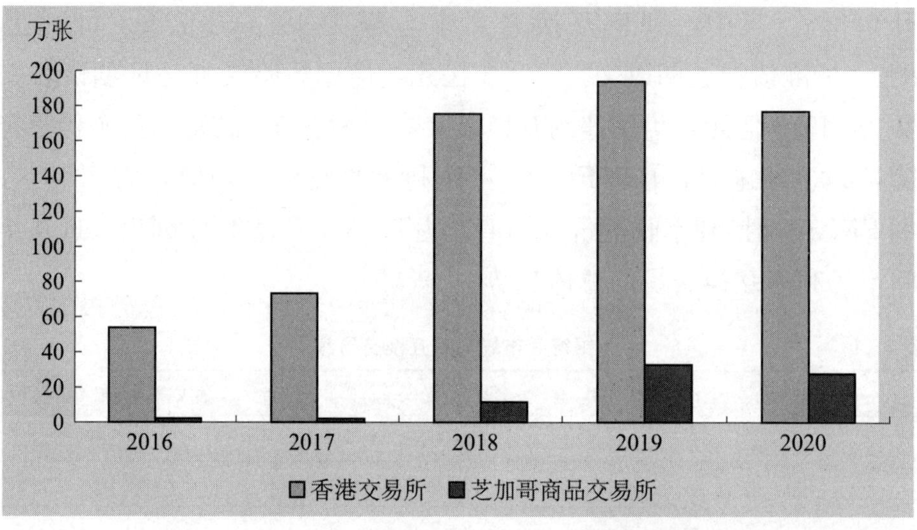

图 2－15　美元兑人民币期货合约交易数量

资料来源：中国外汇交易中心。

4. 非居民投资人民币金融资产

与其他主要货币相比，近年来人民币资产的保值增值前景广阔，受到许多国际投资者的青睐。2020 年，境外机构和个人持有境内人民币金融资产余额增至 8.98 万亿元，较上年末增长 40.11%，延续了 2016 年以来的增长势头，且增势迅猛（见图 2-16）。

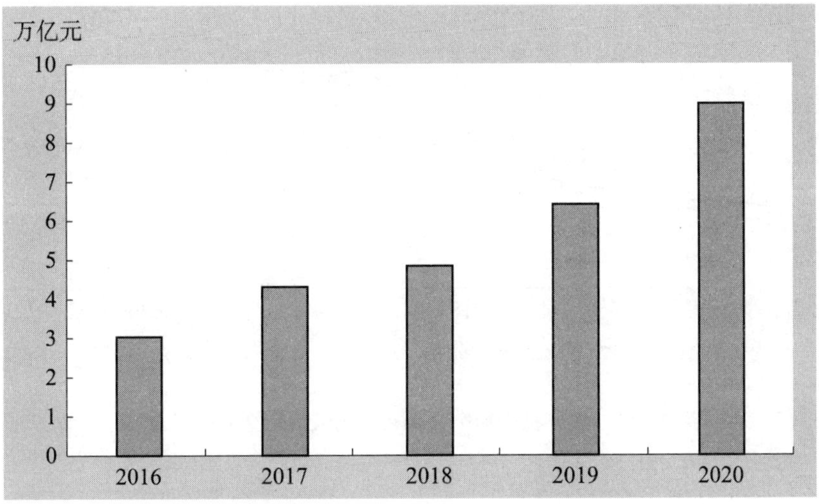

图 2-16　境外机构和个人持有境内人民币金融资产余额

资料来源：中国人民银行。

在非居民所持人民币资产中，规模最大的是股票，其次是债券、存款及贷款。2020 年底，非居民持有的股票资产规模迅速增加至 3.4 万亿元，同比增长 62.1%；债券托管余额为 3.3 万亿元，同比增长 47.4%；存款余额为 1.3 万亿元，同比增长 5.4%；贷款余额为 0.96 万亿元，同比增长 15.6%（见图 2-17）。

2020 年以来，境外投资者整体增持中国债券和股票的趋势最为明显，这主要得益于以下几方面：一是我国疫情管控得力，经济在全球各国中率先恢复，相对全球其他国家经济复苏态势良好，社会和政治稳定。二是中美 10 年期国债利差拓宽至历史高位，相对全球其他主要经济体债券，我国资本市场对国际投资者的吸引力大大增强，性价比高。三是人民币兑美元汇率自 2020 年 6 月以来进入升值通道，国际投资者投资人民币债券，在享受较高的资产安全性的同时，还可获得利差和汇差双重丰厚的收益。四是自 2019 年沪伦通开通以来，沪伦通西向业务中上海证券

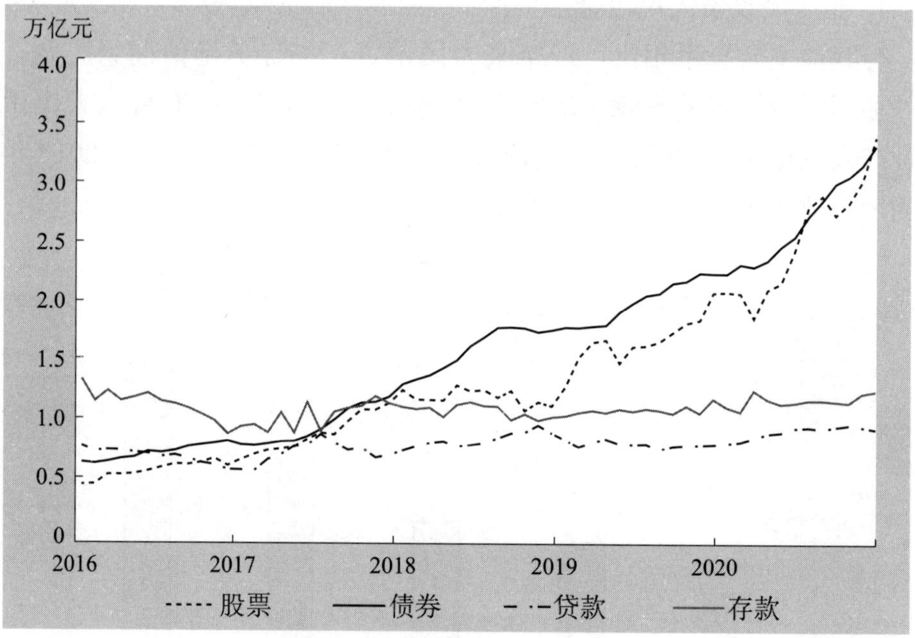

图 2－17　境外机构和个人持有境内人民币金融资产结构

资料来源：中国人民银行。

交易所上市公司在伦敦证券交易所发行 GDR（全球存托凭证），为中国资本市场上的上市公司提供了新的境外直接融资渠道。五是中欧领导人共同宣布如期完成中欧投资协定谈判，增强了国际社会对经济全球化和自由贸易的信心。

专栏 2－2

A 股被 MSCI、富时罗素、标普道琼斯三大国际指数纳入

随着中国资本市场双向开放水平不断提高以及吸引力不断增强，三大国际指数相继将 A 股纳入并逐步提高纳入比例，充分体现了国际投资者对中国经济和中国资本市场的信心。

国际第一大指数公司美国明晟公司（MSCI）于 2018 年 6 月将中国 A 股正式纳入 MSCI 全球基准指数，分类为次级新兴市场，并分别于 2018 年 9 月、2019 年 5 月、2019 年 8 月和 2019 年 11 月将纳入比例逐步从 5% 提高至 20%。富时罗素于 2019 年 6 月宣布将 A 股纳入其全球股票指数体

系，并分别于2019年9月和2020年3月调升比例，纳入因子由5%提升至25%。2019年9月，标普道琼斯指数发布纳入标普新兴市场全球基准指数（S&P Emerging BMI）的中国A股调整名单，A股将以25%的纳入因子一次性纳入。此外，2021年初，MSCI和富时罗素相继宣布将符合条件的科创板股票纳入相关指数。

A股被三大国际指数纳入对我国资本市场国际化有重要意义。第一，外资流入带来信心效应。国际市场对A股具有投资信心，会对国内投资者形成示范效应，缓解国内投资者的恐慌和看空情绪。第二，外资流入将推动A股市场投资者结构改变。成熟的境外机构投资者有望减弱我国股市的散户化特征，促进国内投资者更加注重价值投资理念，让资本市场更好地发挥价值发现功能。第三，境外机构投资者的进入会使得标的公司的信息更加公开，管理与制度更加完善。第四，长期资金的流入意味着在全球范围内对中国资产的需求增加，有助于促进中国资本市场的国际化、提升中国的定价权和本币的国际影响力。

2.2.3 人民币境外贷款

人民币境外贷款是满足我国企业“走出去”的融资需求、支持“一带一路”建设的重要手段，也是增加离岸市场人民币流动性的重要渠道。2020年末，境内金融机构人民币境外贷款余额达6 095.9亿元，同比增长13.56%。境内金融机构人民币境外贷款余额占境内金融机构贷款总额的比重为0.35%，与2019年同期基本持平（如图2-18所示）。自2016年至今，境内金融机构人民币境外贷款余额稳步增长，五年内翻了近一番。

跨境人民币贷款不仅包含境内金融机构人民币境外贷款，而且包括境外金融机构向境内企业发放的人民币贷款。由于境外贷款利率相对境内低，再加上申请额度限制和用途限制不同，所以境内企业有强烈的意愿进行跨境人民币贷款。自2020年9月1日起，广州市规划和自然资源局在全市范围内实施跨境不动产抵押登记业务，深化内地与港澳的发展和合作。跨境人民币贷款业务为境内企业提供了更多选择，有助于缓解中小企业融资难、融资贵的问题。

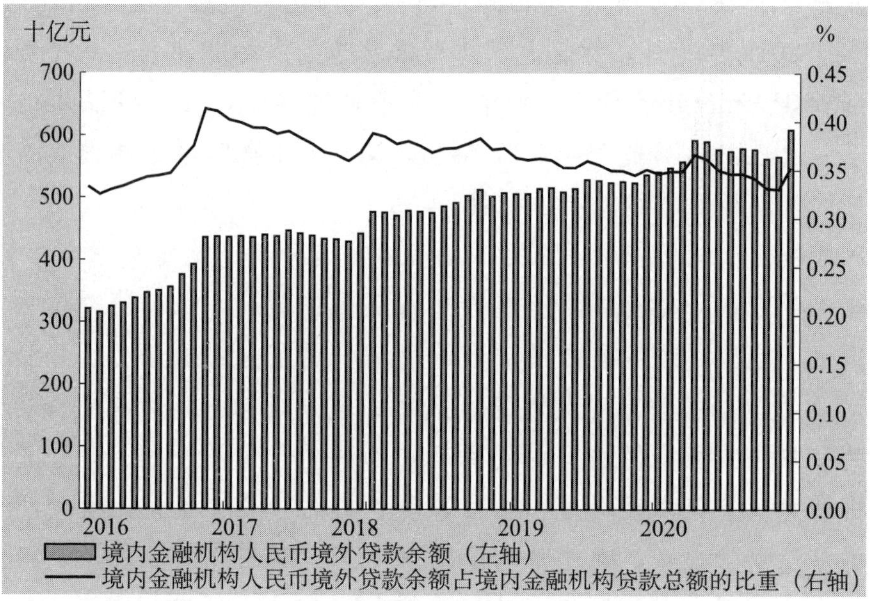

图 2-18　中国金融机构人民币境外贷款余额及占比

资料来源：中国人民银行。

2.2.4　人民币外汇交易

根据国家外汇管理局的统计[①]，2020 年外汇市场交易额为 206.38 万亿元人民币，同比增加 2.73%。从即期外汇市场和外汇衍生品市场来看，即期外汇交易额为 82.06 万亿元人民币，同比增加 4.78%；外汇衍生品交易额为 123.98 万亿元人民币，同比增加 1.42%，在外汇市场中的占比略有减少，为 60.17%。在外汇衍生品市场中，人民币远期外汇交易额为 3.86 万亿元人民币，同比增加 47.06%，外汇和货币掉期业务累计交易额为 114.33 万亿元，同比增加 0.50%，外汇期权交易额为 5.79 万亿元人民币，同比减少 1.23%。从银行对客户外汇市场和银行间外汇市场来看，银行对客户外汇市场交易额为 31.24 万亿元人民币，同比增加 10.08%；银行间外汇市场交易额为 174.79 万亿元人民币，同比增加 1.52%。表 2-2 展示了 2020 年银行间外汇即期市场人民币对部分币种交易额。从该表中可见，人民币对美元交易额最大，人民币对欧元次之。

① 外汇市场统计口径仅限于人民币对外汇交易，不含外汇之间的交易。

图 2-19 详细展示了近三年银行间外汇即期市场上人民币对 SDR 其他币种交易额。由该图可见，人民币对 SDR 其他币种即期交易额的波动性较大。

表 2-2　2020 年银行间外汇即期市场人民币对部分币种交易额　单位：亿元人民币

币种	交易额	币种	交易额
美元	553 205.22	欧元	14 194.94
日元	2 733.76	港元	1 456.62
新加坡元	839.99	澳大利亚元	588.75
英镑	586.77	泰铢	358.88
加拿大元	337.01	新西兰元	214.39
俄罗斯卢布	143.68	瑞士法郎	134.79
韩元	61.53	丹麦克朗	54.66
瑞典克朗	28.11	沙特里亚尔	21.68
波兰兹罗提	15.97	匈牙利福林	15.83
挪威克朗	11.25	新土耳其里拉	9.5
墨西哥元	9.11	阿联酋迪拉姆	8.92
马来西亚林吉特	5.05	南非兰特	1.75

资料来源：中国外汇交易中心。

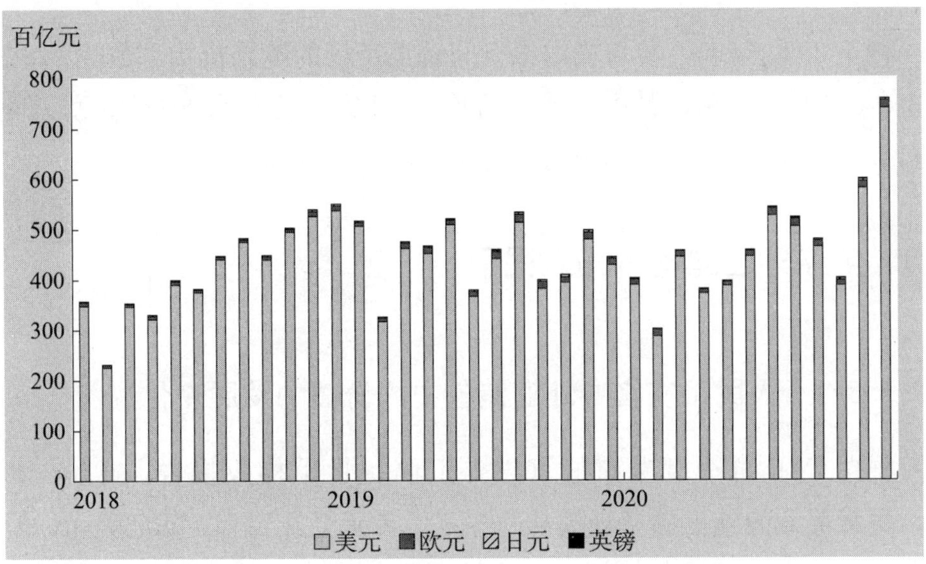

图 2-19　2018—2020 年银行间外汇即期市场人民币对 SDR 其他币种交易额

资料来源：中国外汇交易中心。

据中国外汇交易中心的统计，2020 年，我国外汇衍生品交易额为 124.0 万亿元，同比增加 1.7 万亿元，增幅为 1.4%（见图 2－20）。回顾过去五年，外汇衍生品市场在 2016—2018 年增速明显，此后稳步发展，规模基本不变。2020 年，境外机构参与的外汇衍生品交易额为 50 505.8 亿元，同比增长 101.8%。

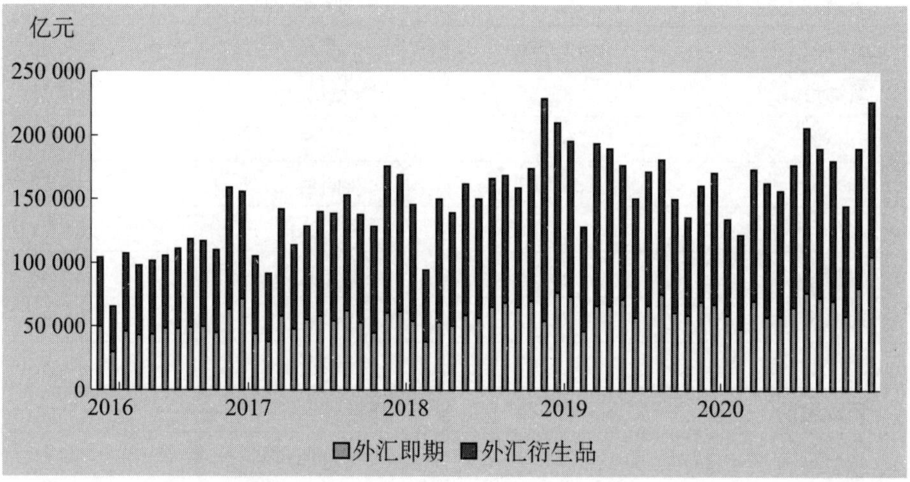

图 2－20　我国外汇即期与外汇衍生品交易额的比较

资料来源：国家外汇管理局。

截至 2020 年末，参与境内银行间外汇市场的境外机构总数达 118 家，较上年末增加 11 家。其中，境外清算行 22 家、境外参加行 48 家、境外央行类机构 48 家，这表明银行间外汇市场更加开放。

2.3　全球外汇储备中的人民币

2.3.1　人民币在官方外汇储备中的份额的发展变化

根据 IMF 每季度发布的官方外汇储备货币构成报告，2016—2020 年，尽管美元的外汇储备规模从 5.5 万亿美元上升到 7.0 万亿美元，但同期美元在官方外汇储备中的份额连续下降，从 65.36%降至 59.02%，四年间下降了 6.34 个百分点，而同期欧元、日元、英镑、人民币在官方外汇储备中的份额分别上升了 2.11 个、2.07 个、0.36 个和 1.18 个百分点，在 2020 年底各占 21.24%、6.03%、4.69%和 2.25%（见图 2-21）。

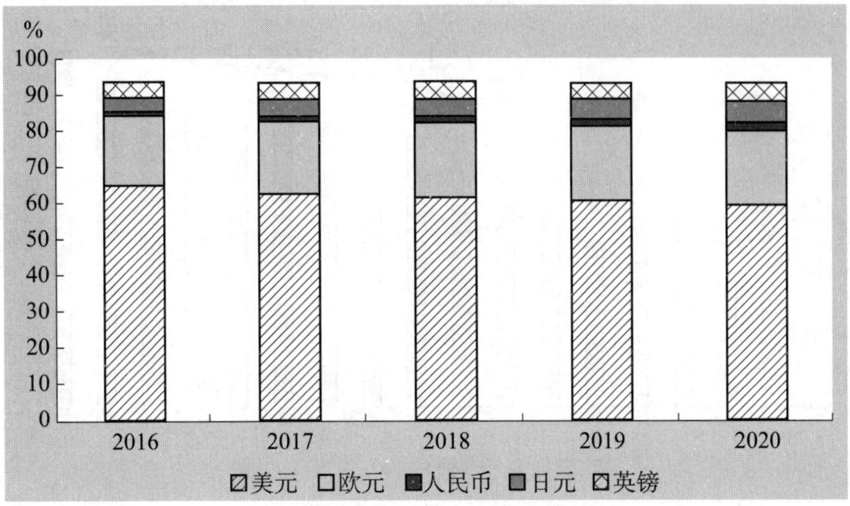

图 2-21 官方外汇储备货币构成变动情况（2016—2020 年）

人民币的官方外汇储备规模从 2016 年底的 902.9 亿美元增至 2020 年底的 2 675.2 亿美元（见图 2-22）。据我国央行的不完全统计，目前已有 70 多个国家和地区将人民币纳入外汇储备。人民币在官方外汇储备中的份额提升，体现了人民币资产的安全性、开放性与便利性的提升。2020 年 1 月 6 日，中国人民银行与老挝的中央银行签署了双边本币合作协议，允许在两国已经放开的所有经常项目和资本项目交易中直接使用双方本币结算。9 月 30 日，中国人民银行和印度尼西亚银行签署了《关于建立促进经常账户交易和直接投资本币结算合作框架的谅解备忘录》，双方一致同意积极推动使用本币进行双边贸易和直接投资结算，包括推动人民币和印度尼西亚卢比之间的直接兑换报价和银行间交易。

总之，相比人民币在 SDR 中 10.92%的权重，以及中国全球第二的经济体量，人民币在官方外汇储备中的份额还有很大的提升潜力。

2.3.2 央行之间的人民币货币互换

人民币互换协议的签署有效提升了跨境结算中使用人民币的金额与比例，对便利我国与有关国家和地区的贸易与投资、维护金融稳定、促进人民币国际使用发挥了积极作用。

2020 年，中国人民银行先后与韩国银行（韩国的中央银行）、香港金

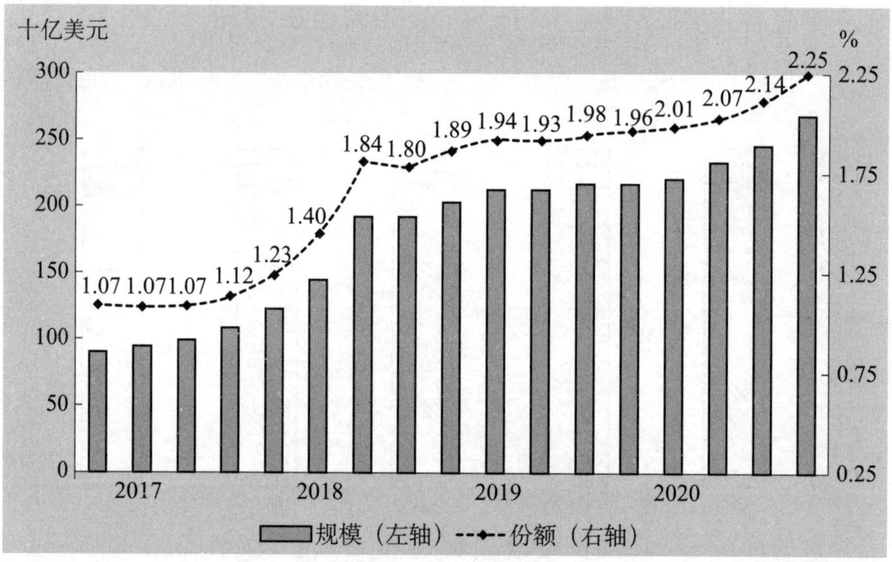

图 2－22　人民币在官方外汇储备中的规模及份额

融管理局续签了双边本币互换协议，规模合计为 9 000 亿元人民币。人民币双边本币互换协议的签署有利于为离岸人民币市场提供进一步的流动性支持，促进当地人民币资产交易、资产管理等领域的业务发展，也有利于降低汇率波动风险，促进贸易和投资便利化，同时还有利于推动人民币与当地货币的可自由兑换进程，扩大人民币的使用范围。

2008 年以来，中国人民银行已经与 39 个国家和地区的中央银行或货币当局签署了双边本币互换协议，覆盖全球主要发达经济体和新兴市场经济体以及主要离岸人民币市场所在地，协议总规模超过 3.7 万亿元人民币。截至 2020 年底，人民币货币互换的有效协议为 30 份，总金额为 3.6 万亿元人民币（见表 2－3）。

表 2－3　中国人民银行与境外货币当局的双边本币互换协议一览表

（截至 2020 年 12 月 31 日仍在有效期内）

国家/地区	协议签署时间	协议续签时间（最新）	互换规模（亿元人民币）
韩国	2008－12－12	2020－10－22	4 000
中国香港	2009－01－20	2020－11－25	5 000
马来西亚	2009－02－08	2018－08－20	1 800
白俄罗斯	2009－03－11	2018－05－10	70
印度尼西亚	2009－03－23	2018－11－16	2 000
阿根廷	2009－04－02	2017－07－18	700

续表

国家/地区	协议签署时间	协议续签时间（最新）	互换规模（亿元人民币）
新加坡	2010-07-23	2019-05-10	3 000
新西兰	2011-04-18	2017-05-19	250
蒙古	2011-05-06	2017-07-06	150
哈萨克斯坦	2011-06-13	2018-05-28	70
泰国	2011-12-22	2017-12-22	700
巴基斯坦	2011-12-23	2018-05-23	200
澳大利亚	2012-03-22	2018-03-30	2 000
阿拉伯联合酋长国	2012-01-17	2015-12-14	350
乌克兰	2012-06-26	2018-12-10	150
英国	2013-06-22	2018-10-13	3 500
匈牙利	2013-09-09	2019-12-10	100
阿尔巴尼亚	2013-09-12	2018-04-03	20
欧洲中央银行	2013-10-08	2019-10-08	3 500
瑞士	2014-07-21	2017-07-21	1 500
俄罗斯	2014-10-13	2017-11-22	1 500
加拿大	2014-11-08	2017-11-08	2 000
南非	2015-04-10	2018-04-11	300
智利	2015-05-25	2018-05-25	220
尼日利亚	2018-04-27	—	150
日本	2018-10-26	—	2 000
中国澳门	2019-12-05	—	300
卡塔尔	2014-11-03	2017-11-02	350
土耳其	2015-11-16	2019-05-30	120
苏里南	2015-03-18	2019-02-11	10
总计			36 010

2.4 人民币汇率

2020年，我国继续深化汇率形成机制改革，注重增强人民币汇率弹性，发挥汇率调节宏观经济和自动稳定国际收支的作用；注重预期引导，为外汇市场的有序运行和人民币汇率在合理均衡水平上的基本稳定创造条件。人民币兑美元汇率呈先贬后升双向波动走势，对一篮子货币汇率保持基本稳定。在中国经济较快复苏、金融开放持续扩大、人民币资产吸引力提升等因素的作用下，市场对人民币升值的信心进一步增强。

2.4.1 人民币汇率中间价

2020年，人民币兑国际主要货币汇率有贬有升，双向浮动。人民币兑美元汇率中间价呈现先贬后升的走势。2020年前五个月，受新冠肺炎疫情影响，人民币兑美元汇率持续走弱，在5月29日跌至7.131 6，为近12年来的最低位，较2020年初的6.961 4贬值2.39%。6月以来，随着我国率先控制住疫情，经济基本面持续向好，人民币兑美元汇率中间价走势逆转，在波动中持续升值，于12月28日升至6.523 6，这是2018年下半年以来的最高水平。2020年末，人民币兑美元汇率中间价达到6.524 9，与2019年末的6.976 2相比，人民币升值6.92%；与2020年5月29日汇率年度低位7.131 6相比，人民币升值9.30%。

本轮人民币持续升值是内外因素共同作用的结果。首先，中国率先控制住疫情，经济社会秩序逐步恢复，经济基本面对人民币汇率形成有力支撑。其次，双顺差扩大了外汇市场对人民币的需求。2020年上半年，我国货物贸易顺差同比增加、服务贸易逆差显著收窄，经常账户顺差达765亿美元；同时，我国实施稳健的货币政策，本外币利差扩大，中国市场和人民币资产的国际吸引力提升，形成资本净流入，为人民币升值提供了强劲推动力。再次，美元指数持续走弱。受疫情影响，2020年美国经济出现自1946年以来的最大降幅，GDP同比下降3.5%，加之货币政策极度宽松，财政赤字水平居于历史高位，多种因素交织引发市场对美国经济前景的担忧，拖累美元走弱。最后，美国总统大选加剧了社会动荡局势，使投资者避险情绪上升，推动部分避险资金流出，导致人民币的国际需求增加。

人民币兑欧元汇率双向波动增大。2020年末，人民币兑欧元汇率中间价为8.025 0，较2019年末贬值2.61%。其中，人民币兑欧元汇率在2020年前七个月震荡贬值，于7月31日达到最高值8.288 2，而后逐步升值至11月19日的7.761 8，此后再度贬值。

人民币兑日元汇率走势相对稳定。2020年末，人民币兑日元汇率为

6.323 6，较上年末升值1.34%。2020年，人民币兑日元汇率先后经历了小幅贬值、平稳波动和持续升值三个阶段。

人民币兑英镑汇率波动较大。2020年末，人民币兑英镑汇率为8.890 3，较上年末升值2.92%。回顾2020年，人民币兑英镑汇率经历了两次较大的短期波动：第一次是从3月11日的8.985 1迅速升至3月20日的8.178 2，再贬值至4月9日的8.740 4。第二次是从7月20日的8.788 9贬值至8月3日的9.113 3，在维持一月的平稳波动后，由9月3日的9.118 6回升至9月22日的8.693 8。

从图2-23可见，2016—2020年期间，人民币兑主要货币汇率的双向波动特征显性化，灵活性与弹性进一步增强，不再呈持续升值或贬值趋势。例如，人民币兑美元汇率先后经历了短期贬值、震荡回升、震荡贬值和再度走强四个阶段。从2016年初至2020年末，人民币兑欧元和日元汇率贬值幅度较大，分别累计贬值12.17%和14.62%，对美元累计小幅贬值0.33%，对英镑累计升值7.68%。

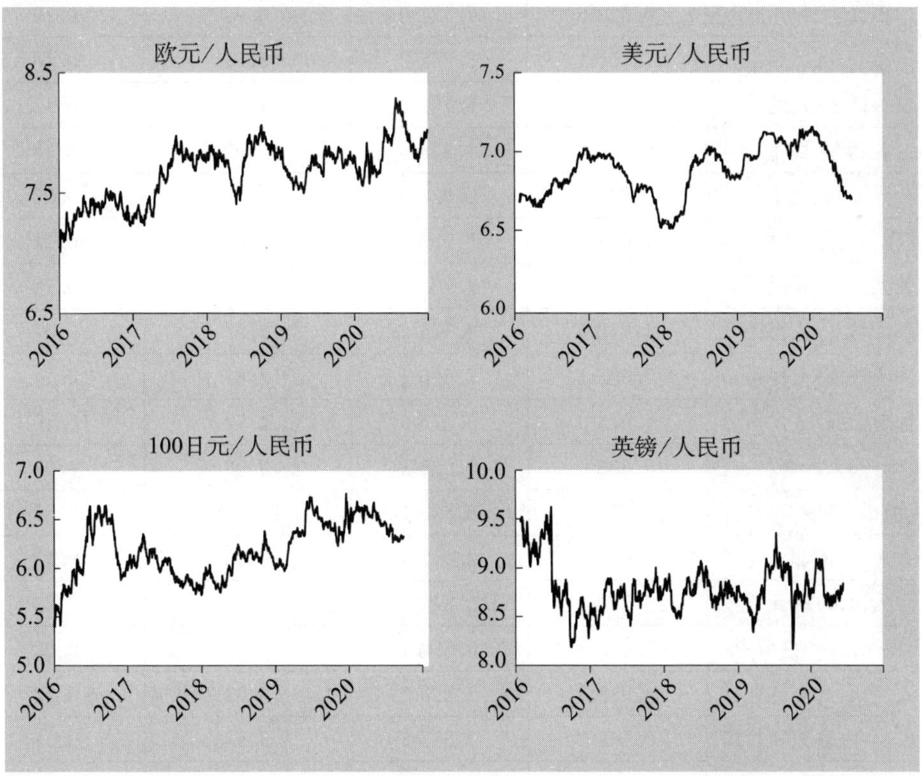

图2-23 2016—2020年人民币兑主要国际货币汇率中间价

资料来源：Wind.

2020 年全年，在与人民币实现直接挂牌交易的 24 种货币中，人民币汇率有升有贬，双向浮动。总体而言，在疫情全球流行的背景下，人民币对外价值较为坚挺（见表 2－4）。对于发达国家（地区）货币，人民币汇率总体表现为升值。其中，人民币兑美元汇率中间价涨幅最大，全年人民币兑美元升值 6.92％。由于香港实施货币局汇率制度，人民币兑港元的升值幅度也较大，达到 6.43％。此外，人民币兑新加坡元和加拿大元也分别升值 4.92％和 4.42％。人民币兑欧元、澳大利亚元、瑞士法郎等货币的汇率中间价全年贬值，贬值幅度都在 2.6％左右。在新兴市场国家中，土耳其、俄罗斯、墨西哥等多国货币出现暴跌，人民币兑土耳其里拉、俄罗斯卢布和墨西哥比索的升值幅度分别达到 32.73％、28.38％和 12.30％。从波动性来看，人民币兑韩元、匈牙利福林等新兴市场货币汇率的波动性较高，年化波动率分别达到 2.29 和 1.37。

表 2－4　2020 年人民币汇率中间价数据统计

货币对	最高位	最低位	全年涨跌（％）	全年波动率
美元/人民币	6.523 6	7.131 6	6.92	0.19
欧元/人民币	7.557 1	8.288 2	－2.61	0.18
100 日元/人民币	6.227 8	6.763 3	1.34	0.12
英镑/人民币	8.178 2	9.226 3	2.92	0.18
港元/人民币	0.841 4	0.920 0	6.43	0.02
澳大利亚元/人民币	4.075 4	5.053 2	－2.63	0.21
新西兰元/人民币	3.996 4	4.705 0	－0.16	0.15
新加坡元/人民币	4.872 0	5.175 2	4.92	0.07
瑞士法郎/人民币	7.085 1	7.690 1	－2.67	0.14
加拿大元/人民币	4.876 0	5.376 0	4.42	0.10
人民币/马来西亚林吉特	0.626 4	0.586 8	5.03	0.01
人民币/俄罗斯卢布	12.008 5	8.820 1	28.38	0.85
人民币/南非兰特	2.698 9	2.012 4	10.90	0.15
人民币/韩元	178.220 0	165.840 0	0.58	2.29
人民币/波兰兹罗提	0.603 3	0.530 1	4.84	0.02
人民币/丹麦克朗	0.988 3	0.898 0	－3.03	0.02
人民币/阿联酋迪拉姆	0.563 0	0.515 1	6.93	0.01
人民币/墨西哥比索	3.572 6	2.650 0	12.30	0.21

续表

货币对	最高位	最低位	全年涨跌（%）	全年波动率
人民币/挪威克朗	1.660 4	1.260 6	3.47	0.07
人民币/瑞典克朗	1.471 9	1.243 1	−6.26	0.05
人民币/土耳其里拉	1.276 7	0.847 7	32.73	0.12
人民币/沙特里亚尔	0.575 3	0.526 6	6.94	0.01
人民币/匈牙利福林	47.518 3	41.630 4	7.26	1.37

说明："最高位"代表人民币币值最强，"最低位"代表人民币币值最弱，波动率用标准差衡量。

资料来源：中国外汇交易中心。

专栏 2－3

市场对人民币升值的信心增强

2020 年，人民币兑美元汇率先抑后扬，年末人民币兑美元汇率中间价达 6.524 9，较 2019 年末升值 6.92%，较 2020 年最高位（7.131 6）升值 9.30%。2020 年下半年以来，人民币逆势升值、市场对人民币升值的信心增强的原因主要有以下四点。

一是中国经济率先恢复。2020 年，新冠肺炎疫情肆虐全球，欧美等国在第二波疫情冲击中沦陷，经济深度下滑，金融市场动荡，疫情不断反复，复苏进程时断时续。中国率先控制住疫情，迅速组织复工复产，成为 2020 年唯一实现经济正增长的主要经济体，提振了市场对中国经济稳定发展和人民币升值的信心。

二是中国金融开放步伐加快，国际投资者配置人民币资产的渠道增多、意愿增强。2019 年 4 月和 9 月，以人民币计价的中国国债和政策性银行债券先后被纳入彭博巴克莱全球综合指数（BBGA）、摩根大通全球新兴市场多元化指数（GBI-EM）。2020 年 9 月 25 日，富时罗素公司宣布将中国国债纳入富时世界国债指数（WGBI）。至此，中国债券已被三大国际重要债券指数纳入，开启债市开放新征程，吸引更多国际资本流入中国资本市场，推动人民币升值。

三是中美货币政策分化，为人民币升值提供了政策环境。美联储宣布实行零利率、实施无限量量化宽松政策，改变货币政策框架、提高通胀容忍度，维持超低利率水平的政策立场。中国人民银行实施稳健的货币政策，坚持利率水平与我国经济增长和发展形势动态适配，本外币利差走阔。以十年期国债收益率来衡量，中美利差在 2020 年最高达到 250 个基点。利差的扩大吸引了大量资本流入中国，支撑了人民币币值。

四是美元指数波动下行，推动人民币走强。2020 年，美元指数先扬后抑，全年从 96.4 降至 89.9，降幅达 6.7%。第二季度以来，随着新冠肺炎疫情在美国蔓延，美国经济增速与无风险利率双双下行，打击了市场对美国经济前景的信心，加之美联储释放大量美元流动性，导致美元指数持续疲软。

2.4.2 人民币汇率指数

相较双边汇率，人民币汇率指数反映了人民币对一篮子外币的加权平均汇率。在近十年世界经济格局的巨变中，中国贸易结构出现了较大变化，新兴市场国家的份额不断扩大，参考一篮子货币的人民币汇率指数（尤其是贸易加权）能更准确地反映人民币对外价值变化。参考不同的货币篮子，可构建不同的人民币汇率指数。目前，主流的人民币汇率指数包括国际清算银行（BIS）编制的人民币有效汇率指数和中国外汇交易中心（CFETS）编制的人民币汇率指数，其中，CFETS 编制的人民币汇率指数包括 CFETS 人民币汇率指数、参考 BIS 货币篮子计算的人民币汇率指数和参考 SDR 货币篮子计算的人民币汇率指数。

1. BIS 编制的人民币有效汇率指数

2020 年，人民币有效汇率指数经历了先升后贬、下半年止跌回升的过程。2020 年 12 月，人民币名义有效汇率指数报 119.04，结束此前连续五个月的升势，较 2019 年底同比升值 4.05%；扣除通货膨胀因素的人民币实际有效汇率指数报 126.31，创 10 个月以来新高，较 2019 年底同比升值 3.33%（见图 2-24）。

目前，BIS 编制的人民币有效汇率指数根据 2014—2016 年贸易数据设定权重并进行加权平均。对于人民币有效汇率指数的权重，美元、欧元、日元、韩元和英镑分列前五位，权重分别为 19.7%、18.0%、11.9%、8.8%和 3.0%。在贸易加权的计算方式下，人民币有效汇率走势与双边汇率走势有所差异。2020 年 1—4 月，人民币名义有效汇率指数从 115.68 上升到 117.70。在这一时期，虽然人民币兑美元汇率中间价在震荡中贬值，但兑韩元和英镑汇率升值，兑欧元和日元汇率也在部分时

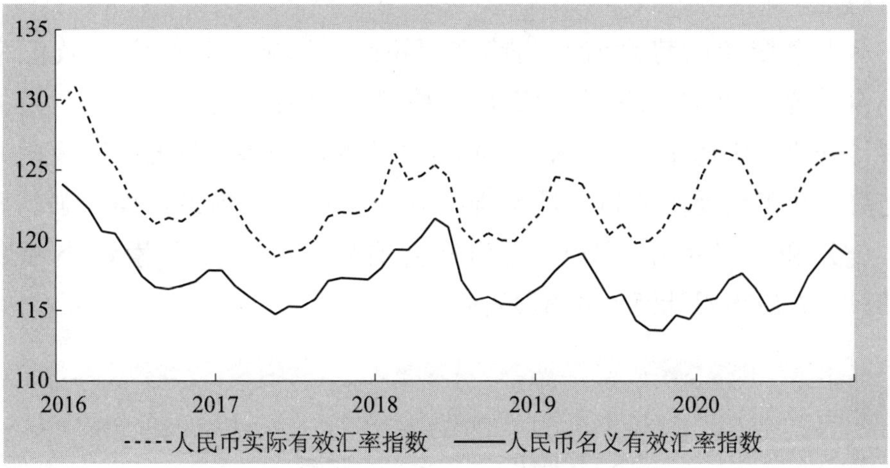

图 2-24 人民币有效汇率指数走势

资料来源：BIS.

期升值，导致人民币名义有效汇率指数走升。此后，人民币对主要贸易伙伴货币的双边汇率震荡走贬，人民币名义有效汇率指数随即降至6月的114.98。进入下半年，人民币兑美元和日元汇率持续升值，兑欧元、韩元和英镑汇率在波动中升值，支撑人民币名义有效汇率指数持续升值至12月的119.04。

回望过去五年，2016年至2017年上半年，人民币有效汇率指数受"8·11"汇改影响呈下降趋势。2017年中至2018年上半年，人民币有效汇率止跌回升，势头强劲。此后，人民币有效汇率指数开始呈现双向波动态势。2016年1月至2020年末，人民币名义有效汇率指数和人民币实际有效汇率指数分别下降4.00%和2.62%。

进一步地，我们将其余四种SDR货币纳入分析框架。2020年末，人民币和欧元的名义有效汇率指数分别同比上涨4.05%和6.95%。日元名义有效汇率指数在2020年缓慢上升，年末达到89.71，同比微升0.80%。美元和英镑年内走低，年末同比下降3.57%和2.91%。

回望过去五年，主要国际货币的名义有效汇率指数波动率较大（见图2-25）。其中，英镑名义有效汇率指数波动率最大，指数标准差为3.99；美元和欧元名义有效汇率指数波动率相近，分别为3.63和3.60；而后是日元，波动率为3.48；人民币波动率最小，标准差为2.45，币值相对稳定。

从汇率变动趋势来看，英镑受“脱欧”影响，其名义有效汇率在 2015 年末至 2020 年末累计下降 14.13%。日元和欧元明显走强，过去五年累计升值分别达 14.98%和 14.40%。此外，英镑和日元呈现反向升贬值走势。在英镑贬值期间，具有避险属性的日元受到追捧而走强。五年来，美元和人民币兑一篮子货币有升有贬，其中美元累计小幅贬值 0.78%，人民币累计贬值 4.81%。

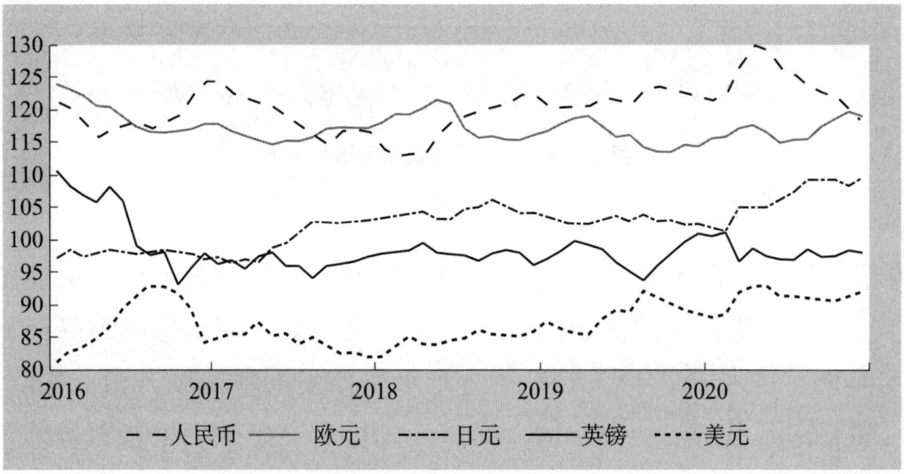

图 2－25　主要国际货币名义有效汇率指数走势

资料来源：BIS.

2. CFETS 编制的人民币汇率指数

CFETS 根据其挂牌的人民币对外汇交易币种编制了 CFETS 人民币汇率指数。同时，为便于市场从不同角度观察人民币有效汇率的变化情况，CFETS 还参考 BIS 货币篮子和 SDR 货币篮子分别计算了两大人民币汇率指数。

CFETS 货币篮子最初包括 13 种货币，自 2017 年起，CFETS 货币篮子新增了 11 种与人民币实现直接兑换的货币[①]，篮子货币数量达到 24 种，增强了汇率指数货币篮子的代表性。在权重方面，排名前三的货币分别为美元、欧元和日元，三者的权重分别为 22.40%、16.34%和

① 新增的 11 种篮子货币为：南非兰特、韩元、阿联酋迪拉姆、沙特里亚尔、匈牙利福林、波兰兹罗提、丹麦克朗、瑞典克朗、挪威克朗、土耳其里拉、墨西哥比索。

11.53%，欧元与日元的合计权重高于美元。2020年，CFETS根据2018年度贸易数据调整权重，将美元的权重降至21.59%，将欧元的权重提高至17.4%，将日元的权重降至11.16%。欧元和日元对该货币指数的影响进一步加深。

参考BIS货币篮子计算的人民币汇率指数的样本货币权重采用BIS货币篮子权重。2015—2019年，美元、欧元、日元的权重分别为17.8%、18.7%和14.1%。BIS在2019年4月调整了汇率指数货币篮子，从2020年起，美元、欧元和日元在BIS汇率指数中的权重分别为19.68%、18.03%、11.93%。

参考SDR货币篮子计算的人民币汇率指数的样本货币权重由SDR货币篮子的相对权重计算而得，美元、欧元、日元和英镑分别占46.85%、34.72%、9.35%和9.08%。自2016年10月1日人民币正式加入SDR货币篮子以来，SDR货币篮子及权重未发生改变，故CFETS继续保持参考SDR货币篮子计算的人民币汇率指数的货币篮子和权重不变。

在CFETS编制的三大人民币汇率指数中，美元、欧元、日元和英镑占据了主要权重，故三大指数总体走势趋同，在2020年表现为“升值—走弱—再度升值”，但是其动态变化也存在细节差异。例如，参考SDR货币篮子计算的人民币汇率指数自2月下旬起最先走弱，而另外两类人民币汇率指数延后至3月下旬同步下降，这种差异与货币篮子的币种和权重有关。2020年2月中下旬以来，人民币兑美元、欧元、日元和英镑双边汇率出现不同程度的贬值，这直接造成了参考SDR货币篮子计算的人民币汇率指数走弱；而对于CFETS人民币汇率指数和参考BIS货币篮子计算的人民币汇率指数来说，美元、欧元、日元的权重仅占约50%，加之人民币兑韩元、澳大利亚元、马来西亚林吉特等货币汇率在2月下旬仍处于升值阶段，因而保持了上升态势，直到3月中下旬才转为下降。

2020年末，CFETS人民币汇率指数报94.84，较上年末升值3.78%；参考BIS货币篮子计算的人民币汇率指数和参考SDR货币篮子计算的人民币汇率指数分别报98.68和94.23，较上年末分别上涨了3.78%和2.64%（见图2-26）。CFETS人民币汇率指数和参考BIS货币篮子计算的人民币汇率指数的涨幅均高于参考SDR货币篮子计算的人民币汇率指数的涨幅，表明2020年人民币不仅对主要发达国家的货币升值，而且对东南亚地区等新兴市场国家的货币也走强。回顾过去五年，三大人民币汇率指数整体呈波动下降态势，相较 2015 年末，2020 年末 CFETS 人民币汇率指数、参考 BIS 货币篮子计算的人民币汇率指数和参考 SDR 货币篮子计算的人民币汇率指数分别下跌 6.04%、2.98%和 4.66%。

图 2-26　人民币汇率指数

资料来源：中国外汇交易中心。

2.4.3　离岸人民币汇率

随着人民币汇率市场化改革的深入推进，境内外人民币即期价格走势越来越趋同。由于离岸市场的参与主体更广泛，对国际事件、市场预期反应更为灵敏，汇率定价机制与在岸市场规则不同，加之离岸人民币资金池存量相对较小，因此离岸人民币（CNH）汇率与在岸人民币（CNY）汇率存在差异。

2020 年，CNY 和 CNH 走势基本一致，呈双向波动态势。CNY 和 CNH 分别在 5 月 28 日与 5 月 27 日达到全年最高点 7.160 0 和 7.176 6，12 月 31 日分别收于 6.539 8 和 6.503 0。2020 年全年，CNY 与 CNH 汇率的平均价差为 118.82 个基点，与 2019 年相近。2020 年上半年，在岸人民币与离岸人民币兑美元汇率的价差整体小于 0，体现了市场对人民币的贬值预期。其中，2020 年 3 月，CNY 与 CNH 汇率的价差一度扩大，3

月 19 日价差达到－664 个基点。2020 年下半年，离岸人民币整体处于在岸人民币的升值方向，但自 11 月 3 日（美国大选选举日）以来，二者汇率的价差曾出现两次较大偏离，分别在 11 月 4 日达到 925 个基点、11 月 10 日转为－431 个基点。

回顾过去五年，在岸人民币与离岸人民币汇率的价差方向与人民币升贬值的关系逐渐弱化。在早期阶段，二者汇率的价差与人民币汇率升贬值方向还存在较强的一致性。例如，2016—2017 年间，人民币汇率多数时间面临较大的贬值压力，伴随的是 CNH 多数时间高于 CNY。并且，在人民币汇率升贬值幅度增大的时候，CNY 与 CNH 汇率的价差也相应扩大，表现出强烈的顺周期特征。不过，这一关系在 2017 年之后有所减弱。例如，2017 年 5 月至 2018 年底，人民币汇率由 6.9 快速升值逼近 6.2，又再度贬值至 6.9，在此期间，CNY 与 CNH 汇率的价差并没有长期的持续性偏离。2020 年，在人民币汇率贬值（升值）期间，CNY 与 CNH 汇率的价差并没有呈现明显的趋势性下降（上升），反映价差方向与人民币升贬值的关系弱化（见图 2－27）。

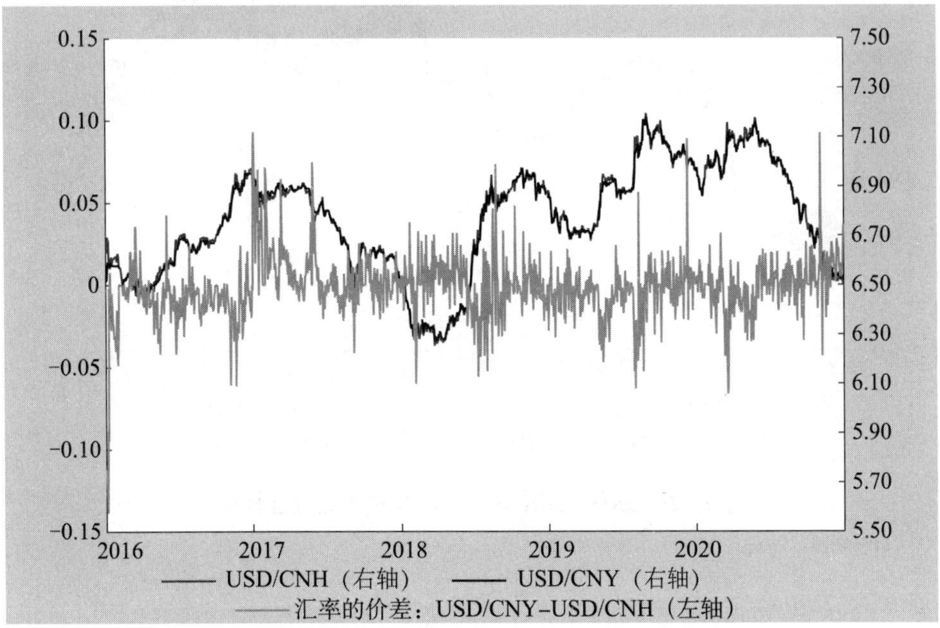

图 2－27　2016—2020 年在岸人民币、离岸人民币兑美元汇率及在岸人民币与离岸人民币汇率的价差

资料来源：Wind.

在实行外汇管制的国家，货币通常不能自由兑换，为了规避汇率波动风险，20 世纪 90 年代出现了无本金交割远期合约（NDF）交易。新加坡和香港人民币 NDF 市场是亚洲主要的离岸人民币远期交易市场，该市场的行情一定程度上反映了国际社会对人民币汇率变化的预期。人民币 NDF 市场的主要参与者是欧美等地的大银行和投资机构，它们的客户主要是在中国有大量人民币收入的跨国企业，也包括部分总部设在香港的中国内地企业。

作为海外人民币升贬值预期的晴雨表，人民币 NDF 与人民币兑美元汇率走势基本上趋同，其中 1 年期合约表现出更大的波动性。截至 2020 年 12 月末，1 月期、3 月期、6 月期和 1 年期的人民币 NDF 收盘价分别为 6.536 5、6.568 5、6.606 5 和 6.678 5。与 2019 年同期相比，上述四个期限的 NDF 交易中，人民币兑美元汇率分别升值了 6.56%、6.21%、6.06%和 5.43%，升值幅度扩大（见图 2－28）。

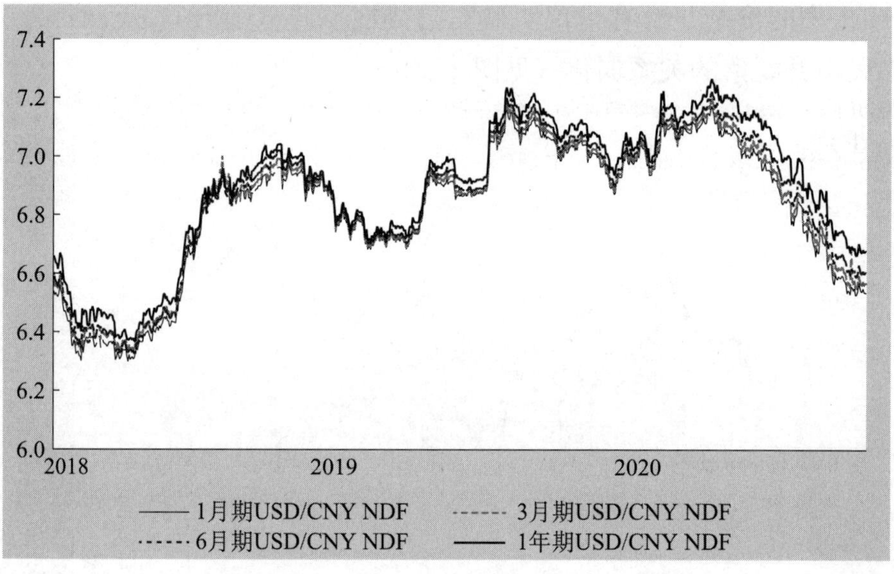

图 2－28　2018—2020 年人民币 NDF 每日综合收盘价

资料来源：Wind.

第 3 章

双循环与人民币国际化

人民币国际化在未来十年要达到一个新的高度，实现人民币在国际交易计价清算以及全球外汇储备中的份额与中国在对外贸易、投资、金融交易中的世界份额的差距大幅缩小，需要高质量发展的支撑。把握新发展阶段，贯彻新发展理念，构建新发展格局，是确保实现高质量发展、建设社会主义现代化国家的战略规划。本章在简要回顾高质量发展与货币国际化理论关系的基础上，进一步探讨在构建双循环新发展格局的过程中应当着重疏通哪些“堵点”，从而促进高质量发展目标的实现。

3.1 高质量发展为人民币国际化创造条件

《人民币国际化报告 2019：高质量发展与高水平金融开放》阐释了高质量发展的内涵，指出高质量发展是富有效率的发展，是稳健有序的发展，也是包容共享的发展。高质量发展所具有的高效率、稳定性和包容性内涵既为人民币国际化提供坚实的基础和持久的动力，又为人民币国际化赋予鲜明的时代特征和中国属性。本节简要总结高质量发展的三大内涵，即高效率、稳定性和包容性与人民币国际化的关系。

3.1.1 高质量发展的高效率内涵

经济发展效率要求单位成本产出更高的经济效益，或单位经济效益消耗更低的成本。粗放式经济发展容易带来资源浪费、环境污染等不良影响，因此，我国追求高质量经济发展，推动供给侧改革、建设创新型国家、发展绿色经济，寻求可持续、高效率的经济发展路径。一方面，可以通过技术创新和技术进步实现向技术密集、创新密集增长模型的转型，提升要素生产率；另一方面，可以通过建立完善的社会、经济制度，保障有效的市场竞争，利用竞争合理配置资源，为经济的高效发展创造条件，最终实现经济的高效率发展。高效率的经济发展助推我国经济结构转型升级，有利于改善当前我国在国际分工中地位偏低的形象，提高中国作为交易主体在国际市场上的竞争力和议价能力，提升中国企业在贸易和国际投资领域的话语权，并提高各国对我国经济的信心，从而推动人民币国际化的发展。

金融体系的高效运行既是经济发展高效的表现形式，又是其有力支撑。提高金融体系效率，引导资源流向效率更高的部门，有利于合理配置有限的资源，充分发挥金融支持实体经济发展的作用。高效运行且相对完全的金融市场有助于市场参与者平滑消费，抵御外部冲击，因此对国外投资者具有吸引力。国外投资者对本国金融产品的持有实现了部分本国货币的回流，有助于建立完善的本币国际循环体系。有效率的金融市场可以为国际投资者提供高效的金融投资交易平台，更好地激发市场活力，增强人民币的吸引力，助推人民币国际化发展。

3.1.2 高质量发展的稳定性内涵

稳定的实体经济是人民币国际化的基础。经济发展的稳定性强调平衡经济发展速度与经济的安全性，在保持经济相对高效率发展的同时将经济波动控制在合理范围内。经济稳定能促进交易和投资，有利于世界各国对未来中国经济发展和汇率稳定形成良好预期，并有利于人民币币值的稳定，增强世界各国在贸易计价和资产储备中使用人民币的动力，扩大人民币的使用范围。经济稳定和币值稳定也有利于降低来华投融资的国家风险和汇率风险，增强人民币资产的吸引力。

稳定的金融体系和金融市场运作也是人民币国际化的重要支撑。金融体系及市场运行的稳定性则强调对金融风险进行评估，并通过监管等手段将金融风险控制在合理的水平之下。稳定的金融体系有助于实现金融与经济的良好互动，增强金融服务实体经济的能力，提升经济的稳定性与效率，为人民币国际化创造条件。稳定的金融环境有利于守住不发生系统性金融风险的底线，也有利于市场投资者提高对未来各种资产价格的预期能力，减小因市场恐慌情绪和预期自我实现导致恶性循环的风险，增强国际投资者对持有人民币计价资产的信心，将人民币资产推广到国际市场。

“稳定”并不是要求消除风险，而是要适度承担风险，重点是守住不发生系统性金融风险的底线。经济金融稳定向世界展现了我国政府的治理能力，有利于增强世界对中国未来稳定健康发展的信心，使世界对人民币汇率形成良好预期，有利于人民币国际化的发展。

3.1.3 高质量发展的包容性内涵

国内经济发展包容性增强，有利于促进社会公平，为经济发展创造和谐稳定的社会环境。国内经济发展的包容性倡导机会平等，旨在缩小贫富差距，实现成果共享。而完善的金融体系有利于实现金融市场参与者个体间的风险分担和跨期风险分担，提高所有参与者的期望效用水平。国内金融体系的包容性增强有利于扶持小微企业和个人发展，减缓金融资源配置不均衡，激发市场活力，促进中国经济发展，为人民币国际化奠定基础。

中国经济发展的国际包容性增强，能够让中国更好地融入世界经济体系，通过正向溢出效应推动世界经济发展和全球共同进步。同时，有国际包容性的发展能够打造“人类命运共同体”，通过各国之间的合作实现互利共赢，进而增强各国人民参与中国市场和接纳中国产品的动机。而世界各国消费者和投资者对中国市场和中国产品的认可，是其持有和使用人民币的主要原动力。

应当看到，高质量发展决定着人民币国际化的未来。这一方面在于，高质量发展有利于增强国家整体经济实力，可以为人民币国际化行稳致远保驾护航；另一方面在于，以高质量发展推动的人民币国际化必然将高效率、稳健性、包容性等元素输出到全球范围，体现中国提供全球公共物品的良好意愿和责任担当，必将为人民币赢得日益广泛的国际认同与支持。这是决定与中国经济的贸易地位相匹配的货币地位能否成功实现的关键。

3.2 畅通双循环是高质量发展的要求

畅通的国内大循环及国外大循环保障了中国在开放过程中实现经济的高质量发展，是高质量发展的要求。而经济的高质量发展又是人民币国际化进程的基石，因此，畅通双循环对人民币国际化至关重要。首先，国内大循环决定了国内消费市场、投资市场的最终规模和结构，从根本上决定了一国发展的效率、稳定性、包容性，并从根本上创造了人民币需求。其次，畅通的国际大循环可以实现各国互利共赢，并起到了风险分散的作用，有助于提高我国发展的效率和稳定性，同时实现国际范围内的包容性发展。最后，国内大循环与国际大循环联系密切，二者共同构成一国的经济循环，决定一国经济的发展状况。

3.2.1 畅通的国内大循环从根本上创造人民币需求

国际货币应该对政府及私人具有交易媒介、计价单位及价值储备的职能（Chinn and Frankel，2005）。在一种货币国际化的进程中，交易媒介职能更为重要，并且一般在它成为计价单位之前就发挥了这种职能。交易媒介职能能否得到发挥取决于本国的经济效率、规模和在国内外的交易网络，价值储备职能的发挥则需要依托经济发展的效率与稳定性，依托各国政府及个人对该国币值稳定的信心。扩大国内经济规模及交易网络规模，建立各国对人民币的信心，关键在于畅通的国内大循环为国内高质量发展奠定的基础、提供的条件。一方面，国内大循环中形成的具有吸引力的本国消费、投资市场增强了居民参与生产和消费环节的动机，这是国内大循环保持畅通的重要影响因素，有助于经济效率的提升。当本国的商品和投资机会更加具有吸引力时，本国的商品需求更容易增加，本国的投资规模更容易扩大，消费和投资市场规模也更容易随之扩大。国内交易网络的扩张和复杂化促进了经济效率的提高，最终使本国市场参与者有更强烈的动机以人民币作为交易和结算货币，进而扩大人民币在国内的需求。另一方面，合理的消费市场结构和产业结构促进了国内大循环整体的稳健、有序发展，进而促进了经济的稳健、可持续发展，保障了国内经济发展的稳定性与包容性。而国内经济发展的稳定性和包容性提升了各国政府及个人对人民币的信心。因此，国内大循环的畅通、稳定为经济的高质量发展提供了基础和保障，进而为人民币在国内及国际上发挥交易媒介等职能提供了条件，从根本上创造了对人民币的需求。

具体而言，人民币的国际使用需要以全球对人民币消费和投资品的需求作为支撑。这要求：在生产端，人民币产品能够做到质优价廉，能够匹配中国和世界其他地区人民的需求，甚至有创造需求的能力；在流通端，中国国内市场一体化程度较高，要素和商品流通成本较低，使得中国产品在最终消费和投资端具有成本优势；在分配端，合理的收入分配结构和社会保障体系能够有效释放居民消费和投资需求。有了强大的国内市场需求作为支撑，中国企业在国际市场上才会有更强的议价能力，进而才能推动以人民币计价和结算。

3.2.2 畅通的国际大循环是人民币国际化的重要推动力

国际大循环包含着各国间的贸易以及跨国的投资行为。在开放条件下的畅通的国际大循环使各国得以互利共赢、提高效率，并起到了风险分散的作用，提高了我国发展的效率、稳定性和包容性，为人民币国际化创造了有利的条件。除此之外，更高开放水平下的国际大循环更有利于我国扩大在国际范围内的交易网络，进而影响国内外居民获取、持有人民币的动机，扩大人民币的国际需求。

首先，不同国际贸易理论论证了国际贸易可以通过多种途径使贸易参与国提高本国生产的专业化程度，提高生产效率，提高居民福利水平，实现国家间的互利共赢，提高各国发展的效率。在完全竞争市场，企业、商品同质化，不存在规模经济等假设下，各贸易开放国在国际市场上根据比较优势进行分工。古典贸易理论认为，这种比较优势来源于不同国家间的劳动生产率的差异；要素禀赋理论则认为，这种比较优势来源于各国要素禀赋不同带来的商品价格差异。但是，这两种理论都论证了国际市场上更加细致的分工提高了所有贸易参与国的生产效率和财富水平。当存在规模经济与不完全竞争时，国际贸易带来的生产专业化有助于一国扩大同类产品的生产规模，而规模经济的产生提高了贸易参与国整体的生产效率，促进了产业聚集（Helpman and Krugman，1985）。对于一国的居民来说，国际贸易使他们得以消费异质性更高的商品，这提高了他们的福利水平。除此之外，国际贸易还使不同国家的企业间进行竞争，落后企业更早地被淘汰，进而使资源配置得到优化，一国整体生产效率得到提高（彭徽，2012）。这些理论结果也在实证上得到了支持。实证研究表明：国际贸易促进了我国的经济增长（陈继勇、陈大波，2017；熊灵等，2012）。

其次，外国企业的外商直接投资与国际贸易可能产生知识、技术方面的溢出效应，提升各国的生产技术水平和生产效率，实现国家间的包容性发展。在各国互相进行外商直接投资的过程中，伴随着外商在本国建厂、生产等具体经济活动的开展，本国企业可以对外国企业的生产技术、管理经验等进行模仿和学习，从而获得新的知识，提高自身的生产技术水平；外商在本国进行生产的过程中可能会对雇用的本国劳动者进行培训，以提高劳动者的生产效率，这也间接实现了知识与技术在国家间的传播。但一国可以在多大程度上依靠溢出效应实现技术水平提升，还取决于该国的吸收能力。影响一国吸收能力的因素包括该国的经济是否开放、人力资本是否充足、经济环境及政策是否稳定等（赖明勇等，2005）。进口生产技术更复杂的产品同样可以促进本国的企业对先进技术的学习和模仿，提高本国企业的研发投入，最终提高本国的技术水平和要素生产率，促进各国的经济增长。

最后，国际大循环过程中各国通过持有多种资产实现风险分散，有利于各国经济保持稳定性。根据资产组合理论，投资组合的多元化配置使资产的个体风险可以相互对冲。当资产组合被充分分散时，资产组合将只包含系统性风险。国际大循环中各国政府持有多种外汇储备，个人也可以同时投资多国资产。国际大循环扩大了各国的资产配置范围，多元化的资产配置使国内外投资者可以对冲在单一国家投资时面临的汇率风险、政治风险等。同时，为使国际大循环真正发挥分散风险的作用，各国还应该注意对由资本账户开放带来的风险的管理。

因此，国际大循环将使参与的各国互利共赢，实现具有效率、稳定性、包容性的增长，并有助于加快人民币国际化进程。

3.2.3 人民币国际化需要双循环相辅相成

国内大循环与国际大循环间有着紧密的联系，二者共同构成一国的经济循环，并可以起到互相促进的作用。顺畅的国内大循环及国外大循环保障了中国在开放过程中实现经济的高质量发展，是人民币国际化重要的助推力量。

首先，国内大循环中的关键因素——国内消费和投资市场吸引力——影响着中国作为交易主体在国际贸易中的竞争力和议价能力，影响着在开放条件下国际大循环产生的对发展的高效促进作用，影响着国际贸易中计价和交易货币的选择。在国际贸易中使用本币减少了交易成本和汇率风险，所以交易主体一般都会希望以本币进行交易，当交易主体间不能达成一致时，商品的异质性就成为影响计价货币选择的主要因素（McKinnon，1979；Goldberg and Tille，2005）。异质性强的商品其替代性弱，交易主体的议价能力更强，更有能力选择以本币计价和交易。相反，如果交易主体出口的是同质性强的贸易品，那么出口方为了在国际市场上获得更大的竞争力，会倾向于不采用本币计价，而是与其他出口交易者使用相同的计价货币。因此，当一国消费市场的吸引力提升、生产的异质性强的商品的占比升高时，国际贸易中该国使用本币计价和交易的比例就容易得到提升。国际交易中结算货币、计价货币的选择会影响人民币的交易媒介职能、计价单位职能在国际市场上的发挥，进而影响人民币的国际化程度。除此之外，一国的投资市场的吸引力提高将使国外政府及个人更倾向于对该国进行投资。由于国际投资中涉及大量的被投资国货币结算，因此更多的国外政府及个人进行人民币投资意味着对人民币的需求增加，最终会影响人民币的国际地位。

其次，国际大循环可以改变消费市场需求、国内生产技术水平，影响国内企业的生产效率和产业结构，改变国内大循环结构，提升国内大循环对高效、包容性发展的贡献，进而促进人民币国际化。国际大循环中的国际贸易使参与国得以实现互利共赢和效率提升，并增强了它们经济的包容性；同时，贸易开放通过进口竞争、改变国内产品的需求、改变企业资本积累过程等途径加快了国内产业结构的整体优化，提高了国内商品市场的竞争力和吸引力，提升了效率（蔡海亚、徐盈之，2017）。在国际大循环的国际投资过程中，一方面，我国的对外直接投资增长对国内产业结构升级可以起到促进作用（王丽、张岩，2016）；另一方面，外商直接投资产生的技术溢出效应提升了国内生产技术，提高了生产效率（张宇，2008）。由于经济体的效率提升是人民币国际化的一个促进因素，所以国际大循环给国内大循环带来的效率提高将促进人民币的国际化进程。

最后，畅通的国内大循环与国际大循环共同作用于国内高质量发展，提升各国政府及个人对人民币的信心。国内大循环与国际大循环共同构成一国的经济循环，在开放进程中，畅通的双循环意味着国内经济的健康、稳定及高效发展。健康、稳定的经济和金融市场提高了各国对中国经济发展及人民币币值稳定的预期，提升了对人民币的信心，进而增加了人民币发挥国际价值储藏职能的可能性，促进了人民币国际化。

3.3 构建双循环新发展格局的重要突破口

前面我们论证了畅通双循环对高质量发展和人民币国际化的意义。本节重点论述在构建双循环新发展格局的过程中值得特别关注的若干问题，如能在这些方面实现突破，则对于实现高质量发展、推动人民币国际化都将产生重大影响。

对人民币的国际需求是多方面的，但是全球消费者和投资者对中国消费品和投资品的需求是众多需求中的基础部分。这就要求中国的消费品和投资品具有吸引力，中国的消费品和投资品生产企业具有竞争力。国内统一市场的形成对于充分发挥中国人口规模蕴含的巨大市场潜力，增强中国产品和企业的竞争力具有重大意义。相应地，我们需要加强中国供给创造需求的能力。而要增强中国消费品和投资品的吸引力，就必然要求提高国家治理水平，改善营商环境。在此基础上，练好了内功，人民币国际化才有扎实的本国基础。而结合贸易创新和“一带一路”建设，提高开放水平，促进形成国际分工新格局则有利于将中国高质量发展的影响充分转化为中国的商品、服务和货币的国际影响。

3.3.1 增强生产端供给创造需求的能力

生产效率偏低、生产成本偏高是阻碍中国产品需求扩大和人民币需求扩大的重要因素。

其一，创新性不足。党的十六大文件指出要建设创新型国家，我国经济增长的动力机制应当而且必须强化创新驱动。但从改革进程来看，我国的人才培养机制和科技研发体制还不健全。在人才培养体系中，行政化和应试教育化体制阻碍了高端人才的培养，形成了著名的“钱学森之问”。在科研领域，科技人员不仅要艰难适应复杂的科研经费管理体制，而且难以获得机制上的研发激励（贾康等，2016）。要想依靠创新驱动经济增长，需要从技术创新和体制创新方面重点突破。供给侧改革依托经济增长理论，其核心是通过技术创新来提高全要素生产率，而不是依靠大规模和高强度的劳动和资本投入（王一鸣，2015）。技术创新是企业开拓市场的保证，是推动传统产业升级、培育新兴产业的关键（张为杰、李少林，2016）。要建立以企业为主导的创新联盟，推动不同科研主体进行协同创新；强化技术和知识产权交易平台建设，构建从实验研究到生产的全过程科技创新融资模式，加快科技成果向产业转化的速度（张慧君，2016）。从体制机制角度来看，要用更注重以着眼于中长期的高质量制度供给统领全局的创新模式取代以往的以短期需求调控为主的模式，以高效的制度供给和开放的市场空间，激发微观主体的创新、创业和创造潜能，构建、塑造和强化我国经济长期稳定发展的新动力。

其二，供需结构错配问题突出。这主要表现为过剩产能处置缓慢，以及多样化、高端化和个性化的需求难以得到满足。一方面，产能结构性过剩，无效供给占用有效供给的资源。产能过剩主要有三个原因：一是市场信息不对称或者信息不完整，比如企业在不了解市场发展前景的情况下盲目跟风，出现投资“潮涌”和产能过剩；二是地方政府出于财政分权和晋升博弈等原因过多干预企业投资；三是产业政策偏差和要素价格扭曲（纪志宏等，2017）。另一方面，有效供给和中高端供给不足。习近平总书记在2016年表示，我国目前供给侧产品、质量和服务都跟不上消费者需求升级。首先，与国内需求不匹配的商品与服务供给本身会使国内消费市场缺乏对国内居民的吸引力，从而使国内居民将需求转向国外消费市场，降低国内居民对人民币的需求。其次，某些产业的产能过剩往往伴随着过度竞争的问题。处于过度竞争中的企业生产能力过剩，但只能获得一个低于社会平均回报率的利润，并且难以退出市场（Bain，1959；曹建海，1999）。处于过度竞争中的企业在对低回报项目进行投资时，意味着投资市场已经出现了资源配置扭曲，处于低效率的状态。除此之外，处于过度竞争中的非国有企业的低盈利能力导致它们更容易陷入财务困境，这类企业的存在扩大了资本市场的风险，进一步降低了国内投资市场的竞争力和吸引力。

其三，高生产成本增加了消费和投资成本，进而限制了需求。随着我国经济到达“刘易斯拐点”，原材料成本、劳动力成本和资本成本持续增加，严重挤压了企业的盈利空间，从而推动了产品价格上涨和需求下降（欧时芳，2016）。从劳动力成本来看，我国经济正加速走向“刘易斯第一拐点”，“人口红利”消失。城镇对劳动力需求的增长速度已经超过农村劳动力供给的增长速度，导致农村剩余劳动力几乎被吸纳殆尽，推动劳动力价格迅速上涨（蓝嘉俊，2019）。从原材料成本来看，据北大国发院和阿里巴巴联合发布的《珠三角小企业经营与融资现状调研报告》，七成企业认为原材料成本上涨是当前面临的最大困难。从资本成本来看，普惠金融覆盖面有限、金融创新落地难、政策性融资担保业务可持续性差等问题导致企业融资成本居高不下（白景明等，2019）。企业为了应对各种生产成本上涨，就必须提高产品价格。而产品价格过高又会导致需求下降，形成“滞销”的不良局面，进而导致“经济停滞”（冯志峰，2016）。

其四，企业融资成本过高，同时金融服务实体经济的能力不足。金融的基本作用是促进储蓄向投资转化，实现资产配置的优化。但是现实中存在信息不对称，债权和股权的购买者无法得知企业的所有信息，进而形成了“柠檬市场”。这使得企业实际获得外源融资的成本高于完全信息假设下的公平成本，面临融资约束，甚至无法获得融资。而当面临更强的融资约束时，企业会倾向于选择降低研发（R&D）投资，而R&D投资的降低不利于技术创新的产生，不利于产业的升级、转型，不利于经济发展。Brown、Fazzari 和 Petersen（2009）的实证研究就表明：美国 1996—2001 年创立的年轻公司 R&D 的平均水平快速上涨，可能是由于股票市场的繁荣减轻了年轻公司的融资约束；金融、创新和经济增长之间存在重要联系。此外，银行的竞争结构也会影响企业的R&D水平，从而影响技术的发展和经济的增长（Chava et al.，2013；Cornaggia et al.，2015）。对于已经存在供需匹配不佳的经济体而言，寻求产业转型升级和技术进步是非常重要的。但是，如果经济体中金融体系不完善导致有创新能力的企业面临融资约束，就会导致这部分企业无法进行创新研发，最终导致社会的技术进步缓慢，产业升级与转型受阻，社会中供需不匹配的现象无法得到缓解。

因此，我国要提升国内消费品和投资品的吸引力，实现高质量发展，就需要充分发挥供给创造需求的能力，实现供给与需求相互匹配，在生产、流通、消费环节畅通国内大循环，提高国内经济发展的效率，为人民币国际化奠定基础、创造条件。

3.3.2 提升国家治理水平

国家治理水平的提升与市场一体化的建成能为畅通国内大循环提供外部条件。人民币国际化受高质量发展影响，而高质量发展需要在不断提升国家治理水平的过程中实现。国家整体治理水平的提升要求营商环境不断优化，也要求宏观调控水平不断提高。高水平的国家治理意味着建立合理的产权保护体系、完善的社会保障体系和收入分配体系。此外，国家各地区政府的高水平治理与相互配合可以促进市场一体化。市场一体化需要统一、相互配合的政策作为基础。同时，市场一体化能为国内消费、投资市场的高效率运行提供外部条件，对畅通国内大循环、实现国内高质量发展、助推人民币国际化有重要意义。各地区政府的高水平治理及各地区一致且可以相互配合的政策有利于打破市场壁垒，降低流通环节成本，为国内大循环生产环节的畅通提供支持。更重要的是，为企业的发展和经济的增长奠定基础，需要防止各地区政府以本地经济总量作为政策制定和执行的单一目标，设置地区保护主义政策及市场准入门槛，进而产生以“行政区经济”为特征的碎片化市场。

优良的营商环境是促成企业高质量发展的重要基础。世界银行将营商环境定义为伴随企业活动从开办、经营乃至结束整个过程所需的各种条件和周边环境的总和。营商环境包括税收环境、市场准入和政府监管等。第一，税收可以通过以下三条渠道影响企业发展和经济增长。其一，减税能有效减少税收引起的价格扭曲，提高资源配置效率，推动经济长期增长；其二，减税能直接刺激企业投资和居民消费，在经济衰退时期缓解需求疲软等问题；其三，税收政策具有易于把握调控力度及针对性强等优势，从而可以有效促进产业结构调整和协调区域经济发展（申广军等，2016）。第二，公平和低成本的市场准入环境有利于促进市场竞争，激励创新。第三，良好的监管环境能减少低效的摩擦，降低企业的制度性交易成本，激发微观主体活力，为市场经济发展增添动力（马冉，2019）。

合理的宏观经济政策可以促进经济结构优化，提升经济发展质量。彭俞超和方意（2016）发现，实施结构性货币政策可以更好地实现经济结构升级。对于财政政策和经济结构变迁的关系，有学者基于财政政策自身结构性特征研究了其对经济结构的影响，发现转移支付、税收收入以及生产性财政支出的分配均能够影响供需结构，并有效作用于经济结构变化（Han and Kung，2015；王文甫等，2016；严成樑和徐翔，2016）。

高效稳定的经济发展需要合理的产权保护体系，尤其是知识产权保护体系。产权保护，尤其是知识产权保护可以激励创新。大量的实证研究表明，知识产权保护可以推动企业开展研发活动，提高主要产业的国际竞争力。加大对知识产权保护方面的执法力度，扩大其执法范围，能够有效提高我国的技术创新能力，这一点在经济发达地区表现得更为明显。此外，加大对知识产权保护方面的执法力度还有利于强化服务业进口贸易的生产要素配置。对知识产权保护方面的执法力度越大，执法范围越广，技术创新对产业结构优化升级的提升作用越大（易倩和卜伟，2019）。也有大量文献表明，知识产权保护与工业技术创新之间呈现倒 U 形关系。适度的知识产权保护有利于激励企业进行自主创新，提高产品或服务的品质和质量，提高企业的经营绩效和市场份额（林霜，2018）。然而，一旦知识产权保护过度，就会严重阻碍技术的良性传播（刘思明，2015）。

保障和改善民生有利于刺激国内消费，拓展国内市场，扩大内需，从而拉动经济增长。社会保障工作是保障人民安居乐业、社会和谐发展的基础性工作。提升社会保障能力，增强对居民基本就业、参与保险和享受基本医疗服务的保障与服务能力，也为我国应对老龄化趋势奠定了基础。完善收入分配和社会保障体系，一方面能增加居民可支配收入，扩大中等收入群体，即产生“收入效应”，从而提高居民消费能力，另一方面有利于减少居民预防性储蓄、被动储蓄等行为，即产生“福利效应”，从而同样提高居民消费能力，刺激经济发展。

提升国内市场一体化水平，降低流通环节成本，打破市场壁垒，有利于提升经济发展的效率，而市场一体化进程的加快需要各地区政府的协作和良好治理。首先，在商品市场上，国内地区市场一体化发展及合理的产业布局可以促进国内的专业化分工，降低生产成本，促进厂商部门竞争，畅通国内大循环的生产环节，提高发展的效率和稳定性。亚当·斯密在《国富论》中指出：一国经济增长的来源之一是地区根据产品生产的绝对优势进行专业化分工带来的劳动生产率提高。劳动生产率提高使人们的工资收入增加，最终提升了消费市场需求，扩大了消费市场的规模。但是，分工的细化程度需要受到市场范围的限制。因此，市场范围成为经济增长的一个限制条件。为扩大市场范围，就需要建立国内统一的市场体系。国内统一的市场体系的建立既有利于通过改善市场竞争结构、减少寡头市场及垄断的产生，从生产端提升产品质量，降低产品均衡价格，又有利于在流通端通过降低流通成本进一步降低消费和投资成本。这些都能扩大对以人民币计价的消费品和投资品的需求，进而扩大国际和国内市场对人民币的需求。其次，在劳动力市场及要素市场上，减少地区间的市场壁垒，降低流通成本，实现充分竞争，能使企业获得更低成本的劳动力和要素，进而实现更低的生产成本，这同样会影响国内大循环的生产、消费环节。要素获取成本降低会激励企业进行投资，扩大生产，这有助于扩大国内投资市场。而在生产最终产品的厂商充分竞争的情况下，生产要素价格的降低也将导致厂商选择降低最终产品的定价，从而扩大消费市场。此外，劳动力的自由流动不仅有利于促进不同地区的企业为类似的劳动支付相近的报酬，保障企业间合理、公平的竞争关系，而且有利于提升劳动者的整体福利水平。除此之外，拥有高级技术的人才的自由流动还有助于地区间的技术交流与整体创新水平的提升，这将导致要素生产率的提升，也同样会提升经济效率。实证研究也表明：因地方保护政策导致要素、产品无法自由流动所造成的市场分割不利于地区经济增长。Poncet（2003）使用边界效应指标估计了农产品市场一体化对中国农业经济增长以及经济增长的影响，证明了边界效应显著不利于地区经济增长，而市场一体化有利于经济增长。郑毓盛、李崇高（2003）采用数据包络分析测算了1978—2000年29个省份的技术效率，认为地方市场分割造成了巨大的效率损失。因此，各地区政府应当避免短视，致力于实现各地区具有包容性的高质量发展，通过合理的政策设计，引导市场结构变化，打破国内市场分割，摆脱“行政区经济”的碎片化市场特征，降低边界效应，加大国内市场整合力度，推进市场一体化建设，这对畅通国内大循环、提升发展的效率至关重要，是国内大循环建设的重点之一。市场一体化建设有利于中国国内各地区发挥比较优势，合理分工，实现共赢，从而提高经济效率和包容性，夯实人民币国际化的经济基础。

3.3.3 以贸易创新引领高水平开放

在3.2.2节的论证中我们指出，国际贸易理论和基于中国数据的实证证据都表明：国际贸易可以通过多种途径使贸易参与国提高本国生产的专业化程度，提高生产效率，提高居民福利水平。在开放条件下的国际贸易不仅能使各国提高效率、实现互利共赢，而且能起到分散风险的作用，保障我国发展的效率、稳定性、包容性，为人民币国际化创造有利的条件。尽管开放条件下规模更大且更复杂的交易网络是人民币发挥交易媒介职能的重要影响因素，但是为保障交易媒介职能的发挥还需要提高国内商品的异质性，提升我国作为交易主体在国际市场上的议价能力，实现贸易创新。

《人民币国际化报告2013》指出：人民币国际化的一大障碍是贸易实力不够强。虽然中国已经是世界主要贸易大国，但贸易部门的议价能力，尤其是在合同中选择计价货币的能力仍不够强。这其中重要的原因是中国的贸易企业不够强，贸易产品竞争力不足。在国际大循环中，这意味着中国企业在生产端面临着较为激烈的国际竞争，创造需求的能力主要来自传统比较优势，而创新对中国贸易发展起到的引领作用不足。创新意味着要在全球范围内提升中国企业供给创造需求的能力，动态发展比较优势。一方面，需要提升传统产业供给品的档次；另一方面，需要培育新兴产业。

贸易创新除了生产端的产业创新和产品创新外，还包括流通领域的创新，即贸易方式的创新。要通过各种组织形式拓宽贸易渠道，一方面推广中国产品，另一方面引进世界各国产品，降低成本，减少摩擦，促进互利共赢。除了传统上对供给端出口部门的创新外，还需要充分考虑需求端进口的创新，充分利用比较优势，在提高出口竞争力的同时，提升进口质量，以扩大进口为渠道促进人民币国际化。

以中国国际服务贸易交易会（简称服贸会）、进博会、自贸区等多种贸易创新奠定国际经济合作与竞争新优势，有利于畅通国际大循环，促进对外贸易高质量发展，有助于推进人民币国际化进程。服贸会展示了中国对外开放的信念，有利于推动服务贸易创新，增强服务贸易比较优势，促使贸易结构更加合理、均衡，助力产业转型升级，扩大交易网络，提升我国的议价能力，提高经济发展的效率，促进人民币交易媒介职能的发挥，刺激对人民币的需求。进博会通过增加进口来源国，扩大进口渠道和规模，加速供给侧结构性改革，提升国内居民生活质量，促进对外开放，并降低最终产品的价格，增强了最终产品在国际市场上的竞争力。自贸区通过放宽市场准入，促进政府职能转变，扩大金融开放，强化法治建设，推动了贸易和投资便利化。

3.3.4 以“一带一路”为基础构建国际分工新格局

中国过去参与国际分工的格局与中国在劳动力资源方面的传统比较优势有关，也与国际贸易和投资的环境有关。在传统的国际分工格局中，中国国内大循环和国际大循环的共同作用使得中国逐渐依靠自身比较优势成长为一个贸易大国，也为中国经济发展做出了积极的贡献。然而，随着中国经济的发展和比较优势的动态变化，传统的国际分工格局可能并不能完全适应高质量发展的需要，也难以适应人民币国际化的需要。随着劳动力成本的提升和人民币的升值，传统的价格和成本优势难以独立支撑中国产品的国际市场。这一方面要求贸易创新，另一方面要求开创国际分工新格局。随着“一带一路”倡议的提出，近年来我国和“一带一路”国家共同努力，为实现及进一步加深中国和其他国家在“一带一路”建设中的分工与合作创造了条件。因此，以“一带一路”为基础构建国际分工新格局成为我国创造新的比较优势，在互利共赢的基础上开拓中国产品和服务的国际市场，以及人民币国际市场的重要渠道。

我国可以借助“一带一路”发挥国内比较优势，通过完善基础设施建设以及实现经贸投资制度便利化，与相关国家实现互利共赢。结合《人民币国际化报告 2015》中我们对“一带一路”的经济影响的讨论，以及本章对双循环及高质量发展的阐述，我们可以得出：“一带一路”对国际大循环、国内大循环以及二者的互相促进都具有重要影响。在畅通国际大循环方面，“一带一路”为出口增长提供了动能，有助于出口贸易的创新，提升中国作为交易主体在国际市场上的议价能力，提升经济发展的效率，促进国外企业及个人对人民币的需求。在畅通国内大循环方面，“一带一路”有助于调整国内经济区域的结构，促进市场一体化，而市场一体化的实现对于提升国内消费和投资市场吸引力、竞争力，畅通国内大循环至关重要；“一带一路”还对国内产业转型升级起到了促进作用，有利于国内市场实现供给与需求的相互匹配，提升国内消费市场与投资市场的效率，助推高质量的经济发展。在国内大循环与国际大循环的相互作用上，“一带一路”可以带动中国对外投资与中国企业“走出去”，增加我国参与的国际投资，扩大国内企业面临的投资项目可选集合，有利于扩大国内企业的盈利能力，通过国际大循环助推国内大循环。此外，借助“一带一路”，中国为各国提供了更低价格的公共产品，提升了相关国家居民的生活质量和福利水平，实现了国家间的包容性发展。因此，“一带一路”可以畅通国内、国际大循环，通过提升发展的效率和包容性，提升高质量发展水平，最终起到助推人民币国际化的作用。“一带一路”是实现高质量发展和人民币国际化的重要手段。

3.3.5 以离岸市场促进新发展格局的形成

离岸市场发展不仅有助于畅通国内大循环与国际大循环，促进经济和金融的稳定、包容性发展，提升人民币国际化水平，还有利于人民币的国际货币职能的发挥。

第一，离岸市场的运行表明了人民币作为国际货币的定位和属性，有助于增强各国政府及个人对人民币的信心，增强他们使用和持有人民币的动机，进而增加人民币发挥国际价值储藏职能的可能性。

第二，离岸市场可以提供货币流动性，有助于人民币在国际市场上的自由流动。提高人民币的流动性有利于增强各国政府及个人持有人民币的意愿。一方面，在市场整体流动性降低时，高流动性的资产往往在“流动性外逃”（flight to liquidity）的影响下成为一种暂时的替代资产。即，在市场整体流动性变低时，投资者会倾向于将低流动性的资产替换为高流动性的资产，所以此时高流动性的资产受到的冲击更小。因此，人民币的高流动性为人民币币值的稳定奠定了基础，促进了人民币的价值储备职能的发挥。另一方面，成为国际货币也要求人民币持续具有极高的流动性，并能发挥货币的各种职能。同时，人民币作为一种保值货币也有助于各国政府及个人进行避险和合理的资产配置，有利于各国经济的稳定发展和国家间的包容性发展。

第三，离岸市场提供了高效、低廉、安全的货币支付平台，可以方便地进行清算交收。这同样有助于提升人民币的流动性，提升各国政府及个人对人民币的接受度和认可度，同时还有利于人民币成为第三方使用的货币，放大人民币输出体量，以满足国际市场对人民币的巨大潜在需求。建立完备的人民币国际流动体系，有助于人民币发挥国际金融中介的职能，加快人民币国际化的进程，提升发展的包容性。

第四，离岸市场为企业提供了离岸融资渠道，可以帮助企业充分利用两个市场，降低汇率风险和财务成本，有助于构建中资金融机构国际化经营的独特优势。离岸市场为国内企业提供融资渠道，有利于国内企业的投资和经营，有利于畅通国内大循环，提升国内经济效率，进而促进人民币国际化；离岸市场为国外企业提供融资渠道，将扩大国际大循环的覆盖面，拓展对外循环的辐射空间，带动国内外的高质量经济发展，提升人民币国际化水平。

第五，离岸市场还提供了国家风险管理平台。高效运行且相对完备的金融市场有助于市场参与者平滑消费，抵御外部冲击，因此对国外投资者具有吸引力。国外投资者对人民币计价的金融产品的持有同样实现了部分本国货币的回流，有助于本币国际循环体系的完善。同时，完善的金融体系有利于实现金融市场参与者个体间的风险分担和跨期风险分担，提高所有参与者的期望效用水平。离岸市场提升了中国的全球金融治理能力，实现了高效、稳定与包容的高质量发展，有利于人民币的国际化。

因此，离岸市场的发展和完善，不仅会对畅通国内、国际大循环起到促进作用，而且有利于实现高效、稳定、包容的发展。此外，它还表明了人民币作为国际货币的定位和属性，并关系到人民币作为国际货币应有的流动性特征。因此，如何在新发展阶段继续完善离岸市场、充分发挥其在构建双循环新发展格局中的积极作用，应当予以高度重视。

本章从理论上分析并论述了畅通的国内大循环及国际大循环如何通过促进高质量发展推动人民币国际化，并探讨了构建双循环新发展格局的若干重要突破口。图 3-1 总结了这些突破口、双循环格局、高质量发展与人民币国际化之间的关系。

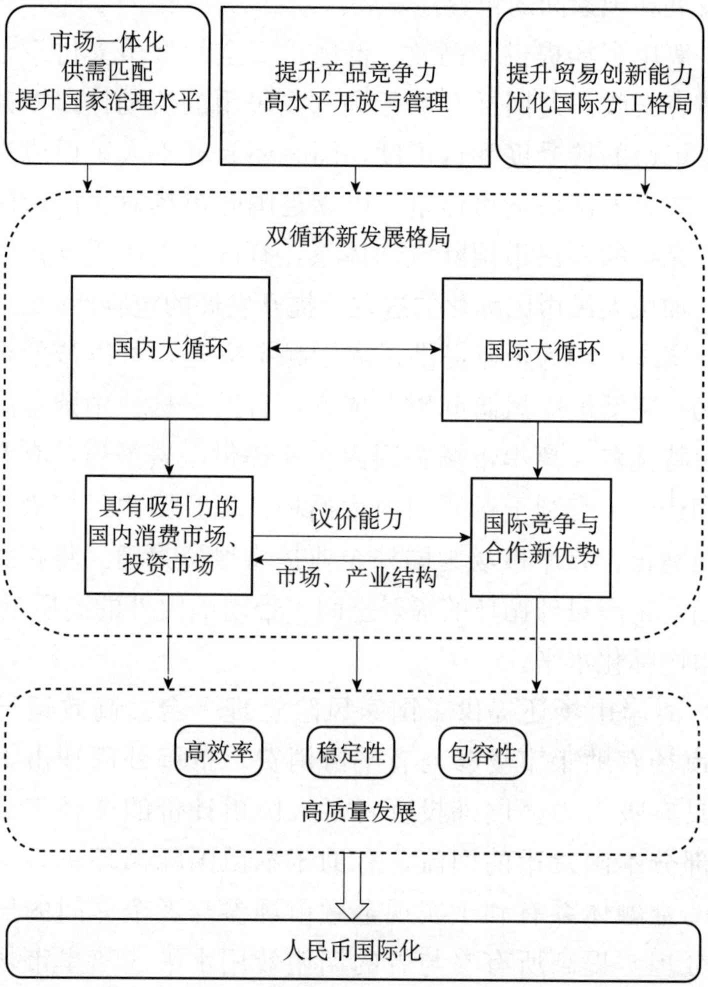

图 3-1　双循环、高质量发展与人民币国际化之间的逻辑关系

第 4 章 双循环支持货币国际化的经验探讨

本章从双循环视角出发，通过总结美元、英镑、德国马克和日元的国际化经验，试图为人民币国际化提出建议。从内循环的角度看，国内大循环是双循环和货币国际化的基础，能够创造国际社会对本币的需求。这可以从经济结构、科技水平、政府政策三个层面进行进一步考察。从外循环的进程看，国际循环是实现货币国际化的重要环节，也是货币国际化的直接体现。这可以从国际贸易、国际投资和国际关系三个角度进行解读。本章在结构上上承第 3 章中有关货币国际化的影响因素的理论部分，为理论指导寻找国际经验依据，同时为之后的章节引出人民币实现国际化的具体措施提供基础。

4.1 成功经验借鉴

4.1.1 建设国内大循环创造国内外对本币需求

1. 大型内需导向型经济结构提供了对货币的长久国际需求（美国）

大型内需导向型经济保障了本国经济增长的安全，推动了产业结构由投资驱动向消费、创新驱动转变，稳定了宏观经济环境，从而保障了对本国货币的长久需求。

出口导向型国家经济增长的动力来源于国际市场的购买力。这就相当于将本国的经济安全寄托于本国无法通过政策影响的国际消费能力。特别是，如果一国进出口结构较为单一，那么不仅容易因受到来自外界的影响而产生经济波动，还有可能在政治上遭到关税、出口限额等方面的威胁。因此，出口导向型经济通常很难保持长期稳定，为货币国际化提供稳定的宏观环境。而内需导向型经济的增长动力来源于本国市场的购买力，通常来看是由创新引领、消费驱动。这一方面使得本国的经济增长不再受到外部市场的规模限制，而是内生地由科技水平推动，通过消费增长实现，另一方面使得本国经济波动时，本国的财政政策和货币政策可以更加有效地稳定经济，平滑经济周期，而不需要等待国际宏观政策的协调。

美国是目前全世界规模最大的内需导向型经济体（见图 4-1 所展示的美国 GDP 结构的长期趋势）。当然，其内需导向型经济结构并非始终如一，而是经历了由出口大国向进口大国的转变。作为二战前唯一本土未受到战争破坏的工业化国家，美国在战后长期充当世界工厂。然而，20 世纪 70 年代末以来，随着美国国内劳动力工资等生产要素价格的上涨，美国跨国制造业企业开始逐渐将生产活动向成本低廉的国家转移，很多工业产品由原先的自给自足变为完全依赖进口，制造业占国内生产总值的比例日渐下降。同时新经济的出现使得越来越多的资本涌入科技、金融等服务性行业，经济结构由出口拉动型向消费拉动型转变（见图 4-2）。同时，在布雷顿森林体系下，要求美元长期保持坚挺，同时源源不断地向国际市场投放美元，而这又对美元造成了贬值压力。美元的对外投放渠道由对外投资逐渐转变为贸易赤字，而这是由于在布雷顿森林体系下，日本、德国等国家利用固定汇率制人为压低汇率，从而实现了对美国出口的快速增长，使得美元流出美国。这一趋势在布雷顿森林体系瓦解后持续存在。由此，美国由出口大国逐渐转变为了进口大国，利用他国的原材料、初级服务等生产高科技产品，提供高质量服务来满足本国持续增长和升级的消费需求。对于人口、面积、资源等无法与美国相比的国家来说，其经济的发展与美国国内的经济息息相关，因此美元的信用依然保持坚挺，美元的使用也具有强大的稳定性。从国际宏观经济政策看，通常美联储的货币政策对全球的经济政策具有领先和示范效应，美联储在制定货币政策时可以仅考虑本国的经济稳定。

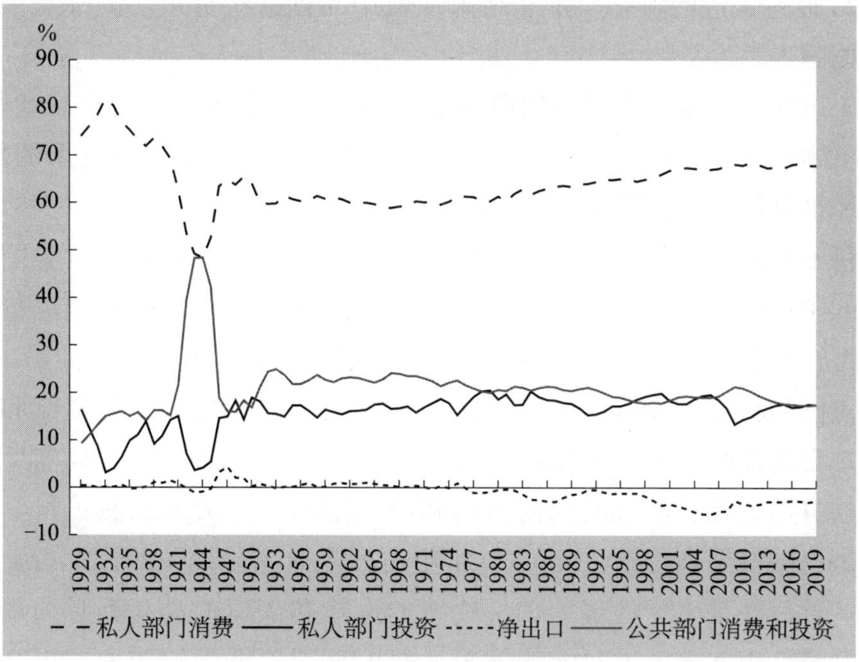

图 4-1 美国 GDP 结构的长期趋势

资料来源：美国经济分析局（U. S. Bureau of Economic Analysis）。

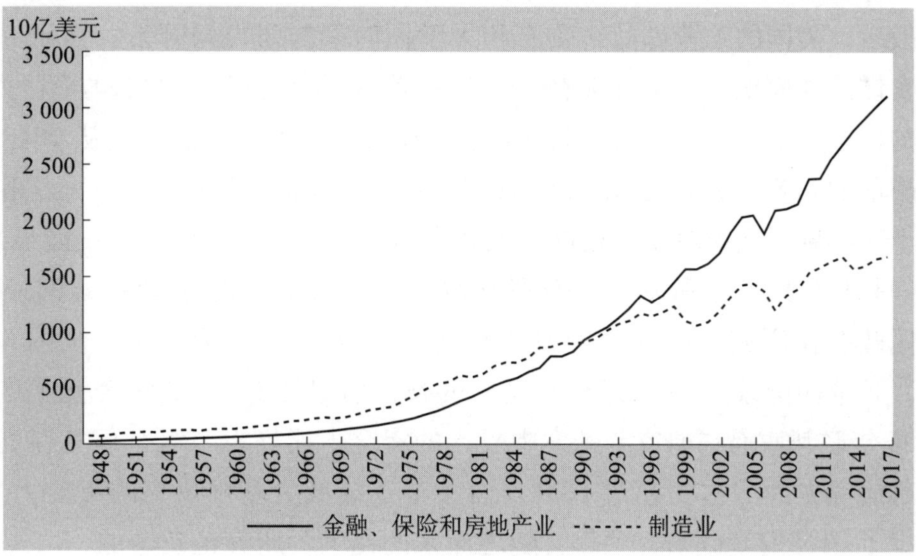

图 4-2 美国制造业与金融、保险和房地产业贡献的国民收入

资料来源：美国经济分析局。

2. 通过先进的科学技术和高附加值产品创造对货币的国际需求（美国、德国）

先进的科学技术有助于创造高附加值产品，形成独特的产品竞争力，从而不断创造外国对本国产品的需求，进而创造外国对本国货币的需求，有力地推动货币的国际化进程。

科学技术的发展对于美国经济而言尤其重要。其他各国对美国科技产品的刚性需求始终不变。在科学技术方面领先使得美国在全球价值链中占据较高的地位，全球市场对美国产品的需求创造了对美元的需求。

美国的科技进步有两个特征：一是依赖于其独特的资源禀赋和地理条件；二是逐渐走向制度化。从第一个特征来看，美国在二战前凭借其丰富的自然资源、巨大的国内市场和分散的人口有力地刺激了科学技术在其国内的发展和传播。美国 20 世纪占据工业主导地位的汽车行业迅速发展的背后，是由于地理原因，货物的运输和人口的流动都必须经过遥远的距离，由此催生了对能够缩短运输时间、降低运输成本、提高安全性的汽车技术的研发。

从第二个特征来看，美国科学技术的发展逐渐走向机构化、制度化，这确保了研发具有雄厚的资金支持，新的科学技术可应用于企业实践。二战后，美国的工业部门、政府和大学同时参与研究与开发，其研究与开发体系规模庞大，资金充裕。二战对美国研究与开发的结构产生了巨大的冲击，出于国防需要，联邦政府在研究与开发上的总支出从 1940 年参战前的 0.832 亿美元暴涨到 1945 年的 13.136 亿美元；大量的大学和私人企业得到了政府订单的资助。大学作为科学研究中心的作用逐渐显现。这一趋势延续到了战后，并且联邦政府一直是重要资金来源。1969 年，美国政府在研究与开发上的投入高达 25.6 亿美元，而德国、法国、英国、日本四国政府在研究与开发上的投入合计不过 11.3 亿美元。尽管 1995 年联邦政府在研究与开发中投入的资金占比仅为 35%，但其在支持基础研究方面的占比超过 58%，而大学逐渐成为基础研究的重要力量，承担了 61%的基础研究项目。随之而来的是大学研究经费增加，由 1960 年的 24 亿美元增长到 1995 年的 168 亿美元。这些支持使得美国的一些大学成为世界性的科学研究中心，并直接在 2000 年前后催生了以硅谷为代表的产学研一体的现代科技中心，开始了长达 10 多年的新经济发展时代。直到现在，美国知识产权投资额仍年年创下新高（见图 4－3），且内部结构稳定，约有一半被用于研究与开发（见图 4－4）。根据美国制造业研究与开发投入领域结构，我们可以看到，以新经济拉动的半导体和电子零件制造以及其他电子产品制造的总和所占的比例长期超过 30%（见图 4－5），是研究与开发资金重要的投资方向。

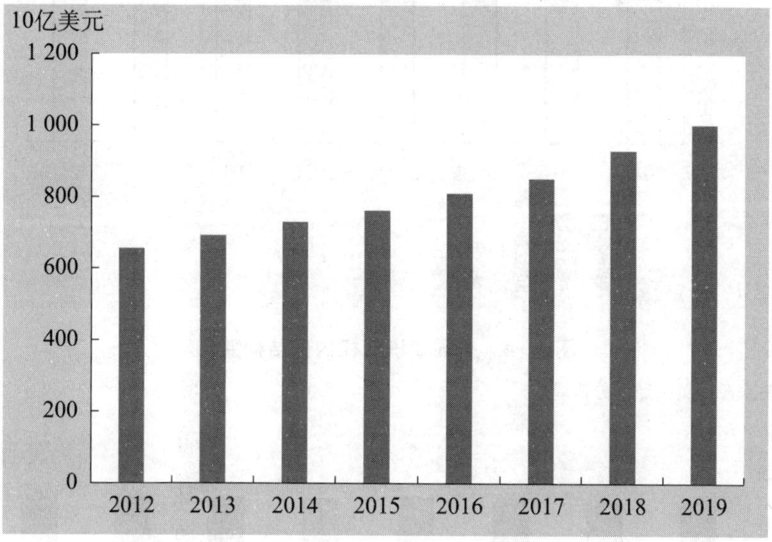

图 4－3 美国知识产权投资额

资料来源：美国经济分析局。

同样，先进科技和高附加值产品对于形成德国马克的国际需求也至关重要。在国际市场上极具竞争力的“德国制造”才是德国马克国际化真正的微观基础和稳固支点。

德国产品支撑起德国马克的国际地位的背后，首先是德国极具竞争力的完整的现代工业体系。德国不仅长期保持全球“出口冠军”的地位，而且德国出口的产品是以德国马克计价的，这与其他贸易大国不同。这极大地提高了国际市场对德国马克的刚性需求。二战后，德国在高端工业制成品领域的强劲出口逐渐在全球范围内创造了对德国马克的基本需求。在德国的出口产品结构中，汽车及其零配件、机械设备、化工产品、钢铁和其他金属制成品以及电子电气设备这五大类产品出口额超过了德国出口总额的一半，这五大类产品可以说是“德国制造”的核心和集中代表。这些领域的德国企业往往能够在国际贸易谈判中占据优势地位，在与国际买家的交易中凭借其独一无二的供应商地位，为自己争取到有

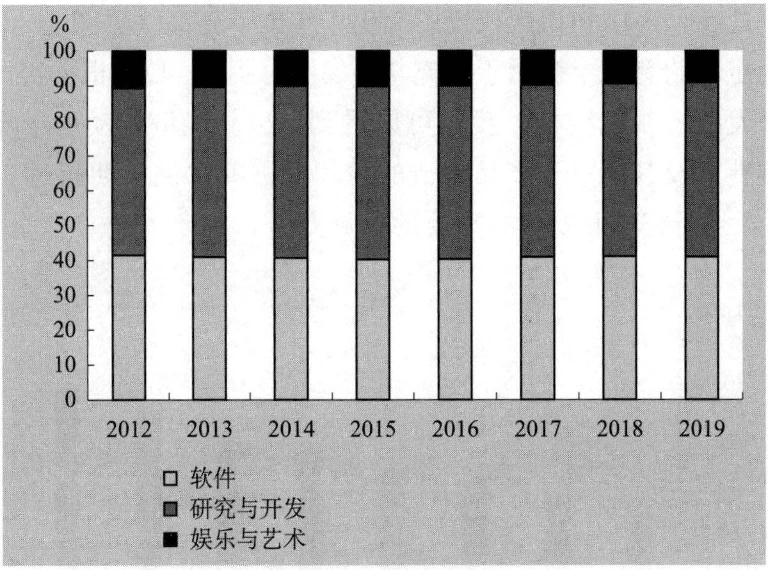

图 4-4　美国知识产权内部结构变化

资料来源：美国经济分析局。

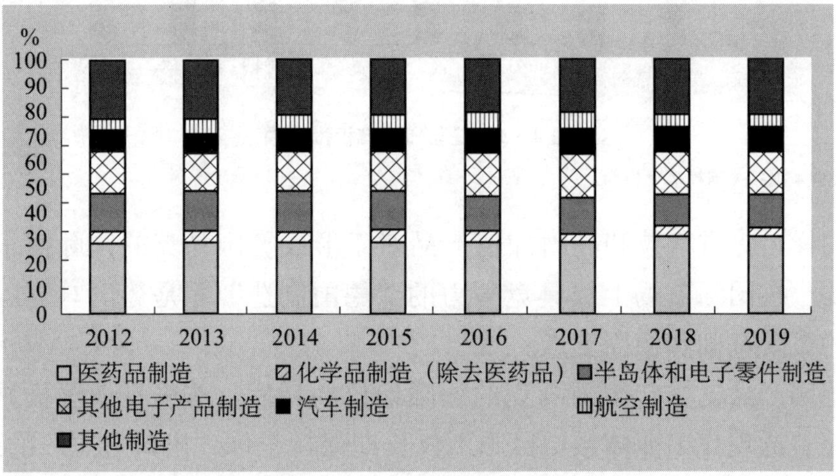

图 4-5　美国制造业研究与开发投入领域结构

资料来源：美国经济分析局。

利的贸易条件。这其中自然就包括了对货币国际化而言非常重要的计价货币的选择。全球主要工业国中，德国出口产品有 80%左右都是用德国马克计价，这一比例是除美国之外最高的，“德国制造”为全球私人部门和公共机构对德国马克的巨大需求奠定了坚实的基础。表 4-1 列出了全球贸易计价的币种结构。

表 4-1　　全球贸易计价的币种结构（%）

币种	1980 年		1992 年	
	全球出口计价份额	出口计价份额与贸易份额之比	全球出口计价份额	出口计价份额与贸易份额之比
美元	56.1	4.5	47.6	3.6
德国马克	13.6	1.4	15.3	1.4
日元	2.1	0.3	4.8	0.6
英镑	6.5	1.1	5.7	1.0
法国法郎	6.2	0.9	6.3	1.0
意大利里拉	2.2	0.5	3.4	0.7
荷兰盾	2.6	0.7	2.8	0.8

资料来源：Deutsche Bundesbank. *Fifty Years of the Deutsche Mark: Central Bank and Currency in Germany Since 1948*. New York：Oxford University Press，1999.

德国出口的成功不能简单地归功于德国的大公司，因为这些大公司与世界的其他大公司相比，在公司治理、投资项目等方面没有显著的差异。相反，那些在国际市场上处于领先地位的中小企业是德国出口成功的关键因素。研究者西蒙对这些德国中小企业进一步细分，制定出三项标准：一是市场占有率位居全球前两名或者欧洲第一名；二是年销售收入不超过 10 亿美元（西蒙后来将这一标准提高至 40 亿美元）；三是社会知名度低。同时符合这三项标准的企业被称为“隐形冠军”。根据西蒙在 20 世纪 90 年代中期所做的统计，当时德国就拥有了 500 多个“隐形冠军”，它们的产品在全球市场的份额基本都超过了 50%，有些甚至达到了 90%。“隐形冠军”并不仅仅是德国所特有的现象，但是这些“隐形冠军”在德国的集中度特别高，2015 年全球大约有 2 000 多个“隐形冠军”，其中有 1 307 个是德国企业，超过总数的一半。

以“隐形冠军”为代表的德国中小企业普遍不是以价格和数量取胜，其产品往往具有专业化程度高、质量好、技术创新的特点，缺少模仿品和替代品。“隐形冠军”投入研究与开发的资金平均每年增长 8.8%，是大型企业的两倍；每千名员工拥有的专利数量是大型企业的 5 倍，但其花费在每项专利上的成本仅为大型企业的 20%。比如在 2007 年，符合西蒙标准的 1 127 个“隐形冠军”的总收入是 36 740 亿美元，这一数字是德国 30 家在法兰克福证券交易所上市的企业收入总额的 3 倍。以“隐形冠军”为代表的德国中小企业展现出了十分强劲的全球竞争力，特别是在制造业领域。它们不仅出口高端的工业制成品，而且大多走出国门，利用自身在产品竞争力方面的优势在全球范围内整合生产资源，在全球产业链中占据了主导地位。与本国的大型跨国企业一道，这些国际化的中小企业所生产的各种“德国制造”，以及围绕这些“德国制造”的全球产业链，构成了一个巨大的商品交易网络，在这个网络里，德国马克是占绝对主导地位的支付清算手段。这就为德国马克巨大的国际需求奠定了基础。

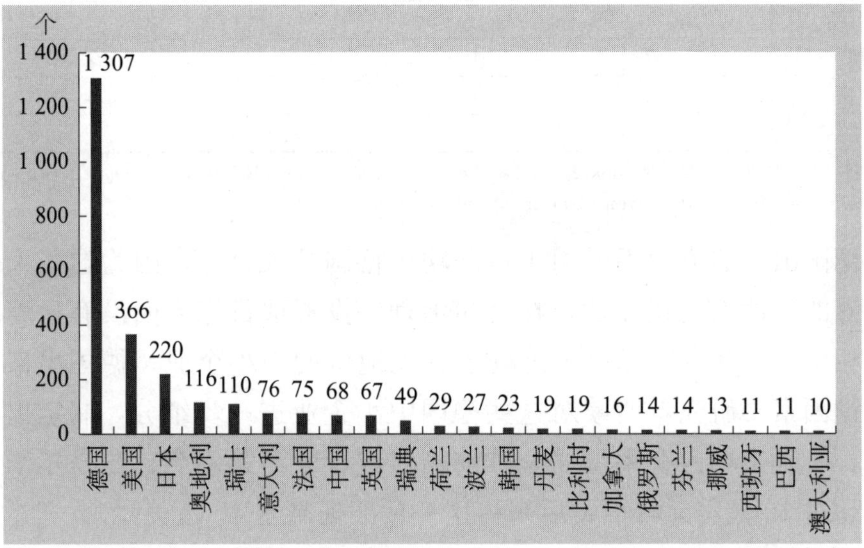

图 4-6　各国 2015 年“隐形冠军”数量

资料来源：赫尔曼·西蒙．隐形冠军：未来全球化的先锋．北京：机械工业出版社，2015.

3. 政策上优先保证内循环稳定以巩固货币国际化的基础（德国）

二战后的欧洲百废待兴，而美国与苏联两个超级大国之间的冷战给欧洲经济的恢复带来了危险与机遇。德国马克的货币国际化进程是一条由区域化到国际化的道路，并且最终由欧元代替德国马克实现了货币的国际化。

1949 年 12 月 13 日，欧洲委员会咨询议会通过决议，建议成立欧洲超国家的钢铁高级机构，以协调管理西欧各国的钢铁工业。1950 年 5 月 4 日，法国外交部部长舒曼致函欧洲委员会秘书处，表示法国对上述建议感兴趣，并提出了“舒曼计划”。对于联邦德国而言，煤钢共同体的设想也是联邦德国脱离英美控制的机会。1951 年，在德法两国的倡议下，煤钢共同体成立。借助煤钢共同体中完善的煤、钢、铁矿、废铁、合金钢和特种钢的共同市场，德国得以充分利用自己的工业基础，从而加快国内经济的振兴。煤钢共同体的成功鼓励欧洲其他各国联合起来。在并入欧洲经济共同体、欧洲原子能共同体后，欧洲共同体诞生，为德国国内大循环的发展提供了良好的环境基础。

在区域一体化的进程中，德国的国内经济不断发展，强有力的出口使得德国马克在国际储备中的地位稳定上升。1979年3月，欧洲货币体系（EMS）正式建立，其他成员国的货币与德国马克挂钩。德国马克成为欧洲各国的名义锚，在欧洲货币体系一体化的过程中居于中心地位。随着德国马克在欧洲货币中的地位的上升，其货币的国际地位也在上升。

而之所以德国马克可以成为欧洲中心货币，是因为德国国内物价保持长期稳定（德国马克对内币值稳定），货币汇率也保持稳定（德国马克对外币值稳定）。20世纪70—80年代，德国的通胀率和汇率波动性相较其他发达国家长期处于稳定状态（见表4－2和表4－3）。这就使得各国对持有德国马克和德国资产有了稳定的预期和坚定的信心，德国马克的信用得到了国际社会的广泛承认。Giavazzi和Pagano（1988）的研究表明，德意志联邦银行在控制通胀方面的良好信誉使得EMS其他成员国可以通过追随其货币政策，实现较低的通胀率，进而使得体系内所有国家达到帕累托最优。

1973年布雷顿森林体系瓦解后，西欧国家在浮动汇率制下出现汇率变动的无序状态，美元仍然是欧洲唯一的外汇交易工具货币。而德国马克的稳定币值以及EMS的出现保证了德国马克和其他EMS国家货币的直接汇率的稳定性。在1985年《广场协议》签订后，美元急速贬值，波动性迅速上升。这使得德国马克在欧洲范围内逐渐成为主要的外汇交易工具货币，在世界外汇市场上的交易量大大增加。不仅在外汇市场上，而且在欧洲金融区内部的交易量也大大增加：按照德意志银行的统计，1986—1990年，欧洲12国在德国债券市场上占据了71％的买方份额和74％的卖方份额。

表4－2 七国通胀率以及通胀率变化（％）

时间	法国	德国	意大利	日本	瑞士	英国	美国
1970—1974年	8.1 (3.4)	6.2 (0.9)	10.1 (6.0)	11.5 (7.4)	7.9 (1.6)	10.4 (3.5)	6.2 (3.1)
1975—1979年	10.2 (1.2)	4.2 (1.2)	15.9 (3.5)	7.5 (3.3)	2.9 (2.4)	15.7 (5.8)	8.1 (2.2)

续表

时间	法国	德国	意大利	日本	瑞士	英国	美国
1980—1984 年	11.2 (2.4)	4.5 (1.5)	16.6 (3.8)	3.9 (2.2)	4.4 (1.6)	9.6 (5.2)	7.5 (3.9)
1985—1988 年	4.4 (2.1)	1.2 (1.1)	7.1 (2.5)	1.1 (1.0)	2.1 (1.0)	4.7 (1.2)	3.5 (1.0)

说明：通胀率基于 CPI 指数，通胀率变化基于季度数据标准差。

资料来源：IMF. International Financial Statistics，1996.

表 4-3　　七国汇率波动性（%）

时间	法国	德国	意大利	日本	瑞士	英国	美国
1975—1979 年	1.2	1.1	1.8	2.2	1.8	1.9	1.3
1980—1984 年	1.1	1.0	0.7	2.2	1.6	1.8	2.0
1985—1988 年	0.7	0.7	0.7	2.1	1.2	2.1	2.2

资料来源：IMF. International Financial Statistics，1996，根据月度名义汇率变化的标准差计算得出。

而德国得以实现币值内外稳定的政策根源在于，德国央行将宏观经济稳定置于刺激经济增长之上。德国央行的货币政策信念是“将保卫货币的价值视为市场经济的根本先决条件；其他体制性政策，如汇率制度、金融机构监管、德国马克的国际地位提升等，一旦被视为对经济稳定的威胁，将毫无疑问被抛弃或改造。

币值稳定的目标在于保障社会竞争正常、有序。持续的通货膨胀首先会损害价格的信号与调节作用，使得资源的分配出现混乱；其次会损害存量财富的实现，对投资和储蓄产生负面影响；这些都会严重损害经济运行的调节和增长机制，造成国内大循环不畅，进而影响国际大循环和货币国际化的进程。因此，经济政策尤其是货币政策的稳定有助于国内大循环的稳定，并为货币国际化提供良好的信心基础。

4.1.2　参与国际大循环推动实现本币国际化

1. 通过大规模出口贸易实现早期的货币国际化（美国、英国、日本）

通过国际贸易实现货币国际化在货币发展史上较为常见。随着一国贸易量占世界总贸易量份额的增加，该国货币的国际地位随之提升。而一国要在进口方面占据主导地位，要求该国具有雄厚的经济实力和较高的国民收入，短期往往难以实现。而出口的扩张仅仅涉及出口部门的快速增长，相对更为容易，也因此成为货币国际化早期的重要推动力量。从图 4－7 和图 4－8 可以看出，德国和日本在 20 世纪 70—80 年代货币国际化的关键时期也正是出口规模大幅扩大的时期。

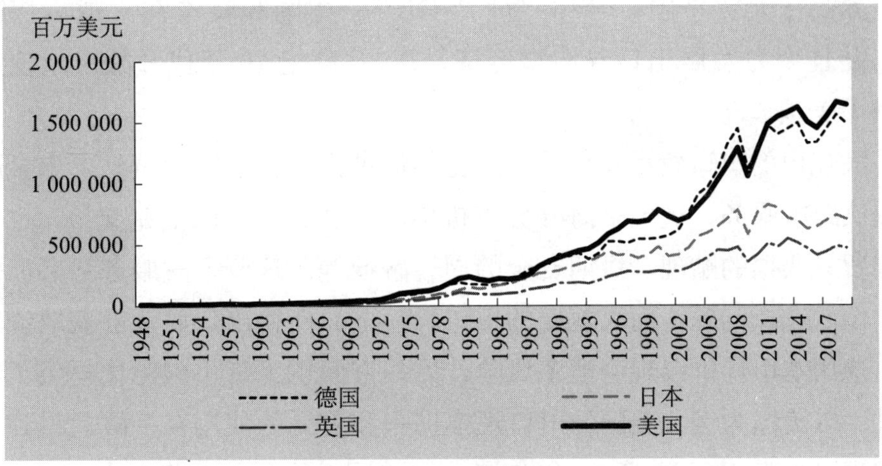

图 4－7　四国出口总价值

资料来源：世界银行。

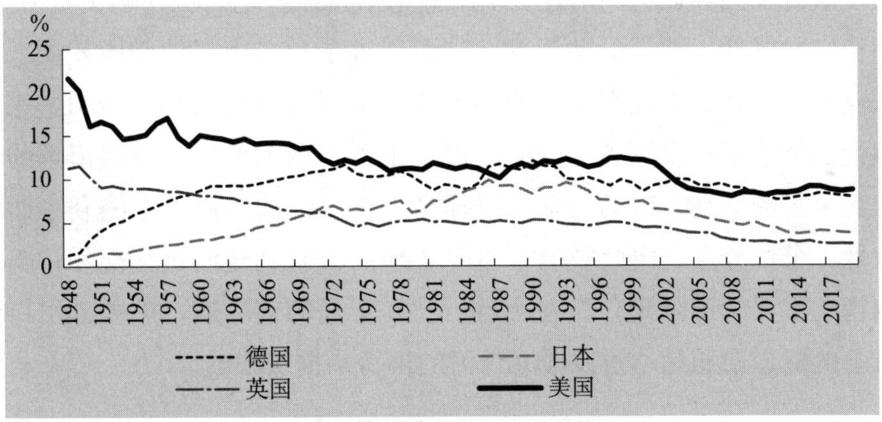

图 4－8　四国出口占世界贸易的比例

资料来源：世界银行。

出口对货币国际化的影响分为直接影响和间接影响两部分。从直接影响来看，出口贸易涉及的核心问题在于如何选择商品的计价货币。而在出口中占据优势的国家显然更容易要求使用本国货币计价来规避汇率风险。从间接影响来看，国际贸易往来中不可能直接进行资金转移，而往往是通过贸易融资工具、汇兑工具等间接进行资金转移。同时，为了规避风险，商品保险、外汇衍生品也会逐渐发展起来，这些都会促进本币国际化的实现。

英国在19世纪建立了遍布全球的殖民地，成为世界上最为重要的贸易国，国际收支保持顺差（见表4-4）。美国自20世纪开始取代英国成为世界第一大贸易国，号称“世界工厂”。德国和日本在二战后快速重建，并且大力发展出口导向型经济，在20世纪70年代开始出口追赶并超越了美国。

大规模的出口贸易对货币国际化的促进机制在于跨国贸易要求金融部门提供跨国服务，这包括海外分支机构的设立、外汇的汇兑交易，也包括跨国贸易票据的贴现、短期资金的周转融通等。这些金融服务势必涉及计价单位的选择问题。而大规模的出口，一方面使得出口商能够获取谈判优势，选用本币计价以规避汇率风险，另一方面也为货币国际化提供了经济基础。以美国为例，美国的出口规模扩张和美元的使用在一战后得到进一步实现（见表4-5）。截至1920年底，美国金融机构在海外共建立了181家分支机构，支持当地的进出口商接受或开立的以美元计值的票据，使美元逐步获得了国际社会的信任。美联储指示其在各地的机构购买贸易票据，从而稳定和降低了票据的贴现率，进而促进了这一市场的健康发展。随着美联储的介入，在美国有盈余的外国商业银行和中央银行被吸引进来，成为偏爱这类票据的投资者。同时，得益于美元票据市场、金融市场的发展和美元声誉的提高，市场效率得以提高。通过纽约融通资金的利率通常比伦敦低1个百分点，由此吸引了世界各地商人来到纽约进行交易，美元借此取得了重要的国际地位。在20世纪20年代的前半期，美国进出口中一半以上的资金融通是通过以美元计值的银行票据实现的。

表4-4　　英国历史出口及名义GDP估计

年份	总出口（百万英镑）	名义GDP（百万英镑）	总出口在名义GDP中的占比（%）
1700年	3.8	65.4	5.8
1760年	8.3	92.0	9.0
1780年	8.7	116.6	7.5
1801年	28.4	230.9	12.3
1831年	38.9	372.4	10.4
1851年	67.3	505.5	13.3

资料来源：乔尔·莫克尔．启蒙经济：英国经济史新论．北京：中信出版社，2020.

表 4-5　　美国进出口贸易

年份	出口的本国商品（百万美元）	进口商品（百万美元）	出口超过进口（百万美元）	农产品出口占比（%）	制成品出口占比（%）
1914 年	2 329.7	1 893.9	435.8	48	47
1915 年	2 716.2	1 674.2	1 042.0	54	43
1916 年	4 272.2	2 197.9	2 074.3	36	62
1917 年	6 227.2	2 659.4	3 567.8	32	66
1918 年	5 838.7	2 945.7	2 893.0	39	58
1919 年	7 749.8	3 904.4	3 845.4	53	45
1920 年	8 080.5	5 278.5	2 802.0	43	52
1921 年	4 378.9	2 509.1	1 869.8	48	46

资料来源：福克讷．美国经济史：下卷．北京：商务印书馆，1964.

2. 通过大规模对外投资实现货币国际化（美国、英国）

对外投资使得本币可以直接通过金融参与到国际资金的大循环中，这使得本国货币得以投放到全球，促进了本币国际化。同时，输出的本币并不会沉淀在海外，而是会以投资的方式再次回流到本国，助力本国内循环发展，从而进一步提升本国对外投资的能力，不断提升本币的国际化程度。

伦敦证券交易所不仅为英国经济的发展提供了巨额资金，还使得英国有能力向国外输送大量资本，以此获得高额收益。国际金本位时期，英国的海外投资规模前所未有地庞大，出口贸易发展迅猛，保持了巨额的贸易顺差。英国 1/4 的国民财富被用于海外投资，直到 1914 年一战前夕，英国的海外投资仍然居高不下，达 40 亿英镑，占西方国家对外投资总额的 50%，英国从中获取了高额收益和红利。可以说，英国成为靠投资生存的国家。即使在殖民体系崩溃之后，英国仍然保留着巨额的存量财富，而这些财富进一步转换为对外投资，成为英国重要的经济发展动力，占 GDP 的比例甚至一度超过 10%。图 4-9 展示了英国殖民时期的经济循环模式。

美国在对外投资方面的地位经历过大幅的变化。在建国后到一战前的漫长时间里，美国都是资本输入国，接受来自西欧尤其是英国的投资。然而一战使美国的地位发生了变化。战争使得欧洲不仅迅速出清了对美国的债权，而且需要从美国融入大量资金。战后欧洲的重建工作很大程度上依赖于美国的资金。在 1924—1928 年间，美国提供的新外国贷款每年都超过 10 亿美元。二战造成了比一战范围更广、程度更深的破坏，而欧洲在二战后的重建工作也完全依靠来自美国的对外投资。美国资本输出在 1946 年和 1955 年期间超过了 1919—1928 年的两倍，这使得美国二战后占有的国际贷款份额比一战大。然而，美国的对外投资不是一次性的直接对外投资，而是形成了资金的循环。如前所述，美国已经成为全球最大进口国，这样的地位决定了大量的美元被输出到国外，但通过出口赚取到这些美元的国家需要安全的资产，而美国本身就是资本市场容量最大、投资收益最受保障的国家，于是这些美元又会以投资的形式返回美国，帮助美国实现经济增长。而美国经济增长又会带动对外投资增长，这又将美元输出到了海外，如此循环。以中东地区石油输出国为例，其在 1974 年的前 8 个月就实现了 250 亿美元的贸易收支余额，却将超过 70 亿美元重新投资到了美国。国 4－10 展示了英国、美国对外投资占 GDP 的比例。

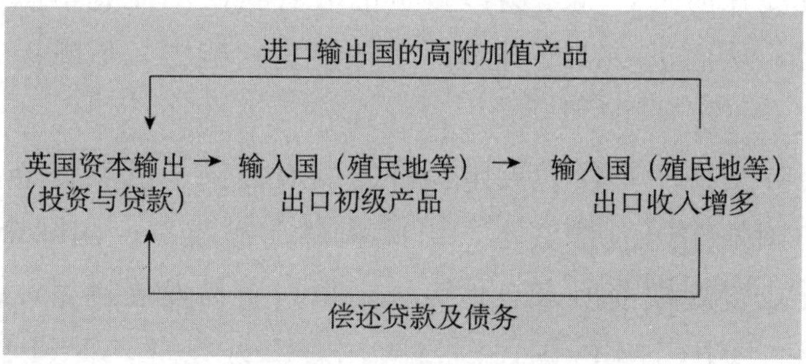

图 4－9　英国殖民时期的经济循环模式

3. 通过国际秩序安排获得本币国际化的政治优势（美国、英国）

除了用经济和金融方面的手段引导本币国际化外，美国和英国的货币国际化还离不开强制性的政治因素。两国在 18 世纪至今先后确立了一国领导的世界政治经济格局，并且先后形成了以英镑为核心的国际经济秩序和以美元为核心的国际经济秩序，背后分别是英国和美国在历史上综合国力成为世界第一。

英国依托金本位制实现英镑国际化的背后，是其国际地位一步步崛起，进而对国际秩序进行安排的结果。1688 年“光荣革命”以后，英国建立了君主立宪制，这为后来工业革命的发生奠定了政治基础，

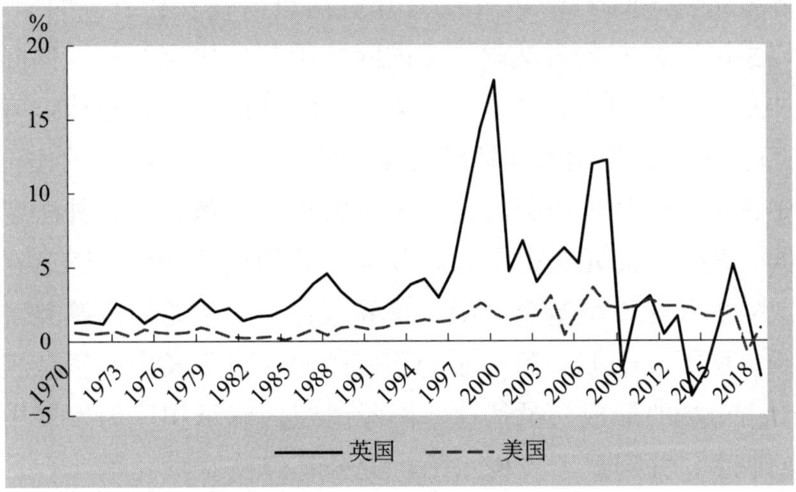

图 4-10 英国、美国对外投资占 GDP 的比例

资料来源：世界银行。

英国由此成为世界上第一个完成工业革命的国家，这使得英国的经济实力和军事实力得到了飞速发展，并开始进行大规模对外殖民扩张。当时法国是欧洲的霸主，英国的崛起使法国备感威胁，因此从 17 世纪末到 18 世纪末，英法两国为争夺殖民地霸权和欧洲霸权进行了长达数十年的激烈斗争。最终英国战胜法国，取得海上霸权和殖民地霸权。英国的殖民地几乎遍布世界各地，作为宗主国的英国得以在政治上强力在殖民地推行英镑，从而将英镑的影响力辐射到了全球。即使在一战后英国经济受到重挫，英镑的国际地位下降，英国也仍然可以在政治上维持英镑在殖民地的使用。1931 年 9 月 20 日，英镑出现了预期中的贬值，各国纷纷向英国兑换黄金，英国难以招架。次日，英国终止金本位制，与英镑有密切联系的一些国家也相继放弃了金汇兑本位制。英国继而把一些在贸易、金融上与其有密切联系的国家以及海外殖民地联合在一起，组成英镑集团，成立英镑区。此举试图在美元崛起的情况下，通过动员英镑区成员国的外汇储备力量和美元抗衡，但是 1967 年的英镑危机削弱了英镑在国际贸易与金融中的地位，使美元成为继英镑之后最主要的国际货币。这说明：没有了强大的国际政治经济地位，货币是无法维持强势地位的。

美国推行美元的政治手段是包裹在经济合作的外表下的。为了重建战后国际货币秩序而于 1944 年 7 月在美国布雷顿森林召开的国际会议，通过了以美国怀特方案为基础的《国际货币基金协定》和《国际复兴开发银行协定》，实行美元-黄金本位制，美元直接与黄金挂钩，每盎司黄金等于 35 美元，其他国家的货币与美元挂钩，规定与美元的比价，各国政府或中央银行随时可用美元向美国按官价兑换黄金。这种法定规定使美元等同于黄金，美元获得了超越其他货币的优越地位。随后在美国的主导下成立了国际货币基金组织、世界银行、关贸总协定等经济援助和合作组织（见图 4－11），致力于为不发达国家提供长期和紧急援助并推动全球自由市场的形成。虽然这些国际组织的确承担了为发展中国家提供资金的职责，并降低了关税水平，提升了经济全球化的步伐，然而这些国际组织的总部设立在美国，最大缴款人是美国，投票权最大的国家也是美国。这就决定了使用和偿还这些援助资金必然是以美元计价，接受资金的国家得到了援助，必然继续支持美元的信用以维护其国际货币地位。战后，美国经济一家独大，自由开放的市场带来的直接结果就是美国制造产品的全面流通，其他国家处于劣势地位，沦为产品市场和原材料产地，成为经济意义上的殖民地。而这种隐形的经济殖民关系确保了美元在战后相当长一段时间内的压倒性优势。虽然在经过数十年的发展后，全球经济形势已经发生了很大的变化，但国际组织仍然掌握在美国手中。美国通过政治手段直接打压他国先进企业，本质上还是意在维护经济殖民关系。

无论是英镑还是美元，在其国际化的进程中，都可以看到国际政治秩序安排的推动作用。一国的国际政治经济影响力是其货币地位的重要支撑，通过一系列的国际政治安排，维护其在国际贸易和金融领域的地位是保持其货币地位的重要手段。

国际货币基金组织　　世界银行　　关贸总协定

图 4－11　战后主要国际经济组织

4.2 失败经验参考

4.2.1 国内大循环建设不足的影响

1. 英国国内循环受创的影响

一战中，英国共投入兵力950万，其中600万出自英国本土。战争中英军伤亡约80万，军费开支近100亿英镑。到1918年战争结束时，英国经济已遭重创，国民财富损耗了约三分之一。庞大的军费开支造成财政赤字剧增，政府只能依靠增发国债和纸币来填补亏空，并停止黄金兑换。经济上，英国丧失了对外贸易的优势，1914年，英国各种进口商品总值达到6.96亿英镑，1918年达到13.16亿英镑，但同时期英国的出口额仅为进口额的1/2。面对数额庞大的贸易逆差，英国不得不通过出售海外资产来弥补差额。战争期间，英国以这种方式获得了10亿英镑来维持国际收支的平衡。直到1913年，英国在世界出口贸易中还居首位，美国居第二位。可在战后，美国已经跃居第一位，英国沦为第二位。英国的海外投资和商品输出之间无法相互补偿。此外，这场战争还使英国背上了沉重的债务负担，由债权国一下沦为最大的债务国。战前美国欠英国的债务为30亿美元，战后英美位置互换，英国欠美国47亿美元。为了弥补贸易逆差并解决财政困难，英国不仅大量举借外债，内债数额也急剧增加，从战前的6.45亿英镑猛增到战后的66亿英镑。

二战给英国带来的影响与一战类似，英国国力无力再与美国抗衡。更重要的是，二战后兴起的民族独立解放运动瓦解了英国赖以成长的殖民体系。如果将殖民时期的英国看作一个整体，那么当时的国内大循环本身就足以支撑起英镑的全球信用。而当殖民体系瓦解后，英镑的国内大循环相当于崩溃了，退缩为英伦三岛上的内循环，与其殖民地的循环成了外循环。而这样的外循环无法如同殖民时期一样通过政治手段推行英镑，规模大为缩小的内循环也无力像美国一样支持在经济上推行英镑。

2. 日本国内循环停滞的影响

日本半导体行业在20世纪70年代发展迅速，也为日本创造了大额的贸易顺差。20世纪80年代早期，美国经济出现了巨额经常项目赤字，美国国内出现了贸易保护主义倾向。美国与日本的贸易摩擦开始升级，美国通过反倾销、301 法案等措施对日本进行制裁。1985 年 9 月 22 日，英、美、法、德、日五国财政部部长和央行行长在纽约广场饭店召开会议，认为美元被严重高估，同意以主动干预外汇市场的方式使得德国马克、日元对美元进行有管理的贬值。然而《广场协议》签订后，美元兑日元汇率迅速下降，由 1 美元兑 240 日元迅速下跌至 1 美元兑 200 日元，1986 年继续下跌至 1 美元兑 160 日元。日元升值重创了日本出口行业。为了刺激经济，日本央行大幅降低利率，1986 年日本银行连续 4 次降低贴现率，到 1987 年，日本贴现率已经达到 2.5%的低位。

当时日本许多半导体企业拥有高额利润，面对土地市场及金融市场泡沫的高回报，也纷纷成立证券部门把资金投入土地、不动产和金融衍生品中。虽然从 1987 年开始，日本的股票、房地产等价格水平已经开始攀升，但受到美国 1987 年 10 月 19 日“黑色星期五”的影响，日本银行继续维持低利率水平。直到 1989 年初，日本银行才为了打击通货膨胀而提高贴现率，而此时泡沫经济已经不可避免，且形成了庞大的债务链条。随着 1989—1991 年间日本央行采取紧缩政策，资产泡沫迅速破灭，房地产市场和股市迅速降温。最终，日本的半导体企业在泡沫危机中大受损失。虽然日本银行在 1991 年后重新实施扩张政策，但巨额资产贬值造成的经济衰退已经不可避免。日本进入经济萧条期，此后日本经济增长长期停滞。自日本 20 世纪 90 年代末期经济泡沫破灭以来，经济发展状况一直不甚理想，GDP 增长率长期处于低迷状况。内循环经济的低迷抑制了其国际贸易和国际投资的能力，阻碍了国际大循环的参与，抑制了对日元的国际需求。图 4－12 展示了 1984—1990 年美元兑日元汇率的变化趋势。图 4－13 展示了 1985—1993 年日本存款利率的变化情况。图 4－14 展示了 1961—2018 年期间各年度日本 GDP 增长率。

4.2.2 国际大循环参与不足的影响

日本政府在 20 世纪 80 年代着手改变了原先进行金融抑制的做法，主动制定了促进日元国际化的政策，如 1985 年开始着手建立短期金融工具市场（银行承兑汇票、短期债券等），允许美国证券公司加入东京证券交易所。1996 年日本政府甚至推出全面金融自由化计划，引发了 1998 年

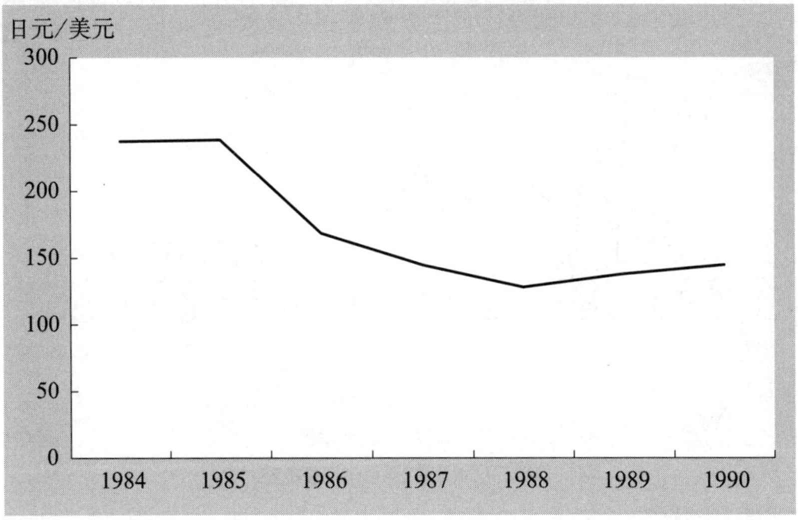

图 4－12　美元兑日元汇率的变化趋势

资料来源：世界银行。

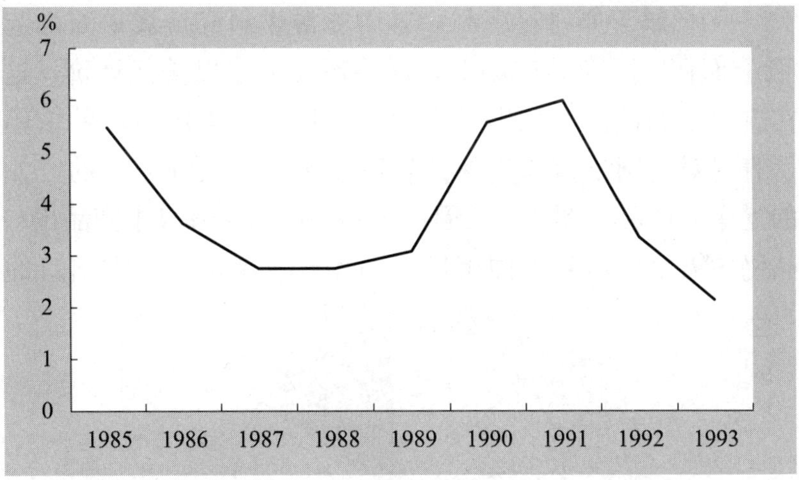

图 4－13　日本存款利率变化

资料来源：世界银行。

的日本金融业大爆炸。在亚洲经济危机后，日本的国际化战略更加重视区域金融合作，日本财政部提出了设立亚洲货币基金组织的构想，在日本的领导下为区域内国家提供紧急贷款，而《清迈协议》《东盟互换协议》的提出和扩展，都标志着亚洲化战略的实施。

受制于客观条件，上述政策并未使得日元成为一线的国际货币，主要原因包括贸易结构不均衡与金融市场落后。

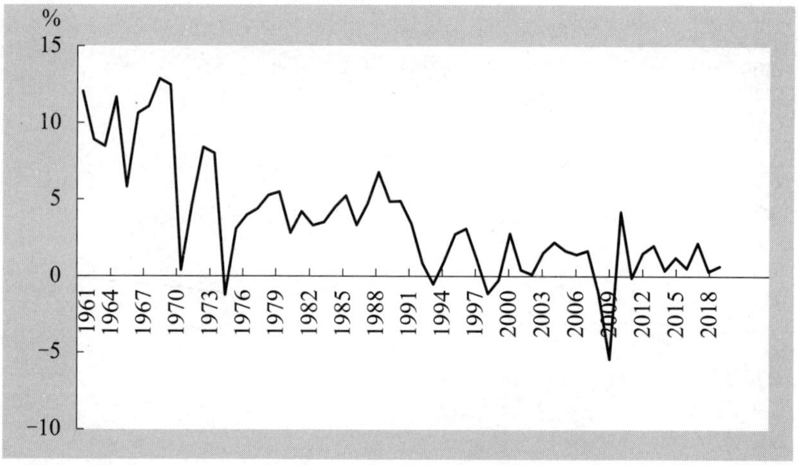

图 4-14　日本 GDP 增长率

资料来源：世界银行。

贸易结构不均衡体现在进口和出口方面。从进口方面看，由于日本自身的地理区位，大量原材料和初级产品高度依赖进口。日本总进口额中有 40%～50%属于原材料产品，其中能源燃料和金属矿石加起来就超过了 30%。而在国际商品市场上，这些产品大多以美元计价，这就限制了日元在进口中的使用。从出口方面看，日本对美国市场的依赖程度较高，除了直接对美国出口长期保持较高水平外，其在东亚的产业链事实上生产的是中间产品（图 4-15 展示了 2020 年 11 月日本商品出口结构），最终产品仍然需要出口到美国市场（图 4-16 展示了日本出口的地区占

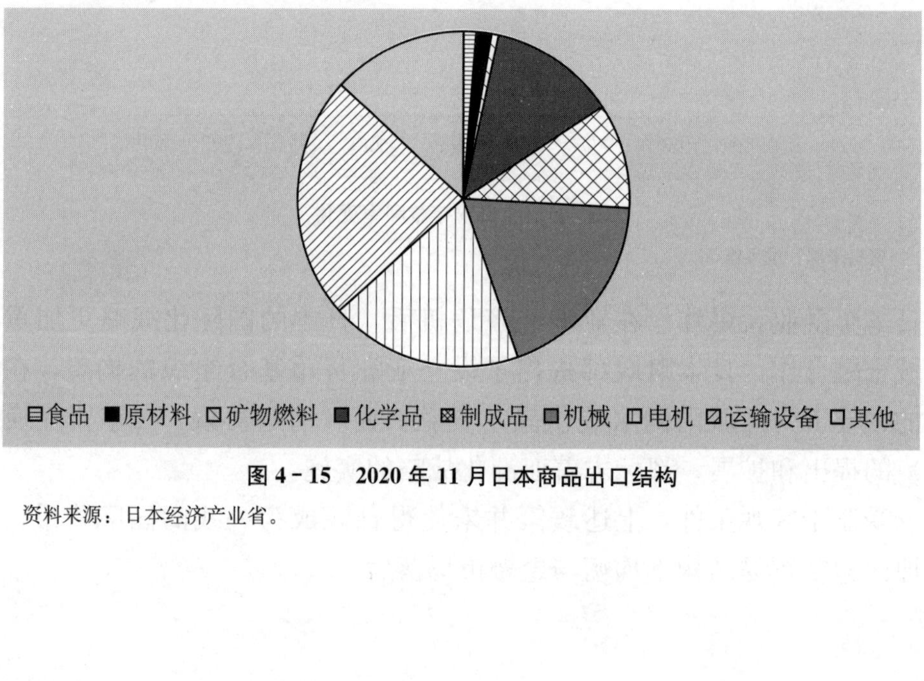

图 4-15　2020 年 11 月日本商品出口结构

资料来源：日本经济产业省。

比)。因此，对于日本企业来说，以美元计价有利于产品定价的核算。同时，由于国际外汇市场发达，日本企业可以很容易地通过远期锁定汇率，从而弱化了通过日元计价规避汇率风险的动机。

金融市场落后主要体现为日本短期债务工具市场狭小，以国债市场为例，仅为美国的1/7，且大多被银行承销团和公共部门消化，使得其市场流动性较低，价格机制扭曲，这大大限制了东京作为国际金融中心的竞争力。同时，在区域内东京还面临着香港、新加坡、上海的竞争，尚无法建立起足够的区域优势。

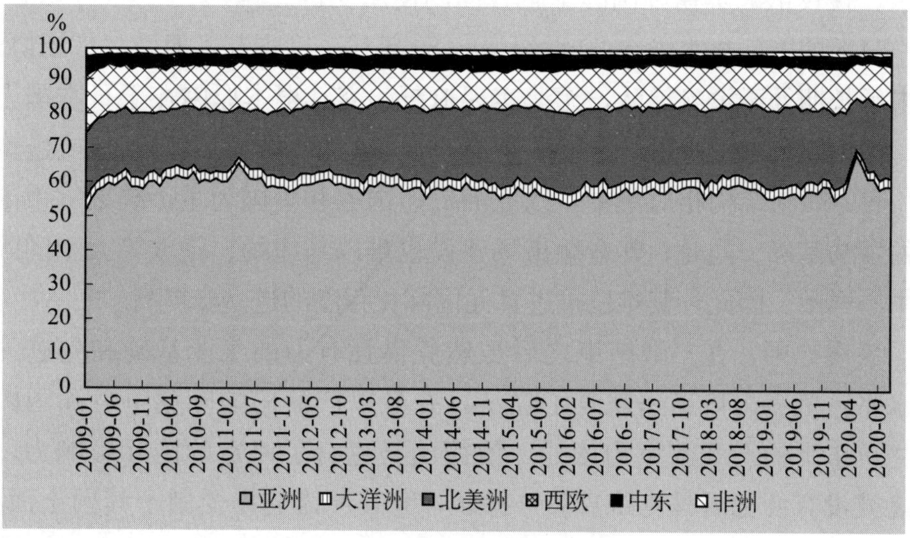

图4-16 日本出口的地区占比

资料来源：日本经济产业省。

4.3 对人民币国际化的启示

4.3.1 货币国际化程度两大梯队形成的原因

按照货币国际化程度（以各国央行货币储备占比为判断标准，见本书第1.3节），美元和欧元可以被归为货币国际化程度较高的第一梯队，而日元和英镑可以被归为货币国际化程度相对中等的第二梯队。两个梯队货币国际化程度存在差异的根本原因在于美国和欧元区形成了强有力的内循环，为其外循环奠定了坚实的基础，而日本和英国则缺乏这样的条件。

如第 4.2.1 节所述，英镑曾经处于第一梯队，但在经历了两次世界大战后，其殖民体系的瓦解导致了国内循环范围和规模的缩小以及国际循环范围的扩大和规模的缩小。英国国内循环的规模再也无法支撑起庞大的进出口贸易，基于贸易的货币使用逐步萎缩。而英国为了振兴本国经济推出的金融自由化措施虽然大大增加了英镑在国际金融方面的使用，但同时严重损害了本国科技工业，增加了本国经济的不稳定性，这进一步减少了基于贸易的货币使用。因此，英镑的国际化水平长期掉入第二梯队，仅仅依靠英镑在国际金融方面的使用支持。

日元的国际化水平在 20 世纪 70—80 年代一度崛起，但受《广场协议》打击后长期处于第二梯队，无法实现追赶。究其根本原因在于日本国土狭小，国内循环水平有限，难以成为周边国家乃至世界的出口基地或进口来源。日本贸易结构相对集中，以亚洲周边国家和美国为主，缺乏货币国际化的贸易基础。同时，其金融市场建设也难以与纽约、伦敦等大型国际金融中心匹敌。因此，其难以推进日元国际化程度的进一步提高。

反观德国，在二战结束之后虽然凭借强有力的工业基础和先进的科技水平，依靠出口迅速恢复了经济，并且以产品的国际竞争力和国内稳定物价水平的宏观政策为依托，使德国马克有了一定的国际影响力，但是终究没有使德国马克跻身第一梯队，究其原因还是受制于其国土面积、人口数量、经济规模等因素，难以形成强大的国内大循环基础。在 EMS 成立后，德国马克凭借坚挺的信用，逐渐取代美元在欧洲市场上成为主导货币，并最终带领欧洲部分国家统一货币建立了欧元区。欧元区的出现使得德国原本的欧洲国际市场转变为了欧元区内部市场，国内大循环的基础得到了显著扩大，同时欧元也因为欧元区内部的庞大经济基础获得了国际循环的强劲动力，迅速得到了国际认可并跻身第一梯队。

可见，第一梯队货币和第二梯队货币的根本差异在于前者拥有强大的内循环基础，可以为外循环提供有力的支持，从而依靠高水平的双循环促进货币的国际化。

4.3.2 高水平双循环促进货币国际化

国际循环是国内循环的实现，国内循环是国际循环的基础。国内宏观经济的规模、增长和稳定给予了其他国家使用该国货币的信心。国内宏观经济的结构决定了贸易赤字的大小，体现为出口导向型经济或是进口推动型经济。国内金融市场的建设为国际金融中心的竞争提供了更有深度和广度的市场，可以吸收和投放本国的资金。外国对本国货币和资产的持有反映了对本国经济发展前景的信心，为本国提供了资金支持。对外贸易占据足够大的份额可以帮助本国取得较大的产品定价权和货币选择权。国际金融中心的建设可以为本国提供外部资金，也可以帮助本国资金投资国外优质项目，促进了本国货币的使用。

高水平的国内大循环为货币国际化提供了雄厚的实体经济和金融市场基础、安全稳定的发展环境和强大的科技竞争力。

第一，货币国际化需要国内大循环中存在超大的国内市场、消费导向型的产业结构以及完善的金融基础设施，对本国货币产生源源不断的需求。18 世纪的英国和 20 世纪的美国的内循环具有相似的特征：从地理因素上看，两国领土广袤，人口众多，自然资源丰富，具有超大的国内市场。这就决定了在实体经济层面，两国通过内循环可以形成完整的产业链，供给能力充足，需求旺盛。但英国的鼎盛时期处于殖民时代，其本国的内循环事实上是母国和殖民地之间的循环。而美国的内循环就是其本土内部的循环。这就注定了当二战后殖民体系瓦解时，英国的内循环体系从世界各个角落退缩到了英伦三岛，因而导致了英镑的信用无力维持其国际货币的地位。而美国在 20 世纪 70 年代开始逐渐摆脱出口导向型经济，向以消费为主的经济结构转型，依托其稳定的国内市场创造出了巨大的国内需求，成为最大的进口国，从而源源不断地将美元投放到世界各地。

同时，在金融层面，要为如此庞大的内循环提供资金融通，就要求国内形成发达的金融中心，建设多层次的融资体系。伦敦和纽约各自成为本国的金融枢纽，英国率先建立起以英格兰银行为央行的银行体系，充分发展国债市场，积极培育以伦敦证券交易所为代表的资本市场；美国也完善了以美联储为核心的商业银行网络，充分发展以纽约证券交易所为代表的资本市场。

第二，货币国际化需要将国内循环的稳定作为主要矛盾，增强对本国货币和资产的持有信心。如果说英国的双循环从内循环退化为了外循环，那么德国就是从外循环扩展成了内循环，其货币国际化走的是区域化的道路。德国与欧洲邻国关系密切，其货币政策将稳定国内物价作为优先考虑目标。在 EMS 成立后，欧洲各国主动以德国马克为锚调整货币政策，使得德国马克本身对欧洲各国汇率保持稳定，并且逐渐取代美元在欧洲市场上成为主导货币，并最终带领欧洲各国统一货币成立欧元区，进一步扩大了内循环的基础。

第三，货币国际化需要以高水平的科学技术引领内循环，不断提升本国产品和服务的市场竞争力。虽然英国引领了第一次工业革命，并且在 18 世纪保持着科技领域的领导地位，但是随着 20 世纪第二次工业革命在德国和美国爆发，其在科技领域的领导地位下降，其出口价值被美国等超越。20 世纪末的科学技术革命更是让美国牢牢占据了科技领域的领导地位，确保了其他国家对其产品的需求。

高水平的国际大循环是货币国际化的直接实现，其主要渠道包括大规模的对外贸易、通过自由开放的国际金融市场实现跨国信贷投资、国际货币政策协调。

货币国际化首先通过数额庞大的跨境贸易实现。从外循环来看，英美两国都是从发展贸易开始的。英国在 18 世纪是世界上最大的出口国，贸易范围遍及全球，同时在贸易的带动下，英镑逐渐成为贸易领域最重要的计价货币。而美国在 20 世纪初超越英国成为最大出口国，并在二战中成为整个西方世界最大的产品供应方，美元的信用自然保持坚挺。德国和日本在战后重建初期都保持固定汇率，积极培育出口导向型经济，以出口累积资本带动经济增长。随着出口的大规模增加，两国货币的使用自然开始增加。

第四，货币国际化需要通过国际金融中心以信贷、投资方式实现。英美两国都建立起了国际金融中心，使得全球的金融交易都以伦敦和纽约为中心，并以此为依托，通过大量对外投资推广了本国货币的使用。德国、日本两国国内市场都较为狭小，没有建立起和纽约、伦敦匹敌的国际金融中心，从金融方面推动货币国际化较为滞后。

第五，货币国际化还需要本国在国际货币政策的协调中占据主导地位。英美两国最重要的共同点是都建立起了全球霸权，可以通过政治上的安排强制要求其他国家和地区承认本国货币的国际货币地位。

和英国、美国不同，日本和德国从未真正主导国际政治经济体系，两国同时经历了二战的战败，其经济发展和国际货币化历程是在美国主导的世界体系中完成的。两国在政治层面上作为二战战败国缺乏相应话语权，在国际组织中也处于美国的附庸国地位，无力对自身货币国际化做出有利安排。

4.3.3 国内国际双循环的重要支点

在国内循环方面，主要有经济结构、科技水平、政府政策三方面的启示。在经济结构方面，随着我国经济的发展，一方面，国内劳动力等生产要素价格上涨，削弱了出口商品的价格优势；另一方面，国民消费水平在逐步提升，推动了经济由出口拉动型向消费拉动型转变，有利于保障经济的长期稳定，也是经济向更高层次发展的要求。在科技水平方面，一方面要推动科学研究的机构化、制度化，促进产学研一体化发展，加大对科研的资金支持力度；另一方面要鼓励中小企业自主创新，加大对知识产权的保护力度，使科技与产品有机结合起来，提高产业的国际竞争力，从而增强在产品定价方面的话语权。在政府政策方面，一方面要争取和平发展的国际政治环境，保障国内经济的外部环境安全；另一方面要通过政策调节稳定宏观经济，维持国内物价水平的稳定，提升国内经济发展的信心。

在国际循环方面，主要有国际贸易、国际投资和国际秩序三个方面的启示。在国际贸易方面，我们不仅应当继续保持对外开放，促进大规模的进出口贸易，而且应当争取人民币的计价货币地位，同时通过金融部门的海外分支机构，为跨国贸易提供更好的金融服务，促进人民币票据国际信用的提升。在国际投资方面，我们应当通过建立国际金融中心，促进本国货币在国际市场上的投放和回流，助力国内循环的发展，提升人民币的国际地位。在国际秩序方面，一国的政治影响力是货币国际地位的重要支撑，但是依靠霸权争取到的国际政治影响力注定会被新的霸权取代，因此，我们要坚持和平发展的理念，一方面推动“一带一路”倡议等的落实和发展，构建新型国际秩序；另一方面通过亚洲基础设施投资银行（简称亚投行）等国际组织的建设，提升自己的国际话语权。

第 5 章

畅通国内大循环的突破口：生产端

从 2021 年起，我国进入全面建设社会主义现代化国家的新发展阶段，深入贯彻创新、协调、绿色、开放、共享的新发展理念，加快构建以国内大循环为主体、国内国际双循环相互促进的新发展格局，推动高质量发展，成为“十四五”时期稳慎推进人民币国际化的新主题。就畅通国内大循环而言，尽管我国具有人口、消费市场的强大基础，但内循环的拉动仍要靠高质量发展。内循环主要包括生产、分配、流通、消费四大部分，生产是国民经济循环的先导环节，供给端与需求端匹配、提升供给创造需求的能力，是深化供给侧结构性改革、充分发挥国内消费与投资潜力、畅通国内大循环的重要突破口。目前，我国经济供给端存在科技创新能力不强、结构性过剩和不足并存、劳动力成本不断上升、资金成本高、金融摩擦大、金融发展不均衡等问题，需要在提升科技创新能力、产业链发展水平及金融服务实体经济能力等方面持续发力。以提升供给创造需求能力为突破口，可以增强生产端造血能力，畅通国内大循环，展现良好的投资收益性和稳定性，从而持续为扩大人民币国内国际消费和投资的交易需求提供保障。

5.1 全面提升供给创造需求的能力

5.1.1 生产端供给侧“短板”不利于畅通内循环

1. 科技创新能力制约

我国科技创新能力正在快速提升，但相比一些发达国家依然有很大的差距。世界知识产权组织（WIPO）发布的《2020全球创新指数报告》指出，在囊括131个经济体的全球创新指数（GII）中，中国位列第14名，相比2014年的第29名已经有了很大的提高。另外，根据国家统计局的数据，中国的研究与开发（R&D）经费由2014年的1.3万亿元增长为2019年的2.21万亿元，增幅为70.1%。这说明我国自2015年提出供给侧结构性改革以来，在科技创新上已经取得了一定的成效，我国正在逐渐由科技大国迈向科技强国。但需要指出的是，我国科技创新水平相较一些发达国家仍然存在很大的差距。例如，2019年我国R&D经费投入强度为2.23%，而美国和日本则分别为2.83%和3.26%。并且，中国的基础研究经费占比仅为6.03%，与发达国家普遍15%以上的水平相比差距依然很大。此外，国内不同地区间的科技创新水平也存在很大的差距：2019年，东部地区R&D经费为15 122.5亿元，占全国总经费的比例超过了68%。中部地区为4 162.6亿元，而长江经济带地区的R&D经费更是达到10 562.5亿元，占比将近1/2；西部地区为2 858.5亿元，两者之和占全国总经费的比例不足32%。另外，中国的专利数量虽然在快速攀升，但专利质量仍有提高空间。世界知识产权组织发布的《2020世界知识产权指标报告》显示，2020年中国有效专利数量为290万，已居世界第二位，基本与拥有310万有效专利的美国持平。但中国的专利平均维持年限仅为7.6年，在世界知识产权组织所展示的19个代表国家中居于最后一位。而美国、法国、德国的专利平均维持年限分别为9.7年、9.9年、11.2年。

全要素生产率是衡量技术进步的代表性指标。假设美国全要素生产率水平为单位1，一国全要素生产率水平用该国全要素生产率水平与美国全要素生产率水平的比值来表示。根据第9版佩恩表（Penn World Table

9.0)[①] 发布的最新数据，在 2000—2019 年这 20 年间，中国的全要素生产率水平最高为 2017 年的 0.46，不及美国的 1/2；发达国家的全要素生产率水平均保持在 0.6 以上，德国和英国更是在 0.8 以上，约为中国的 2 倍。值得注意的是，如果设定一国 2017 年的全要素生产率水平为 1，计算 2018 年、2019 年的全要素生产率水平，则中国的数据为 0.989 7 和 0.982 8，有下降的趋势；相反，美国的数据为 1.008 2 和 1.016 9，日本的数据为 0.994 7 和 1.004 5，有上升的趋势。中国的全要素生产率水平与一些发达国家的差距还在扩大，意味着我国的技术创新、技术进步仍处于劣势。图 5-1 展示了 2000—2019 年几个典型国家的全要素生产率水平。

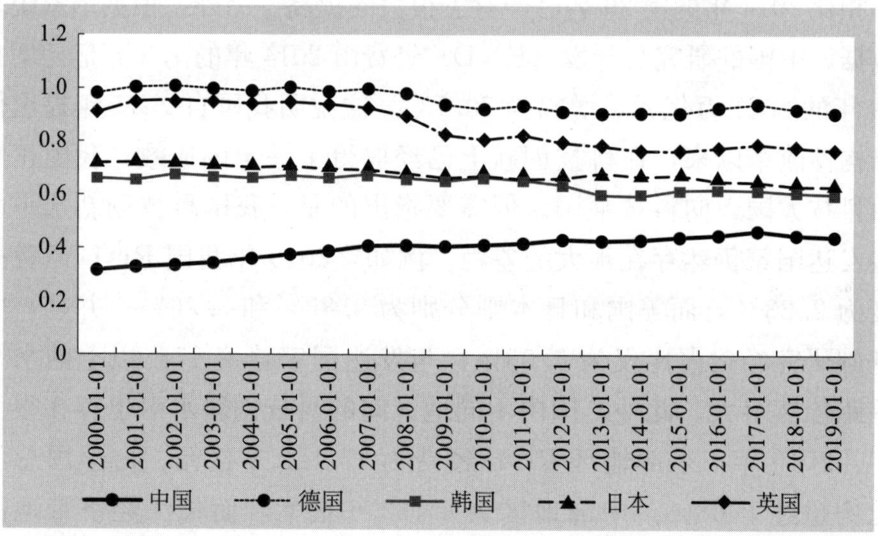

图 5-1　典型国家的全要素生产率水平

资料来源：第 9 版佩恩表。

2. 结构性过剩和不足并存

我国拥有近 14 亿人口，其中包括 4 亿多中等收入人口，消费市场潜力巨大。由于供给结构与需求结构不能很好地匹配，我国消费市场潜力未能得到充分发挥，消费对经济增长的贡献率仍低于欧美等发达国家。根据国家统计局的数据，2010—2019 年，我国最终消费支出对 GDP 增长的贡献率在 47.4%（2010 年）到 69%（2015 年）之间（见图 5-2），低

① 佩恩表是由宾夕法尼亚大学国际比较中心编制的有关国民收入与生产总量增长和发展的跨国分析标准数据集。

于欧美等发达国家超过80%的平均贡献率。倪红福等（2020）的研究表明，产业结构差异是导致我国最终消费支出对GDP增长的贡献率较低的一大原因。我国最终消费主要集中在第一产业和第二产业，第三产业的消费占比虽有上升趋势，但仍然低于美国、日本、韩国等国家。相应地，我国第三产业的投资占比也低于发达国家。这说明我国第三产业发展空间巨大，服务性消费需求有很大的上升潜力，投资结构也有待优化。随着人民对美好生活的需求增加和互联网的发展，消费观念发生了深刻变化，推动消费结构不断升级。然而，国内企业生产的产品的质量、技术创新能力满足不了消费升级的需要，导致消费需求转向质量更优、技术含量更高的海外产品。根据《中国出境旅游发展报告2020》和《2019中国奢侈品报告》，2019年我国出境游客境外消费超过1 338亿美元，境外奢侈品消费达1 052亿美元，均位列全球第一。其中，2019年全球奢侈品消费为3 817亿美元，我国全球奢侈品消费为1 527亿美元，占比40%，而境外奢侈品消费占我国总奢侈品消费的比例高达68.9%。

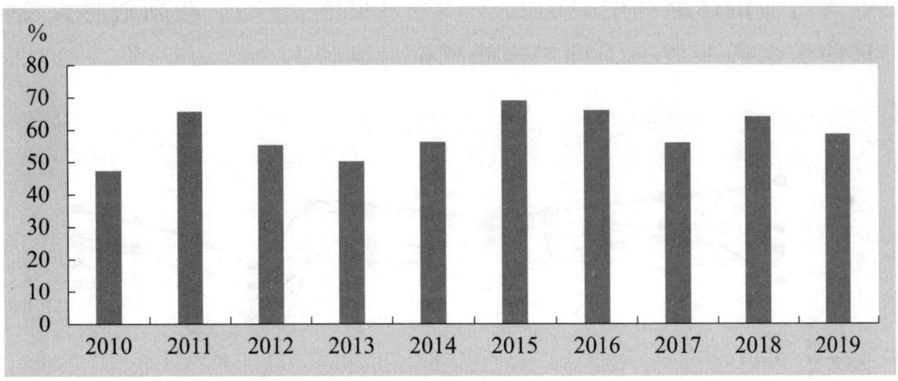

图5-2 中国的最终消费支出对GDP增长的贡献率

资料来源：国家统计局。

我国在医疗、健康、养老等一些领域的产品供给仍存在明显“短板”。根据《2019年我国卫生健康事业发展统计公报》，我国卫生总费用占GDP的比重为6.58%，低于世界平均水平9.9%；每千人拥有医师数为2.77人，每千人拥有注册护士数为3.18人，也低于发达国家。此外，我国医院总体病床使用率为83.6%，其中承担最主要医疗任务的三级医院病床使用率更是高达97.5%；医师日均担负诊疗人次和医师日均担负住院床日分别为 7.1 和 2.5，基本上处于满负荷运转的状态。相关研究表明，我国 60 岁及以上老年人口比例将于 2024 年突破 20%，2030 年突破 25%（翟振武等，2017）。人口老龄化的到来必然会进一步加大我国医疗卫生方面的负担，使得康养产业的供求矛盾更加尖锐。

然而，部分行业依然产能过剩。自 2015 年供给侧结构性改革将去产能作为重点任务之后，我国去产能工作取得了很大的成效。国家发展和改革委员会在《关于做好 2019 年重点领域化解过剩产能工作的通知》中指出，2016—2018 年，我国“累计压减粗钢产能 1.5 亿吨以上，退出煤炭落后产能 8.1 亿吨，淘汰关停落后煤电机组 2 000 万千瓦以上，均提前两年完成‘十三五’去产能目标任务”。需要指出的是，钢铁、水泥、煤炭、化工、有色金属、平板玻璃等行业产能利用率不高，表明我国依然存在一些行业产能过剩现象。通常，产能利用率低于 79%则被认为是产能过剩，低于 75%则被认为是产能严重过剩。2017 年以来，采矿业，煤炭开采和洗选业，电力、热力、燃气及水的生产和供应业，非金属矿物制品业等行业的产能利用率均低于 79%（见图 5－3）。受新冠肺炎疫情打击，目前大多低于 75%，处于产能严重过剩状态。

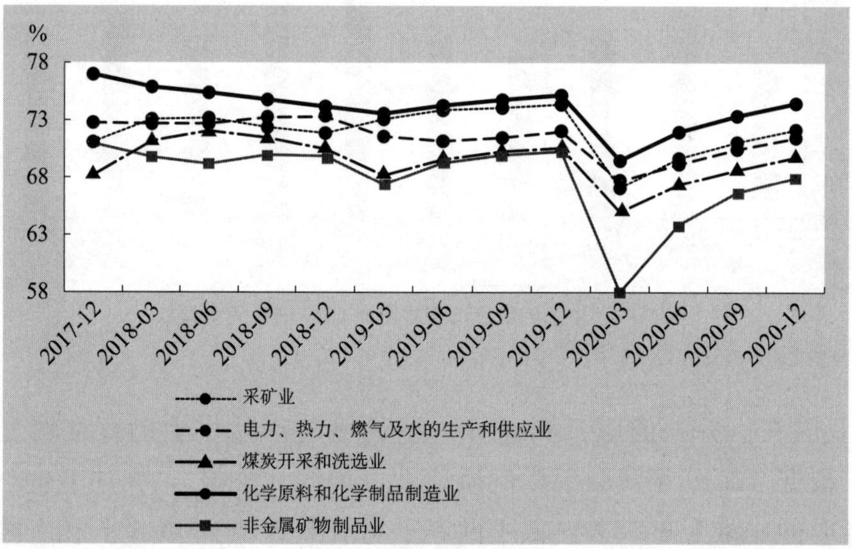

图 5－3　中国产能利用率

资料来源：东方财富 Choice 数据。

3. 劳动力成本不断上升

改革开放以来，我国依靠劳动力成本方面的比较优势，实现了经济的快速发展，迅速崛起为世界第一制造大国。但近年来，我国劳动力成本不断上升，给比较优势的发挥带来了一定的影响。如图5－4所示，我国在岗职工年均工资已由1995年的5 500元增长为2019年的93 383元，增长了近16倍，而且有继续快速上升的趋势。此外，我国制造业雇员劳动报酬相比美国、日本等发达国家虽然处于低位，但与一些发展中国家相比，已经处于偏高的水平。2013年，中国制造业雇员劳动报酬已超过印度尼西亚、越南、泰国等国家；2018年，中国制造业雇员劳动报酬已经是巴基斯坦的5.81倍、印度的8.57倍（钱诚，2020）。这说明与周边和东南亚发展中国家相比，我国的劳动力成本优势已经丧失。

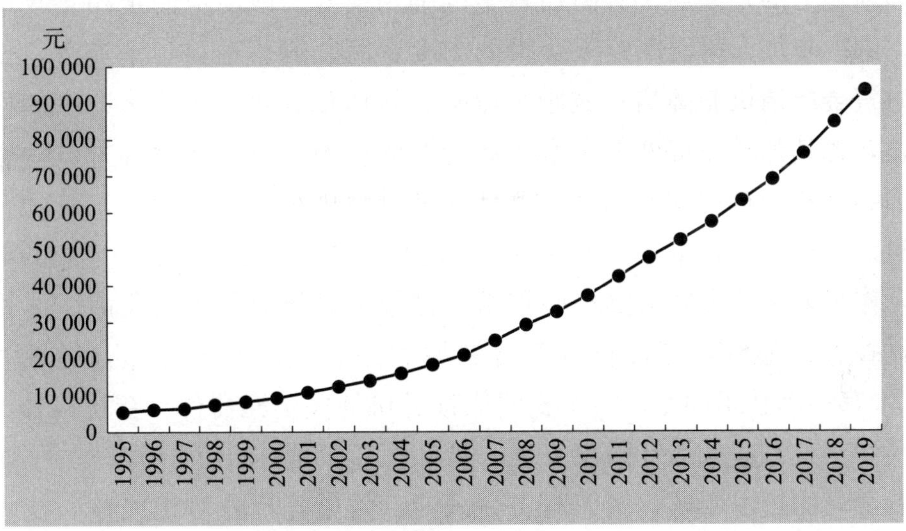

图5－4 中国在岗职工年均工资

资料来源：东方财富 Choice 数据。

5.1.2 抓住机遇进一步提升科技创新能力

近年来，随着我国各领域改革的不断深化，科技创新能力也有了很大的发展，我国在高铁、5G、航天等部分领域的科技创新成果已经居于世界领先地位，但在手机芯片等一些关键的“卡脖子”技术上依然受制于人。不断提升科技创新能力，从根本上解决我国部分高新技术产品供给不足的问题，推动产业高质量发展，实现一部分高端制造业和服务业对国外需求的有效替代，就需要抓住“第四次工业革命”的机遇，迎接“第四次工业革命”的挑战，借助“第四次工业革命”的浪潮，坚持走中国特色新型工业化道路；利用通信、航天、交通等方面的基础设施优势，促进制造业创新发展，加快新一代信息技术与我国传统制造业和高端制造业的深度融合；切实把握绿色发展、创新驱动的重要方针，通过技术手段将数字化深度应用；切实推进科技、资本、市场、政策四种力量的有机结合，通过政府和市场的双重作用，实现大批传统制造企业的成功转型，把智能制造融入企业生产，培育新型生产方式，并注重培养像华为那样的新一代工业革命浪潮的引领者，全面提高国家制造业的创新能力。

一是要加大科研资金投入，更加注重各行业科研能力均衡发展。科技创新能力的发展离不开科研资金的强力支撑。政府应制定相关政策措施，进一步加大科研院校资金投入力度，简化科研项目申请流程，扫清科研资金申请机制障碍；鼓励企业提升科研创新水平，给予适度的科研补贴，尤其是要注重处于技术劣势行业的科研发展，快速弥补“短板”，全面提升我国科技创新水平。例如，可以设立相关科研项目，鼓励企业和科研人员合作，重点突破缺少电子芯片等“卡脖子”问题。

二是要尽快突破关键核心技术，打好关键核心技术攻坚战。尽管我国科技发展迅速，在高铁等部分领域领跑世界，但仍有部分领域“短板”，存在因技术问题不得不长期依赖进口的关键元器件、新材料等，容易受制于人。应从涉及国家安全、国计民生的需求出发，重视关乎国家发展全局的技术领域，例如军工、医药、信息等行业对相关核心技术进行研究攻关，完善产业链体系。可以紧扣扩大内需和国内大循环，推进我国科技自立自强目标实现，组织建设一批相关领域国家实验室，设立实施一些相关领域国家科技项目，增强基础领域研究，补齐生产制造领域“短板”；同时，还应紧扣国内国际双循环布局，重视产业链的国际合作。

三是要完善科技创新相关税收优惠和补助政策细则。“十三五”时期，我国鼓励科技创新税收政策累计减税 2.54 万亿元；“十四五”规划纲要提出“坚持创新在我国现代化建设全局中的核心地位，把科技自立自强作为国家发展的战略支撑”，2021 年继续执行企业研发费用加计扣除

75%的政策，将制造业企业加计扣除比例提高到100%；三部门出台“十四五”期间支持科技创新进口税收政策等，用税收优惠机制激励企业加大研发投入，着力推动企业以创新引领发展，助力我国实现科技自立自强。中央政府应继续优化完善支持科技创新的税收政策，不断加大鼓励创新的力度，为创新产品全生命周期提供支持，从而增强企业探索新技术、创新研究发展的信心；同时，地方政府也可因地制宜，出台符合地方特色的补助支持政策，例如，《福建省科技创新券补助实施细则》鼓励设区市和县（市、区）设立地方创新券。在补助政策落实方面，应提高财政科技资金补助的可获得性，同时加强地方补助的额度管理与企业用途的后续监督管理。

四是要加大金融支持科技创新的力度。加大在融资服务等方面对中小微企业尤其是创新企业的支持力度，降低民营企业创新实践的资金门槛，从而支持科技成果转化及产业化，提升企业创新能力。2021年，国家开发银行设立了科技创新和基础研究专项贷款，“十四五”期间总体安排投放专项贷款3 000亿元，其中2021年安排投放500亿元，对专项贷款实施差异化信贷政策，提升金融服务质量和效率，助力降低科技创新的融资成本，同时做好授信评审、严格发放支付、强化贷后管理，确保金融支持科技创新健康可持续发展，守住不发生系统性风险的底线（王萌萌，2021）。

五是要继续推进国家级双创示范基地建设，助力培育高新技术企业。国务院分别于2016年、2017年、2020年批准建设了三批共212个双创示范基地，助力新培育高新技术企业年均超1万家。企业能准确把握市场需求，有效衔接科技创新与生产实践。政府应继续推进国家级双创示范基地建设。第三批双创示范基地建设在强调特色化、功能化和专业化的同时，更加注重培育专精特新中小企业，鼓励初创企业生产具有自主知识产权的高新技术产品，以提高创新链整体效能；进一步加大制造业企业研发费用加计扣除比例等优惠政策力度，促进创新要素向企业集聚，激励企业创新，促进产业升级。

六是要加快建设重大科技创新平台，发挥创新高地的引领作用。“十四五”建设中重视综合性国家科学中心等重大科技创新平台建设，目前，国家发展和改革委员会、科技部已经共同批复成立了北京怀柔、上海张江、安徽合肥综合性国家科学中心和大湾区综合性国家科学中心先行启动区。“十四五”期间，综合性国家科学中心将按照“建成运行一批、加快建设一批、适时启动一批”的思路，完善科学设施平台体系化布局，打造原始创新高地（王玉西，2021）。创新平台载体聚集了科研资源，有利于吸引、培养人才，助力科研探索并带动周边地区的科技创新发展。应加快建设大科学装置集群，吸引世界各地的优秀人才，重视推动科研领域的国际合作，使重大科技创新平台成为创新高地，助力国家高质量发展；重视我国东北地区和中西部地区基础研究布局，落实陕西提出的“着力推动西安综合性国家科学中心建设”、沈阳提出的“建设综合性国家科学中心”等发展目标，推进构建跨区域创新网络，科学规划，积极培育，提高全国各地区的原始创新能力和科技竞争力。

七是要完善科技创新体制机制。具体包括：(1) 营造公平有序的竞争环境。政府要扮演好管理员和服务员的角色，优化营商环境，促进科技企业优胜劣汰，保持市场足够的活力。对于一些创新能力不足、进而导致市场供给不足的企业，政府应当给予针对性扶持，完善产学研深度融合的创新机制，促进企业与高校、科研院所之间的长期合作。(2) 优化科研资助评价机制。我国科研人员数量在全球居首位，R&D 费用在全球居第二位，但科研创新能力不强，一个重要的原因就是科研资助评价机制存在问题。长期以来，科研项目“好坏”、科研经费多少都由管理部门决定，产业界和公众并未成为科研项目的主体，导致项目的产出局限于现有管理体制内（代利凤，2020），难以实现科研成果向产业的转化。需要建立市场导向的科研资助评价机制，真正发挥科研经费对创新能力的提升效应。(3) 加大人才培养力度，积累优质人才资源。在如今的人才经济时代，全球一体化导致知识传播速度加快，知识获取成本降低。应该加大教育投入，重视创新人才的培养，增强国内高校在培养体系设置方面的自主权，扩大国内外知识文化交流。建设各类技术创新平台并聚集创新资源，为优质人才提供发展空间和提升机会。通过培养更多受过良好教育的优质人才，有效接收外部知识与技术，将其内化为我国产业升级所需的推动力和加速剂。

5.1.3 多渠道发力降低劳动力成本

要实现我国经济的高质量发展，制造业高端化、现代化是关键。近年来，劳动力成本的不断上升不利于我国制造业发展，必须从劳动力本身的成本组成范畴、相关制度、技术创新等方面促进劳动生产率提高，降低劳动力转移成本。

一是要合理降低房价，切实解决劳动力住房问题。当房价超过合理范围时，会因房贷或者房租过高显著推高劳动力的城市生存成本，减少流入城市的劳动力，抬高劳动力工资，进一步推动劳动力成本上升。因此，首先，我国应进一步推行住房分类供应制度，对高收入者供应商品房，对中低收入者供应有一定社会保障意义的经济适用房，对较低收入者供应有较大社会保障意义的廉租房，针对不同的城市劳动力提供不同的住房，最大限度地满足劳动力在城市的住房需求。其次，进一步利用税收的杠杆作用，对投机炒房以及购买超大面积住房和豪华住宅等行为，通过制定合理的税收制度来进行平抑，利用税收机制从需求端开展调控。再次，探索运用金融手段控制房价，可以探索将住房贷款利率分层，对有着不同需求和条件的劳动力有针对性地划分贷款利率层级。最后，针对外来务工人员，进一步尝试提供较为平价的长期租房，完善长租房制度，合理降低外来务工人员的生活成本，增加他们的获得感和幸福感。

二是要降低食品价格，大力提升农产品的生产和流通效率。要降低劳动力成本，除了需要调控房价之外，还需要进一步降低食品价格上升给劳动力带来的相关成本。食品价格成本中有较大一块是能有效调控的农产品价格，要降低农产品价格，从而降低劳动力成本，可以通过两种方式：降低农产品生产成本，提升农产品流通效率。要降低农产品生产成本，一方面要通过不断地加强农业基础设施建设，不断完善农业相关配套设施建设，大力推广自动化、现代化农业设施的使用，增强中国农业抵御自然灾害的能力，为提升农业综合生产能力提供保障，这将有利于我国农业现代化、产业化，另一方面要坚定不移地走农业科技强国之路，不断探索我国农业科技的前进方向，鼓励和发扬农业科技的创新与应用，大力推广种植如杂交水稻等优质的现代化农业产品，提升我国的农业生产效率，从而有效降低农业生产成本。另外，还要建设更有效率的农产品流通体系，有效破除农产品运输和销售的区域壁垒，大力发展农产品市场一体化，努力建立全国性的大型农产品交易平台，让各个地区的优质农产品获得更加宽广的国内和国际市场，减少农产品流通环节，真正让利给农民和消费者，提高他们的获得感和幸福感，从而降低食品成本，进而促进劳动力成本下降。

三是要加强基础教育，提升劳动力素质。提升劳动力素质可以有效提高企业的生产效率，提高劳动力的工资水平和生活水平，促进企业的发展，实现双赢。因此，政府要继续加大基础教育投资力度，破除教育机制障碍，解决教育资源分配失衡、部分地区教育资源落后问题，确保我国劳动力受教育程度不断提升。企事业单位也应该开展继续教育培训，常态化行业技能培训，从而提高劳动力素质、劳动生产效率，为高质量发展奠定人力资源基础。我国目前仍存在教育同质、职业化教育投入少等教育资源错配问题（冯永琦、张蓦严，2018）。过于同质化的教育增加了企业对部分专业技能的培训支出，加剧了过度教育问题。过度教育是指劳动力受教育水平超过其工作需要（孙志军，2001），也是劳动力市场错配的一种体现。部分基于中国高校毕业生的实证研究指出，高校毕业生存在过度教育问题，并且实证结果与筛选理论相符（李锋亮等，2009），即企业由于缺乏识别劳动力能力、技能的信息，所以将毕业生的受教育水平作为劳动力能力、技能的信号，以此为评价标准筛选劳动力；同时，劳动力为了应对这种筛选机制，也会自愿提高自己的受教育水平。同质化的教育导致劳动力的区分度较小，企业无法根据求职者的个人信息识别出他们的技能、能力，可能导致了筛选理论的成立，加剧了过度教育问题。一方面，劳动力的受教育水平与能力并不完全同质，过度教育的存在与筛选理论的成立意味着部分教育投入仅起到了降低工作搜寻成本的作用，这使得通过教育无法充分降低企业的劳动力成本，并且教育投入无法转换成生产效率。另一方面，根据筛选理论，即使在工作对能力的要求不变的情况下，劳动力的受教育水平也依然会有上升趋势，如果毕业生仅根据历史信息产生对工作、工资的预期，那么他们会倾向于要求更高的工资和更好的工作，且无法接受低于预期的工作，这将导致失业问题，并进一步提高劳动力成本。因此，为减少结构性失业的发生，通过教育降低劳动力成本，就应该使教育资源配置与劳动力市场需求匹配，增强教育的区分度，减少工作搜寻中的信息不对称问题和识别问题，提高工作导向的职业化教育的数量。

四是要完善社会保障，减弱劳动力进行预防性储蓄的动机，进一步降低企业的劳动力成本。社会保障不仅是一种调整收入分配的方式，而且是一种降低可支配收入不确定性的方式，更低的可支配收入波动会使风险厌恶型劳动力减少预防性储蓄和对流动性资产的配置，降低劳动力对工资水平的要求。风险厌恶型劳动力为最大化个人终身效用水平，会希望进行跨期的风险分担。因此，在社会保障不完善的情况下，面临不确定性的风险厌恶型劳动力会希望进行预防性储蓄，并提高年轻时对工资的要求，导致劳动力成本升高。同时，由于现实中存在借贷约束，劳动力通常无法通过透支未来的工资收入应对收入或消费上的冲击，这又会增强劳动力进行预防性储蓄、提高工资要求的动机。因此，为降低劳动力成本，应该建立完善的社会保障体系，合理利用金融扶贫，通过对医疗、失业等情况提供保险或保障，降低劳动力面临的未来消费、收入的不确定性及劳动者对不确定性带来的消费减少的预期，减弱劳动力年轻时进行预防性储蓄的动机。

5.1.4 以产业集群为载体提升产业链发展水平

随着经济全球化，分工向产品内深化，企业之间的联系越来越密切，产品生产往往需要多个企业通力合作。因此，增强产业链稳定性、提升产业链发展水平显得尤为重要。过去，我国依靠低廉的劳动力成本，招商引资，以发展劳动密集型产业为主，实现了经济和城镇化的快速发展，但也不可避免地造成了我国制造业技术含量较低、对外依存度较高、处于全球产业链中低端的现状。我国实行供给侧结构性改革以来，以中心城市、产业园区为平台，以产业集群为载体，在产业链升级方面取得了积极成效。

培育和发展产业集群，特别是创新型高端产业集群，充分发挥产业集群的集聚效应和扩散效应，有利于降低集群内企业之间的运输成本，提高企业的生产效率；有利于增强企业之间的交流，提高企业的创新能力。此外，大力发展产业集群，也是促进区域经济发展、促进相关行业发展、全面提升产业链发展水平的捷径。一是要积极发挥政府的引导作用。产业集群发展有不同的类型、不同的驱动力，需要遵循市场规律，强化我国产业链的已有优势，例如，继续壮大我国高铁、5G 等行业发展的产业集群，保持国际竞争力。通过实行减税、贷款优惠政策、人才引进计划等，促进高新技术产业集群发展，加快补足我国产业链“短板”，促进产业链健康稳定发展。二是优化产业布局，推进产业基础高级化。根据新发展理念调整产业布局，将东部沿海地区的劳动密集型产业集群（例如晋江鞋业产业集群、宁波服装产业集群、义乌小商品产业集群等典型的劳动密集型产业集群）向中西部转移，以便依靠西部地区的土地、自然资源和劳动力优势，促进制造业的发展，更好地满足国内消费需求，夯实国内循环的基础；同时，依靠东部沿海地区的人力和科技优势，大力发展技术密集型产业集群，整体上提升我国产业链发展水平。

5.2 全面提升金融服务实体经济的能力

金融体系是现代经济的核心，高效的金融支持是激发科技创新活力、推动传统产业转型升级、加快新旧动能转换的加速器，是促进区域经济复苏、推动经济高质量发展、加速构建国内国际双循环发展新格局的强大引擎。为了顺应创新发展趋势，更好地贴合企业融资需求，降低融资成本、提高资源配置效率、提升金融服务实体经济的能力、推动市场化改革、发展普惠金融、深化金融开放、优化地区间金融资源配置等都至关重要。

5.2.1 金融供给侧改革难题亟待破解

1. 资金成本高

国内上市公司的内源性融资占负债与所有者权益之和的比重不足 7%，民营上市公司的这一比例更低（见图 5－5），意味着国内上市公司主要依赖银行贷款、债券、股权等外部融资，融资成本的高低对于公司的生存与经营至关重要。

与境外市场相比，国内融资成本相对较高。2010—2019 年，中国实际 GDP 增速平均比全球水平高出约 4 个百分点，经济增长率显著高于其他经济体（见图 5－6）。与经济增速相匹配，国内货币市场利率也较高。

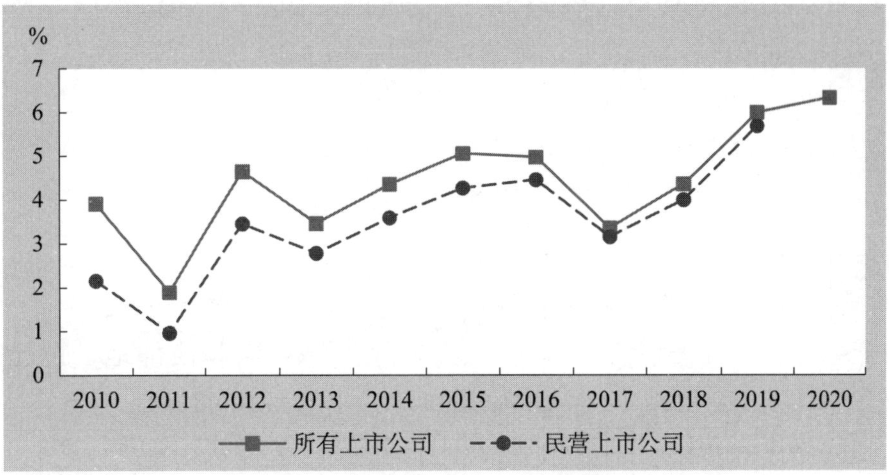

图 5-5 中国上市公司年均内源性融资占比

说明：内源性融资是指公司经营活动结果产生的资金，即公司内部融通的资金，通常用经营活动现金流来代表。

资料来源：CSMAR 经济金融研究数据库。

最近 5 年，同业拆借市场一年期在岸人民币利率平均为 3.45%，离岸人民币利率平均达到 4.07%，而美元、欧元、英镑、日元一年期拆借利率平均分别为 1.81%、−0.18%、0.81%和 0.1%，显然，境外市场短期融资成本更低（见图 5-7）。对于部分企业而言，在综合考虑利率成本及远期汇率锁定等影响因素后，如果能够转换为外币融资，就能降低其融资成本（方斐，2020）。

直接融资占比低导致企业融资成本上升。我国金融结构发展不平衡、金融资源配置的结构性矛盾主要表现为实体经济过度依赖间接融资（黄涛和李浩民，2019），这在一定程度上导致了金融市场的价格发现功能减弱，融资成本上升（钟华星，2021）。数据显示，2010 年以来，我国社会融资中新增人民币贷款占比平均为 61.7%，而企业债权融资占比平均为 12.1%，非金融企业境内股票融资占比平均为 3.1%，二者合计不足 20%，金融机构本币贷款是社会融资中最主要的组成部分（见图 5-8）。对于中国企业来说，能否从金融机构获得低成本的信贷融资成为决定企业竞争优势的核心因素（张伟华等，2018），因此，拓宽企业融资渠道、降低企业的融资成本是金融供给侧改革的当务之急。

OECD 发布的《中小企业融资 2020》（*Financing SMEs and Entre-*

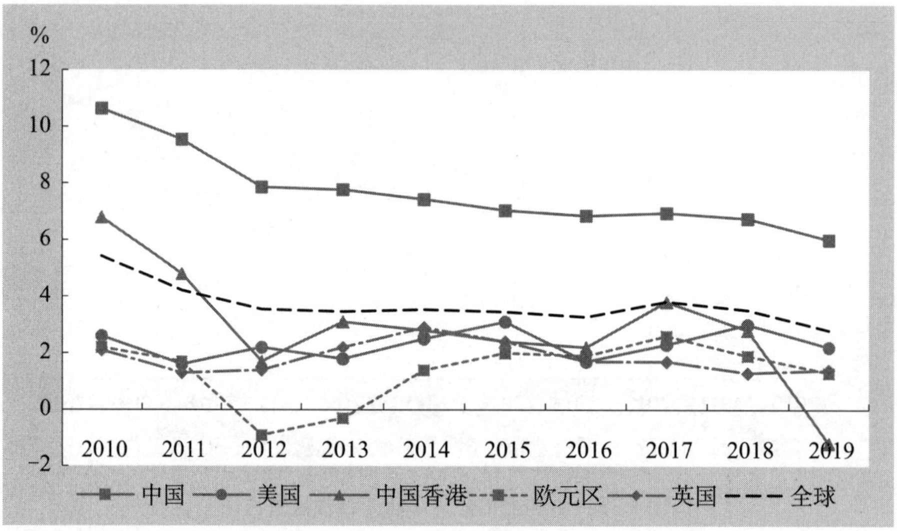

图 5－6　主要经济体的实际 GDP 增长率

资料来源：Wind.

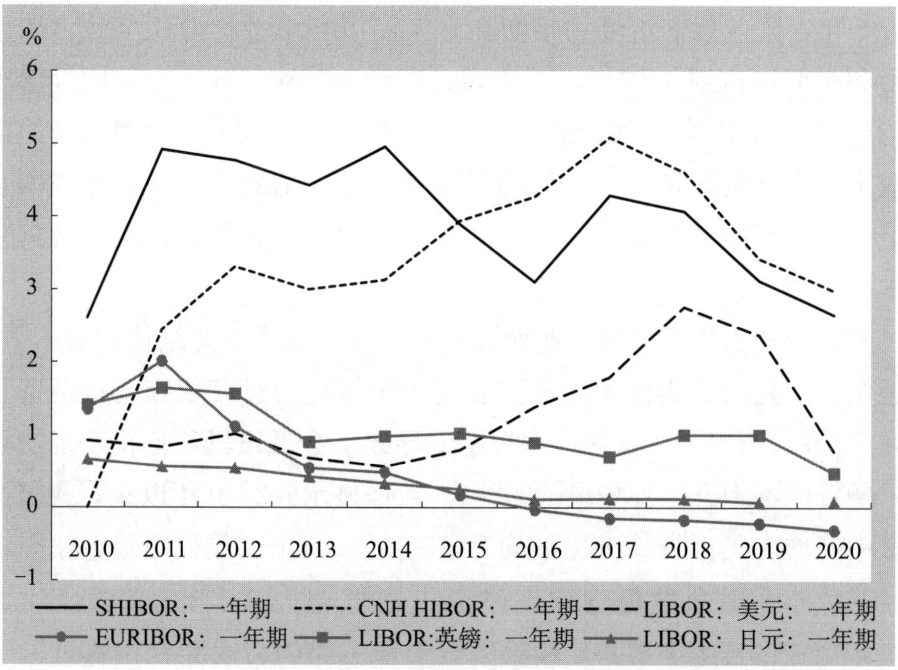

图 5－7　主要经济体货币市场利率（年平均值）

说明：SHIBOR 为上海银行间同业拆放利率；CNH HIBOR 为香港银行间同业拆放利率，即离岸人民币同业拆放利率；EURIBOR 为欧洲银行间欧元同业拆放利率；LIBOR 为伦敦银行间同业拆放利率。

资料来源：Wind.

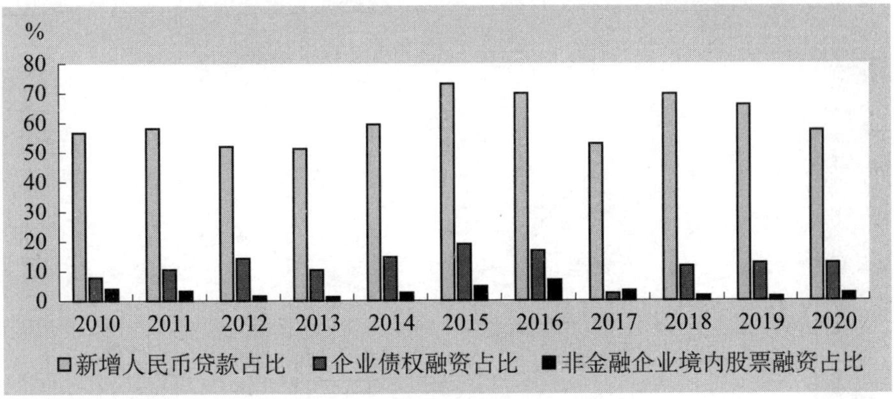

图 5-8 中国社会融资规模占比

资料来源：Wind.

preneurs 2020）中的报告数据显示，2018 年，我国中小企业贷款利率为 5.17%，而美国、韩国、英国、欧盟分别为 5.16%、3.82%、3.44%、2.93%（见图 5-9）。整体来看，我国中小企业融资成本与发达经济体相比偏高。2018 年，我国大型企业与中小企业融资利差缩小到 0.1%，意味着中小企业融资成本切实下降，但是，中小企业贷款额外费用占整体银行贷款总额的 1.3%。2018 年，我国的影子银行一年期利率为 13%～15%，比传统银行贷款高 9 个百分点，可见非银行渠道融资成本很高。

尽管近年来我国小微企业贷款利率持续下降，但是民营小微企业融资难的问题仍然突出。据统计，截至 2018 年底，我国中小企业超过 3 000 万家，个体工商户数量超过 7 000 万户，贡献了全国 50%以上的税收、60%以上的 GDP、70%以上的技术创新成果和 80%以上的劳动力就业[①]，中小企业在增加就业、稳定增长、促进创新方面发挥了重要作用，作为国民经济生力军的作用日益凸显。2018 年以来，国家及地方层面鼓励大型商业银行强化中小微企业金融服务、降低贷款成本的政策频频出台，通过体制机制创新，培育和完善金融服务体系，引导银行业金融机构加大对小微企业的金融支持力度：一是引导商业银行从组织架构、体制机制等方面完善对小微企业的金融服务；二是强化货币信贷政策的针

① 工信部．到 2018 年底我国中小企业的数量已超 3 000 万家．新浪财经，2019-09-20.

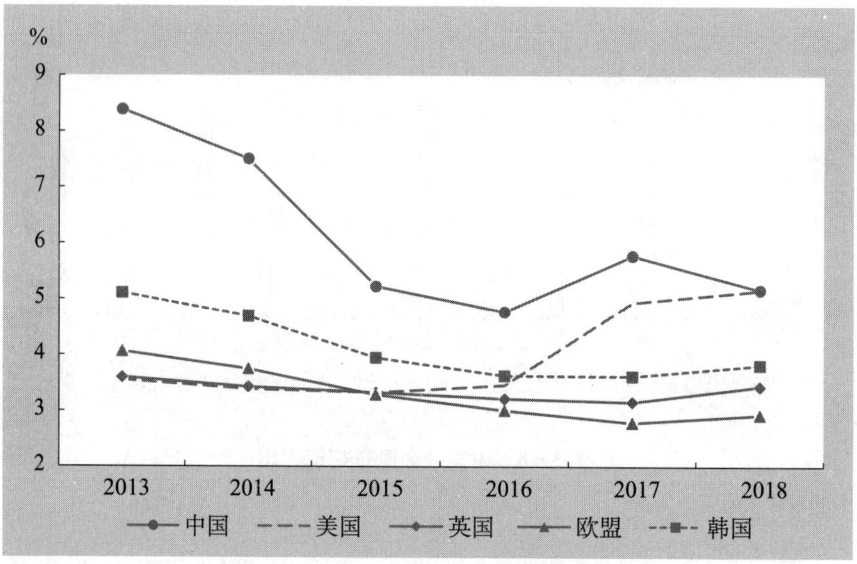

图 5-9　各经济体小微企业贷款利率

资料来源：OECD.

对性；三是鼓励商业银行设立专门的小微企业业务部门，对小微企业业务实施差异化监管，对小微企业贷款风险实行单独计量和考核；四是引导商业银行创新小微企业金融服务方式；五是将普惠金融纳入国家级战略规划（陈皓，2017）。然而，中小微企业融资难的问题还是没有完全得到解决。

一方面，以间接融资为主的融资结构和模式导致金融资源向政府项目、国有企业、大型企业以及传统企业倾斜，新兴产业、小微企业资金需求则难以得到满足。银行贷款、股票融资、债券筹资、私募股权均存在较高的门槛，如要求企业有标准化的财务报表与历史经营记录、高科技含量及良好的市场前景、足额的抵押品及担保资产等，传统融资模式的固有缺陷会导致中小企业由于评估排斥、条件排斥、营销排斥等而被主流金融排斥在外（田霖，2013）。2018 年 9 月，国家融资担保基金正式运营，但是我国小微企业政策性融资担保体系仍存在运作模式复杂多样、政府出资不足、分担风险比例较低、资金补充机制缺失、监管体系不健全等问题，导致其运行效果不佳，改善小微企业融资状况的效果不明显（孔丽娜和汪三琴，2020）。

另一方面，在产能过剩的大背景下，中小微企业经营压力大、可抵押物少、不良贷款率高，这也是导致银行贷款意愿弱、贷款利率高的主要原因，而民间融资渠道风险高，成本更高。韩飚等（2014）根据我国15个省18个地市的抽样调查数据对企业融资成本进行调研，发现企业贷款成本总体偏高，中小企业议价能力较差，信贷成本相对较高。封北麟（2016）基于广东、浙江和江苏三个省的调查数据，经过分析认为，服务收费居高不下、金融机构资金成本上升、企业流动资金需求旺盛以及小微企业高度依赖高成本的民间借贷资金等因素制约了企业融资成本下降。产业发展与资金配置出现结构性失衡，中小企业的发展所面临的资金短缺严重制约了它们的发展。切实提升金融服务的普惠性，缓解企业特别是中小企业的融资约束，是当前我国金融改革和宏观调控的重要任务。

2. 金融摩擦大

金融是实体经济的血脉，为实体经济服务是金融的天职，是金融的宗旨（习近平，2017）。伯南克等（Bernanke *et al.*，1999）提出了“金融加速器”原理，认为金融机构贷款定价需要综合考虑信息不对称等金融摩擦因素，当经济遭到负向冲击时，企业净资产减少，金融机构贷款风险加大，交易成本增加，企业融资溢价上升，可贷资金减少，于是缩减生产，因此金融摩擦放大了经济波动。虽然我国金融市场交易日益活跃、金融规模不断扩大，但金融资源并没有得到充分利用，没有更多地流向最具创造力和创新性的行业和企业，也没有更多流向最需要资金支持的中小微企业，反而在金融行业“体内循环”（乔海曙和杨蕾，2016），这些问题反映了我国金融服务实体经济的能力不足。

一是金融支持绿色发展的能力不足。现有的金融体系对绿色发展的支持不够。随着环保力度的加强，企业不得不承担较大的环保政策风险，容易出现资产负债表恶化等问题。而作为绿色金融主力军的商业银行尚未建立较为完善的绿色金融风险评估体系（王娇阳，2021），开展绿色信贷业务的能力较弱，绿色信贷规模偏小。由于绿色发展项目前期投入大、风险高，与绿色金融相关的法律制度不够完善，气候和环境信息披露框架不完善，加之与绿色金融的概念和定义不清晰，加之与绿色金融相关的市场和产品自身存在缺陷，因此，总体来看，企业、投资者和金融机构等绿色金融参与者的主观能动性较弱。

二是金融支持产业转型升级的能力不足。金融支持产业转型升级的关键在于进行更深层次、更广范围的金融创新，在于以差异化、个性化、集约化方式进行精准的资金配置。但是由于监管、公司治理、激励机制等多方面的原因，金融机构的创新动力不足，难以依据不同产业转型升级发展阶段的特殊需求及时调整金融产品，也没有形成具有机构、市场、政府之间相互配合效应的金融服务模式。

三是金融支持高水平开放的能力不足。与双循环新格局的要求相比，我国金融市场对外开放程度不高，还未形成金融业高水平对外开放新格局。金融业双向开放、资本账户开放还有待进一步推进，各类金融机构的国际化水平、在全球范围内配置资源的能力还有待提升。

四是金融支持消费升级的能力不足。消费金融是推动消费升级、扩大消费需求的重要力量，目前市场上从事消费金融业务的机构大致可分为商业银行、消费金融公司、互联网企业等，消费金融产品体系和服务模式日益丰富，但也面临着利润瓶颈、下沉客户欺诈、受疫情影响等难题（中国银行课题组，2020）。

3. 金融发展以及金融资源配置不均衡

根据传统经济增长理论——索洛模型，区域经济的相对增长速度和资本以及投资有着较为密切的关系，资本积累相对较低的区域有较大的发展潜力，这种发展潜力蕴藏着较多的投资机会，因而对金融资源有更大的需求。我国经济较为发达的东部地区和欠发达的中西部地区在金融资源供给（如信贷融资、股权融资、债权融资等）渠道上存在较为明显的差异。

首先，我国信贷资源投放体现了一定的地域差异，贷款资源主要集中在东部地区，中西部地区资源较少，这就在一定程度上使得中西部地区资本存量和后续投资相对较少，经济发展水平比东部地区低。根据中国人民银行披露的数据（见表 5－1），2010—2019 年间，金融机构本外币贷款余额大多集中在东部地区，占比超过 50%；中部地区和西部地区占比相差不大，但均远小于东部地区，东北地区占比最低。从贷款余额占比的变化趋势看，东部地区占比有所下降，中西部地区占比呈现上升趋势，东北地区占比继续下降。

表5-1　　我国各地区金融机构本外币贷款余额占比（%）

年份	东部地区	中部地区	西部地区	东北地区
2009年	60.90	14.50	17.60	7.00
2010年	60.20	14.60	18.10	7.00
2011年	59.40	14.70	18.80	7.10
2012年	58.60	14.90	19.40	7.10
2013年	57.70	15.20	20.00	7.10
2014年	56.80	15.50	20.50	7.20
2015年	55.90	15.90	20.90	7.30
2016年	55.90	16.40	20.70	7.00
2017年	54.40	19.80	21.80	4.00
2018年	55.30	17.20	21.10	6.40
2019年	55.40	17.60	20.80	6.20

资料来源：中国人民银行、中国银行研究院。

经济是金融的基础，银行网点或者分支机构的多寡很大程度上取决于地区经济发展水平，而信贷机构数量反过来又决定了地区信贷规模。本小节选取各省（市、区）的银行分支机构和网点数量进行更加深入的分析，发现银行分支机构和网点数量虽然基本和各省（市、区）的经济发展水平相适应，但这也意味着，部分经济发展水平暂时落后、经济发展潜力较大的地区没有相应的金融资源支撑。从表5-2可以看出，中西部地区等部分具备良好经济增长潜力的区域需要有更多的信贷资源流入，确保地区优质项目可以得到充足的金融资源供给。

表5-2　　各省（市、区）2020年GDP及银行分支机构和网点数量

省（市、区）	GDP（亿元）	银行分支机构和网点数量（个）	GDP/银行分支机构和网点数量
广东	110 761	32 890	3.37
江苏	102 719	30 021	3.42
山东	73 129	32 719	2.24
浙江	64 613	29 914	2.16
河南	54 997	25 575	2.15
四川	48 599	26 590	1.83
福建	43 904	14 925	2.94
湖北	43 443	16 721	2.60

续表

省（市、区）	GDP（亿元）	银行分支机构和网点数量（个）	GDP/银行分支机构和网点数量
湖南	41 781	17 949	2.33
上海	38 701	7 543	5.13
安徽	38 681	16 529	2.34
河北	36 207	22 796	1.59
北京	26 103	7 284	3.58
陕西	26 182	13 562	1.93
江西	25 692	14 678	1.75
辽宁	25 115	17 183	1.46
重庆	25 003	10 215	2.45
云南	24 522	12 280	2.00
广西	22 157	13 390	1.65
贵州	17 827	9 818	1.82
山西	17 652	12 341	1.43
内蒙古	17 360	10 089	1.72
天津	14 082	6 004	2.35
新疆	13 798	5 850	2.36
黑龙江	13 699	10 373	1.32
吉林	12 311	9 519	1.29
甘肃	9 017	8 334	1.08
海南	5 532	3 272	1.69
宁夏	3 921	2 723	1.44
青海	3 006	1 957	1.54
西藏	1 903	725	2.62

资料来源：马克数据网（县级数据加总）。

其次，在社会融资方面，我国中西部地区的金融资源分布也有明显的不足。根据中国人民银行2020年社会融资规模增量统计，2020年东部地区社会融资增量显著高于中西部地区及东北地区。中西部地区社会融资增量相差不大，东北地区增量较低，金融资源向东部经济较为发达的地区聚集的趋势还在增强（见图5-10）。不同地区的实体经济从金融体系中获得资金的能力、环境存在明显差距，从一个侧面说明我国金融市场辐射并不均匀，中西部地区等资本投入较低的区域有着更大的经济发展潜力。

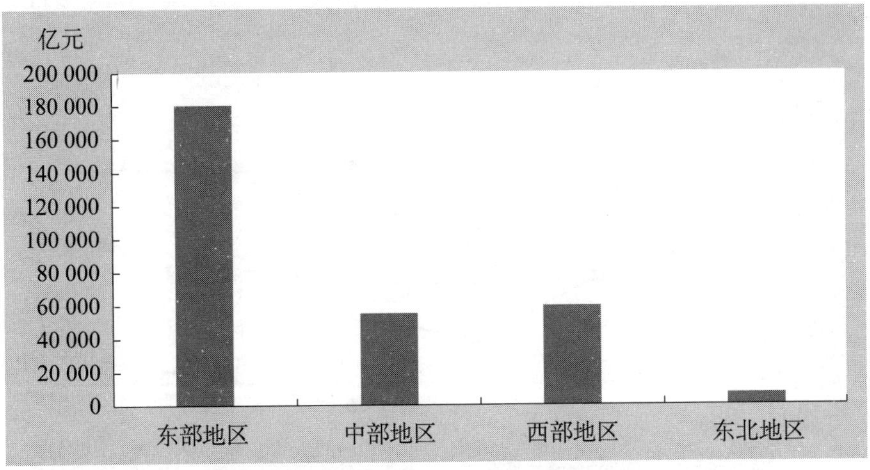

图 5－10　2020 年我国各地区社会融资增量

资料来源：中国人民银行。

最后，直接融资发展尚不完善，并且不同地区间存在显著的发展差异，社会融资结构有待进一步优化。2020 年，高收入国家的直接融资占比均值处于 40%～65%的区间，我国却不到 13%，意味着我国资本市场发展落后，直接融资渠道不畅。相比金融体系中银行占主导的德国和日本，我国的直接融资占比也有较大差距。

在“西部大开发”“中部崛起”“东北振兴”等国家战略的实施进程中，区域发展之间的经济差距有所缩小。随着产业政策和基础设施投资的大幅倾斜，中西部的营商环境、企业竞争力得到较大程度改善，催生出巨大的资金需求，社会融资规模也出现较快增长。企业越来越重视股权、债权等直接融资渠道，将其作为缓解信贷约束的主要补充手段。图 5－11 反映了我国不同地区直接融资占比情况。2015—2020 年间，东部地区的直接融资占比平均为 21.4%，显著高于中部地区的 13.3%、西部地区的 11.2%、东北地区的 4.6%。然而，中西部地区和东北地区的直接融资占比自 2018 年以来呈现出上升趋势。通过直接融资注入更多金融资源，可以推动中西部地区经济较快增长。

总之，我国金融资源尚未实现在各地区的合理优化配置。中西部地区缺乏作为主要资金来源的信贷资源，直接融资占比又相对较低；中部地区、西部地区、东北地区资本市场相对落后，间接融资与直接融资渠

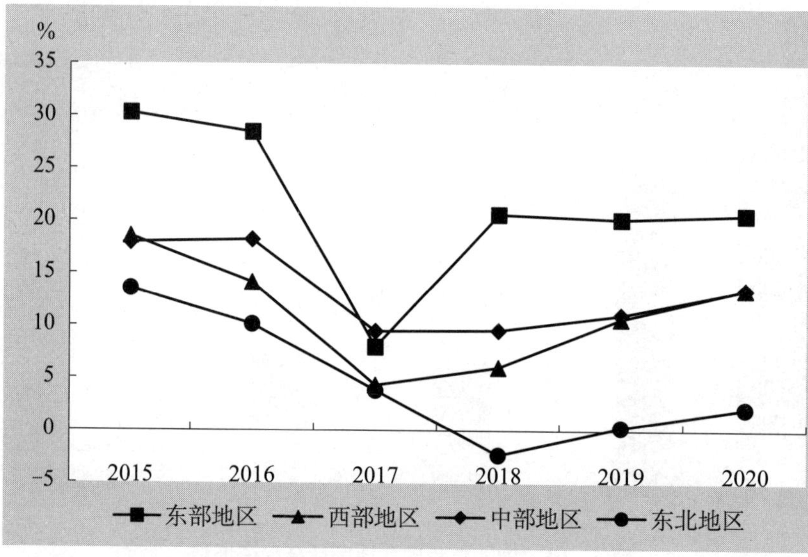

图 5-11　2015—2020 年我国不同地区直接融资占比

资料来源：中国人民银行官网。

道不畅。金融资源的进一步优化配置有助于经济发展水平相对较低的地区充分发挥增长潜力，进一步增强中国的综合国力和市场购买力，为人民币国际化创造条件。

5.2.2　改革完善多层次金融市场体系

市场化与制度创新是金融供给侧结构性改革的核心，要推动金融更好地服务实体经济，就要对我国金融体系进行结构性调整，核心是完善多层次的金融市场体系，提高直接融资比重，发挥资本市场对于推动实体经济高水平发展的枢纽作用。一方面，要有序推进包括股票市场、债券市场在内的多层次资本市场发展，强化资本市场信息披露、基础交易等制度建设，健全监管法律法规，优化直接融资市场环境，同时降低民营资本的进入门槛，提升中小金融机构的数量和规模，引入更多融资主体，提高市场资源配置的有效性；另一方面，要以实际需求为导向创新金融工具和融资模式，例如贸易融资、供应链融资、发行证券化产品、投贷联动、绿色债券、绿色信贷等，完善风险定价机制，为实体企业融资降低门槛、拓展渠道。

中小企业的融资困境由来已久，在传统融资模式下，中小微企业接触金融产品及服务的机会少，对自有融资、民间融资的依赖程度较高，由于信息不对称、资金来源少，融资成本较高，因此，发展普惠金融任重而道远。商业银行等金融机构应顺应数字经济发展新趋势，在当前业务渠道模式线上化和电子化的基础上，进一步推进数字化转型，为发展普惠金融创造条件。利用大数据、知识图谱、人脸识别等技术，为企业更加精准地画像，简化流程、提高效率、降低交易成本，完善风险评价与风险管理体系，同时探索贸易融资、供应链融资等业务，为各类企业提供更有针对性的金融产品和服务，构建市场主体与金融机构互利共赢的“金融生态圈”。

5.2.3 引导金融资源合理流动

我国资本市场发展相对滞后，金融资源供给的区域差异明显，应增加中西部金融资源获取渠道，引导金融资源流向稀缺地区，通过合理加快区域资本积累速度使地区发展水平趋同。

第一，要明确不同类型金融市场的主要服务对象，丰富企业投融资渠道，引导金融资源跨区域、跨市场流动，满足企业差异化的金融服务需求。一是要加强间接融资市场的资金和资源整合程度，激励银行加强信贷资源跨区域配给，弥补中西部地区、东北地区信贷资源相对匮乏的“短板”。二是要大力发展直接融资市场，为企业提供更多的直接融资方式，拓宽金融资源跨区域配置渠道，缩小地区金融聚集差异，尤其是要合理建设不同层次资本市场之间的转换机制，保障金融资源稀缺地区多层次资本市场有效联动，合理利用多种金融资源，为企业发展壮大提供更好的金融支持。

切实弥补地区金融资源差异，提高金融市场辐射中西部等金融资源稀缺区域的能力。一是要运用金融科技，促进金融智能化、数字化，实现金融资源下沉至经济发展薄弱地区，将线上与线下金融服务结合起来，推动数字化金融的高质量发展。二是要提高金融创新能力，通过产品与服务创新引领资源流动，增强服务能力、提高服务效率，争取人人都能够享受到金融创新成果，缩小不同区域金融资源供给差距，提升金融资源整合程度。三是要加强普惠金融监管制度，推广普惠金融监管沙箱试点，探索适应中西部等金融资源稀缺地区金融环境特点的金融监管制度，保障当地市场竞争公平公正。具体说来，要促进金融科技与普惠金融健康融合，维护互联网金融秩序，维护金融资源流动秩序，优化中西部地区金融资源流动环境，在遵守监管规则的前提下追求普惠金融创新，扩大普惠金融覆盖面，合理引导金融资源流动，促使金融资源流向中西部具有经济发展潜力的地区，大力提升中西部高质量经济发展。

5.2.4 持续推进高水平金融开放

2019 年 7 月，国务院金融稳定发展委员会办公室推出“金融业对外开放 11 条”，涉及银行、保险、券商、基金、期货、信用评级等多个领域，大幅提高金融市场开放度。引进更多外资机构，增加我国的金融供给主体，增加金融市场竞争，一方面有利于产生示范效应，促使国内金融机构学习、借鉴国外优秀的管理理念和经验，倒逼国内机构提升经营能力、丰富金融产品、提高服务水平，培育出国际著名的金融机构，另一方面有利于加强国内外两个市场的联系，提升金融服务实体经济的能力。例如，在当前国际金融市场融资成本较低的情况下，金融机构可以充分利用境内外机构渠道，为企业提供双向资金池现金管理服务，有效降低其融资成本或增加其资产收益。还应继续推进金融市场和产品开放，在现有沪深港通、QFII、RQFII、ETF 互联互通等基础上，研究推出更多外资参与境内市场的渠道和方式，通过完善的、开放的多层次资本市场，提升优化配置国内外资源的能力，更好地服务于投资者和企业。

第 6 章

畅通国内大循环的突破口：市场端

畅通国内大循环，除了提升生产端供给创造需求的能力（内部条件）之外，还需要保障高质量的投资和内需（外部条件）。目前，我国在市场流通、营商环境、社会保障等方面还存在一定的改善空间，这就要求尽快扫清市场流通体制障碍、全面改善社会治理环境，尤其是从市场一体化与完善国家治理体系两方面寻求畅通国内大循环的突破，提高国家治理能力。切实保障供给侧改革和国家治理现代化两条腿走路，促进国家高质量发展，展现良好的收益性和稳定性，更好地发挥人口优势带来的市场潜力，为国际社会扩大人民币结算和投融资需求、增强对人民币的信心提供长期动力。

6.1 提升市场一体化水平释放实体经济潜能

内循环的稳定健康发展不仅需要提升企业的健康活力，增强经济体的造血能力，而且需要畅通内循环中的其他环节。要疏通国内循环中生产、分配、交换、消费中的堵点，有必要逐步建立适合中国特色社会主义经济的一体化市场，提升国内市场一体化水平，打通国内市场一体化的前进通道，了解实体经济循环脉络中所出现的问题，从而有效地对症下药。

6.1.1 国内市场流通中的主要“堵点”

1. 商品贸易区域差异大，流通体系运行成本高

当前，我国国内市场尚不统一，存在大量碎片化市场，仍具有一定的“行政区经济”特征，导致国内超大规模市场优势不能充分发挥。“行政区经济”格局形成的碎片化市场虽然催生了政府驱动型巨大增长动力，但是弊端也很明显。各种碎片化市场竞争造成了大量资源因配置不当而被浪费，降低了经济的运行效率。新经济地理学有一个重要的共识：任何制造业产品跨地区销售都具有运输成本。这一成本是广义的，既包括看得见的运输网络形成的有形运输成本，又包括地方保护引起的贸易壁垒等无形成本，二者都是市场一体化的阻碍因素。有关研究表明，我国地区边界效应、行业边界效应普遍存在。近年来，我国在破除行政区市场壁垒方面取得了实质性突破，长江三角洲和京津冀区域已经度过了前期较为剧烈的整合阶段，一体化水平正在稳步上升（李晓欣，2020）。

我国经济发展水平、行政管理情况存在较大的区域差异，跨省贸易壁垒一定程度上阻碍了商品流动。首先，人均收入、地理条件和文化差异导致各区域之间具有不同的消费水平和能力。东部沿海地区资源丰富、交通便利，优越的资源禀赋条件带来了快速的经济增长，催生了发达的商品市场；西部地区由于自然环境、人才流动、交通等因素，商品经济发达程度比东部地区低，还有较大的增长空间，跨省商品贸易也因交通等高质量基础设施还在建设中而受到多重阻碍，致使中西部贸易壁垒高于东部。其次，各区域的贸易政策差异导致区域间贸易交流不畅。地方政府的首要目标在于促进本地区经济社会发展，很少考虑区域间的协调与合作。由于各地的比较优势存在差异，因地制宜的地方产业政策、人才政策难以形成普遍接受的标准，客观上容易造成区域协作发展障碍。我国省际边界效应明显，不同地区的经济规模、产业结构以及文化差异还造成了较高的壁垒，尤其是技术在区域间的转移存在阻碍，技术资源难以实现跨地区转移，产生了技术转移的边界效应。区域之间地理距离越大，技术流动越少，技术转移就越困难（余元春，2016）。根据县级经济数据和夜间灯光数据，在控制生产率水平的情况下，位于省界附近的县域经济发展水平相对滞后。由于公共投资的外部性，地区边界的基础设施投资相对落后，这是区域边界地区经济发展滞后的一个重要原因

（唐为，2019）。促进国内市场一体化，是促进我国各区域经济高质量发展的急切需要。东部具有成熟的生产能力和优质的企业，需要更广阔的市场；西部具有资源、土地、劳动力优势，需要进行产业和消费升级。东部地区和西部地区可以通过打破省际壁垒、促进互联互通，逐步实现市场一体化的国内大循环，开辟共赢之路。[①]

商品市场一体化进程的推进有赖于建设完善高效的流通体系，解决流通体系现代化水平低、物流运行成本高、效率低等突出问题。根据国家统计局以及中国物流与采购联合会的相关数据，我国社会物流总费用与 GDP 的比率从 2010 年的 17.2%下降至 2019 年的 14.7%（见图 6-1），而同一时期，美国、日本等发达国家的该比率稳定在 8%～9%，说明我国物流成本远高于发达国家，有进一步降低的空间。尽管我国市场一体化程度正在逐步提高，但是全国的商品市场一体化程度低于局部地区的市场一体化程度（吕冰洋和贺颖，2020），长三角、珠三角等区域城市群的市场一体化程度较高，而中西部地区城市群的市场一体化程度相对较低，同省城市之间的市场一体化程度要显著高于跨省城市，省界效应较为显著（唐为，2020）。2018 年 12 月，国务院颁发《国家物流枢纽布局和建设规划》，明确要求到 2025 年，将全社会物流总费用占 GDP 的比率降低至 12%。要实现这一目标，核心在于建立发达高效的物流网络，提高局部乃至全国的市场一体化程度，减少国内大循环各环节的损耗，提高流通效率。

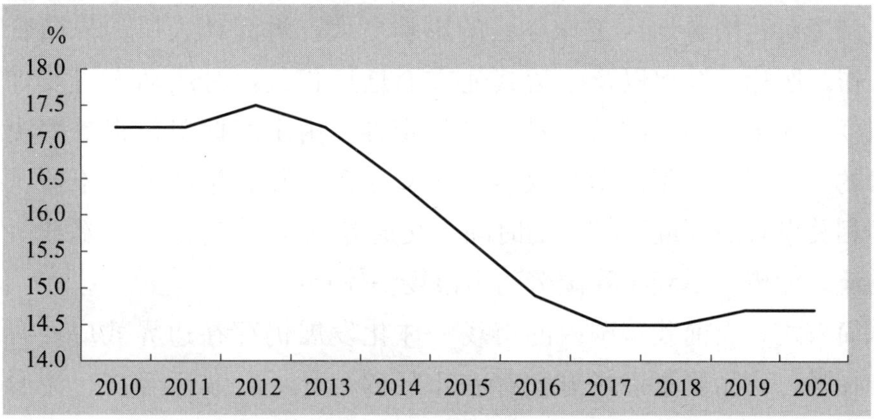

图 6-1　我国社会物流总费用与 GDP 的比率

资料来源：中国物流与采购联合会。

① 朱云来．内外双循环，促进新发展．新浪财经，2020-09-13.

2. 人员流动受阻碍，城乡劳动力市场分割

劳动是最活跃的生产要素，劳动力市场一体化是决定国内市场一体化的基石，对此，我国亟须关注并处理相关的城乡劳动力市场分割问题。根据运用价格法计算的市场分割指数，中国劳动力市场分割水平正在发生变化，呈现出“在波动中整合”的态势，中西部地区劳动力市场分割水平明显高于东部地区（韩帅帅等，2016）。我国大量人力资源集中在农村地区，廉价的劳动力资源是农村地区的优势之一，但是受到劳动力素质较低、就业信息闭塞等诸多因素限制，农村劳动力难以进入城市市场平等参与市场活动。此外，部分城市劳动力跨省流动也存在类似问题，导致我国劳动力流动不充分，流动成本过高，劳动力资源配置效率较低。一方面，农村劳动力进入城市工作需要中介机构和渠道提供就业信息，然而，相比城市有发达的就业中介机构，农村缺乏高效的就业搜寻渠道，使得农村劳动力供给与需求难以及时、充分匹配，存在部分人力资源浪费现象。另一方面，农村教育水平较低，农村劳动力文化水平和素质较差，就业选择范围狭窄，大多集中于技术含量较低的底层低端工作岗位，加之缺乏系统的职业培训以及相关的知识技能培训，导致城乡劳动力市场出现结构性失衡，人员流动受到长期性因素限制，加剧了城乡劳动力市场分割。

户籍制度也是不利于劳动力流动的一个重要因素。与西方国家相比，户籍制度对我国各地区工作生活的影响更大，对流动人口的户籍管理与其工作、医疗、社保以及生活其他方面息息相关，对流动人口友好的户籍制度、政策有利于维持劳动力的稳定性。由于雇佣单位很难解决流动人口的落户问题，不能落户又会带来一系列工作、生活上的不便（异地办理相关事宜需要耗费较大的时间、交通等成本），客观上会造成一定的人员流动障碍，不利于我国劳动力市场一体化。

简言之，当前我国国内的市场一体化发展仍存在边界效应，有待进一步加强。商品要素市场方面存在市场碎片化、行政区经济、流通体系运行成本高等问题，劳动力方面也存在劳动力流通受阻、劳动力市场分割等问题。由于国内市场一体化发展目前存在这些阻碍，所以我国的经济发展潜力难以得到更大程度的释放，消费市场规模受到限制。因此，为畅通国内大循环，提升人民币在国内国际市场的需求，从而加快人民

币国际化进程，仍然需要降低边界效应，进一步打破国内市场分割，提升国内市场一体化程度，推进市场一体化建设。

6.1.2 改革流通体制释放市场潜能

（1）建立完善的流通体系，破除妨碍生产要素市场化配置和商品服务流通的体制机制障碍，降低全社会交易成本。第一，加快建设安全高效的物流网络，优化城市流通网络布局，完善交通运输基础设施，扩大道路交通的联结范围，提高农村和边境地区交通通达深度。此外，推动建设区域性配送中心，完善城乡一体化的营销网络，建设城际、城市与农村配送的有效衔接，鼓励便利店等中小销售网点的建设，提高商品配送效率。第二，加强硬件建设，推动体系智能化、现代化。在当前科技创新与数字经济蓬勃发展的背景下，我国流通体系需要进一步连通线上线下，将数字科技注入流通体系硬件建设之中，提高流通体系硬件的智能化水平，建设现代物流体系，通过线上线下结合推动无人商店、中央厨房、夜色经济等新模式的发展，进一步推动传统流通产业的现代化进程。第三，优化资源流通环境，提升流通效率。要减少地方保护引起的贸易壁垒，加强各地区之间在产品、生产要素、生产技术等方面的协作与交流，逐渐开放风险可控的关键性行业，引入非国有资金来提高行业活力，从而加强产品、生产要素、生产技术等在更大市场范围内的自由流通，促进各类市场主体在地区、行业准入条件等方面的公平竞争；建设完善的信用体系，确保政策的稳定实施，完善产品追溯制度，使交易双方迅速获知对方的社会信用，润滑交易流程；积极开展试点，探索区域之间市场监管一体化，共享市场监管信息、优化区域间市场准入，实现无差别标准零障碍准入，共同维护公平竞争的市场环境。第四，在技术与数据流通方面，健全合理的技术与数据交易机制，完善要素的优化配置，通过建设完备的技术产权交易市场推动技术在区域间的流通，并且加快全国技术交易市场的整合，完善数据与技术交易的基础性制度建设。

（2）创新流通方式，降低综合成本，提高流通效率，推动流通的绿色化。一是要坚持绿色环保原则，鼓励商业企业采购绿色产品，促进节能环保产品消费，并且通过发展集装箱化运输网络促进绿色物流体系的建立，开拓具有中国特色的绿色流通体系。二是要创新流通金融产品，根据流通实际需求创造更多与流通环节匹配的金融产品；强化金融基础设施建设，完善与流通业紧密相关的货币与支付体系。三是要鼓励技术创新，加强流通体系制度创新，积极与国际流通标准接轨，满足国内国际循环相互促进的流通需求；优化流通体系，提高流通体系的国际化水平与国际竞争力，进一步提高流通效率，释放市场潜能。

6.1.3 增强就业保障优化劳动力配置

当前我国劳动力市场分割主要是制度性分割，原因在于劳动力市场、劳动保护法律不健全（张明斗，2020）。因此，提高劳动力市场的一体化水平，需要强化劳动法律保障，优化劳动力资源配置。

（1）健全多层次社会保障体系，提升劳动力保障水平。应加快农业转移人口市民化，放开放宽除个别超大城市外的落户限制，全面取消城区常住人口 300 万以下的城市的落户限制。[①] 为适应人口转移与城镇化进程，需要建立配套的社会保障体系。一是简化社会保障的转移机制，加强区域间社会保障合作与协调，探索更加合理的区域统筹社会保障传导机制。二是减少劳动力流动的制度阻碍，降低社会保障转移成本，促进劳动力跨区域流动。三是健全灵活就业人员社会保障制度，完善全国统一的社会保险公共服务平台。

（2）健全劳动力信息共享服务平台，提升优化配置劳动力资源的能力。一是优化城乡劳动力就业服务，重点加强农村劳动力市场中介组织或机构建设，沟通城乡劳动力需求与供给，减少城乡劳动就业信息不对称，为农村劳动力流动提供高效服务。二是推动劳动力市场的信息网络建设，利用互联网技术、大数据等现代化技术手段，建设广泛覆盖区县的劳动力市场信息网络，及时追踪劳动力市场的供求状况，拓宽就业信息获取渠道，提高劳动力市场供求匹配和运行效率，增加劳动力跨区域就业机会。三是引入第三方协调机制，调节劳动力市场纠纷和摩擦，保障劳动力的合法权益。

（3）完善劳动力培训体系，缓解劳动力市场结构性矛盾。一是大力

① 参见《中共中央关于制定国民经济和社会发展第十四个五年规划和二〇三五年远景目标的建议》。

发展针对农村劳动力的职业培训，打造多层次的职业培训体系，提高劳动力的职业技能水平以奠定劳动力转移的基础，更好地匹配城市对农村劳动力的要求。二是加大对农村劳动力培训的资金支持力度，通过良好的激励手段，完善劳动力培训体系，提升劳动力的技能水平，推动劳动力市场的城乡一体化。

（4）健全劳动力市场监管制度，保护劳动力的合法权益。高度重视劳动力市场失灵问题，运用科技手段加强监管，构建合理的规则和秩序，完善劳动仲裁和劳动监察制度，保障流动劳动力的合法权益，从而增强劳动力的流动意愿，提升劳动力市场的一体化程度。

综上所述，国内地区市场一体化发展能够在一定程度上促进国内专业化分工并降低生产成本，促进厂商部门竞争进而畅通国内大循环，提升所生产的商品的异质化程度。异质化商品由于具有更低的替代性，因而可以提高交易主体的议价能力，提高在国际贸易中使用本国货币作为计价和结算货币的比例。此外，国内市场一体化能够降低生产、分配、流通、消费环节的成本，提高国内经济发展的效率和稳定性，强大、稳健的国内经济发展有利于吸引外部投资，扩大人民币需求，进而提升人民币国际化水平。因此，国内地区市场一体化在人民币国际化进程中具有重要作用。为畅通国内大循环，提升人民币在国内国际市场的需求，从而加快人民币国际化进程，仍然需要降低边界效应，进一步打破国内市场分割，提升国内市场一体化程度。针对这一目标，可以从流通体制改革、劳动力资源优化配置等方面入手，降低流通成本，促进劳动力和技术资源在不同地区之间的低成本转移，提升经济发展效率，进一步畅通国内大循环，夯实人民币国际化的经济基础。

6.2　实现国家治理现代化适应高质量发展要求

强大、稳定的内循环是国家高质量发展的核心动力，而高质量发展需要国家治理能力现代化作为保障。目前，我国国家现代化治理的推进中还存在税负较重和税后流程复杂、政府监管公平性和稳定性有待提升、地方政府收支行为有待进一步规范、产权法律制度仍需健全、社会保障体系治理结构与就业模式变化的匹配还需优化、投资回报率有较大提高空间等问题，仍需持续稳步完善。

针对我国目前加强内循环所面临的挑战，我国亟须全面深化改革，通过改善营商环境，加强制度化和市场化建设，建立健全产权保障体制，提升宏观政策协调水平与宏观调控能力，推动社会保障体系改革及统筹发展，提高资本回报率和人民币安全性等方式提高国家治理水平，从而推动内循环健康稳定发展。在遵循经济发展规律的基础上，通过优化制度体系，宏观把握经济发展走向，夯实内循环，为人民币进一步走向国际化创造条件。

6.2.1 完善营商环境坚持制度化市场化方向

1. 营商环境亟须优化的几个方面

（1）我国纳税人税负相对偏高，税后流程比较复杂。世界银行发布的《2020 年纳税营商环境报告》显示，我国纳税指标总体得分为 70.1，在 190 个经济体中位列第 105 位，远远落后于发达经济体，甚至落后于不少新兴市场经济体。我国纳税子指标得分不平衡。其中，“纳税次数”为 7 次，“纳税时间”为 138 小时，这两项跻身先进经济体行列；“总税收和缴费率”和“税后流程得分”却远低于世界平均水平（见表 6-1），这主要是因为我国社会保障税率较高、增值税退税政策不够完善。在国际经济复苏乏力、国内经济回升缓慢的背景下，较高的社会保障税率给企业的资金支付和持续经营能力提出了严峻考验，削弱了企业的国际竞争力。

表 6-1　我国和世界主要经济体的纳税指标对比

经济体	纳税指标得分	纳税指标排名	纳税时间（小时）	纳税次数（次）	总税收和缴费率（%）	税后流程得分（0～100）
中国	70.1	105	138	7.0	59.2	50.0
俄罗斯	80.5	58	159	9.0	46.2	77.8
日本	81.6	51	129	19.0	46.7	95.2
英国	86.2	27	114	9.0	30.6	71.0
美国	86.8	25	175	10.6	36.6	94.0
新加坡	91.6	7	64	5.0	21.0	72.0

资料来源：世界银行 . 2020 年世界纳税报告，2020.

（2）我国市场仍需进一步开放。美国传统基金会每年发布的经济自由度指数是全球权威的经济自由度评价指标之一。根据《2020年经济自由度指数》报告，我国经济自由度居世界第103位，属于“经济自由程度较低”的国家。其中，市场开放度是我国的主要“短板”，贸易自由、投资自由和金融自由三个指标分别位列第109、第169和第162名，大大低于世界平均水平（见表6-2）。原因在于中美贸易战和关税壁垒加剧了贸易不确定性，以及我国对外国直接投资（FDI）仍然存在一定的投资行业和领域限制，债券、股票和银行市场国际化程度较低。对外开放水平偏低，不利于资源和要素在国际和区域间整合和配置，也将阻碍市场一体化进程。然而，自2020年《中华人民共和国外商投资法》生效以来，我国对外资企业实行“负面清单＋准入前国民待遇”制度，积极促进外商投资，推动高水平对外开放，为形成全面开放的新格局营造良好的法治环境。

表6-2　我国和世界主要经济体的市场开放度对比

经济体	贸易自由		投资自由		金融自由	
	得分	排名	得分	排名	得分	排名
中国	72.4	109	20	169	20.0	162
俄罗斯	77.8	87	30	157	30.0	133
日本	80.0	71	70	52	60.0	41
美国	79.8	74	85	7	80.0	4
英国	86.4	16	80	21	80.0	4
新加坡	94.8	2	85	7	80.0	4

资料来源：美国传统基金会.2020年经济自由度指数，2020.

（3）我国政府监管的公平性和稳定性有待提升。世界银行每年统计公布世界治理指数（Worldwide Governance Index，WGI），用于测度200多个国家和地区的国家治理状况。监管质量是WGI的六大指标之一，用来评价政府制定和执行稳健的政策法规，以及促进私人部门发展的能力。根据2019年的WGI，我国监管质量得分为45.11，与排名第一的新加坡相比低48.12分，有较大提升空间（见表6-3）。原因在于：外界普遍认为，我国部分规章制度仅有利于国有部门，难以激发私有经济活力，存在国家治理的制度性困境。此外，当市场出现新情况时，监管机构常常临时出台新政策。尽管这些政策的初衷是维护市场秩序，但客观上增大了监管政策的随意性，容易扰乱市场主体预期，抑制市场自发调节机制发挥作用。

表 6-3　2019 年我国和世界主要经济体的监管质量对比

经济体	监管质量得分	监管质量排名
俄罗斯	41.37	134
中国	45.11	120
日本	76.54	25
美国	76.91	24
英国	82.52	14
新加坡	93.23	1

资料来源：世界银行。

2. 加强制度化和市场化建设的主要抓手

（1）深化税制改革，优化税制结构。良好的税制有利于营造友好的营商环境，激发市场活力，提高经济发展质量。近几年，我国顺应国际减税趋势，实行了大规模的减税降费政策。根据国家税务局公布的数据，2020 年全年我国新增减税降费超 2.5 万亿元，税收收入占 GDP 的比重下降了约 0.82 个百分点，企业税费负担进一步减轻。[①] 我国应该进一步巩固拓展减税降费成效、促进完善现代税收制度，继续抓实抓细，全面落实税费优惠政策；持续优化税收机制，推动政策红利直达市场主体。尤其是优化我国税制结构，加强顶层税制设计，抓住税源，拓宽税基，取消部分税收贡献较小的种类，提高所得税、财产税的税收贡献度。此外，修订社会保障制度，加快我国社会保障费改税政策落实，整体上降低社会保障费，进一步规范税收征收流程。

（2）实施高水平对外开放，开拓合作共赢新局面。2017—2020 年，中国连续 4 年缩减外商投资准入负面清单，全国版和自由贸易试验区版负面清单限制措施已分别缩减至 33 条和 30 条，制造业、能源资源、基础设施、农业、金融等领域对外资实现重大开放。为适应双循环新格局的要求，还应实施更大范围、更宽领域和更深层次的对外开放。一是建设更高水平开放型经济新体制。我国要进一步缩减外商投资准入负面清单，

① 2020 年新增减税降费超 2.5 万亿元：市场主体信心足活力强．国家发展和改革委员会网站，2021-02-22.

完善外商投资准入前国民待遇，依法保护外资企业的合法权益；全面提高对外开放水平，推动贸易和投资自由化、便利化。2020 年，我国出台了海南自由贸易港建设总体方案，接下来要稳步推进海南自由贸易港建设，建设对外开放新高地。二是积极参与全球经济治理体系改革。目前的国际经济政策协调机制主要由发达国家主导，发展中国家只能被动接受。我国应积极参与全球、区域国际组织治理活动，承担大国责任，坚持多边化、平等协商、互利共赢原则，推动数字经济、绿色发展等新兴领域经济治理机制、规则、标准制定，推动完善更加公正合理的全球治理体系。

（3）提高监管水平，推进国家治理体系现代化。推进国家治理体系和治理能力现代化是全面深化改革的总目标，而提升政府监管质量是国家治理的重中之重。在当前经济面临巨大不确定性的情况下，提高政府监管质量，处理好政府与市场的关系，完善“放管服”，对于鼓励和推动非公有经济的发展、推动万众创新、促进经济稳步增长具有重要意义。一是准确界定市场边界，进一步简政放权。中央政府应把本来属于市场、公众、企业、社会组织和地方政府的权力交出去，充分尊重它们的权力，发挥它们应有的作用，最大限度地增进经济社会发展活力、创造力和运行效率。只有把不该由政府管理的事项转移出去，才能从制度上保障市场在资源配置中发挥主要作用。二是保持政策连续性、稳定性和可持续性，稳定市场预期，更好地发挥市场机制的调节作用，提高政策的精准性和有效性。

6.2.2 提升宏观政策协调水平与宏观调控能力

1. 宏观调控面临新的挑战

（1）科学制定和实施货币政策的难度增加。一方面，随着我国利率市场化的推进，我国货币政策的中介目标逐渐由总量向价格过渡。2018 年我国政府工作报告中首次未设 M2 增长目标，表明我国货币政策开始由传统的数量型转变为利率主导的价格型。另一方面，美联储量化宽松货币政策带来的外溢性削弱了我国货币政策的独立性，影响了我国货币政策的实施效果。尤其是新冠肺炎疫情下美联储采取直接向企业和地方政府发放贷款等一系列非常规性货币政策，造成了外部环境的极大不确定性。在复杂多变的内外部环境下，我国货币政策在调控国内宏观经济状况时面临多重目标难以协调的困境。

（2）居民负债上升会抑制宏观政策的效力。为了提升社会生产力水平，优化要素资源配置，2016 年我国开启供给侧结构性改革，重点是"三去一降一补"。目前，我国"去杠杆"取得了显著成效，政府部门和企业部门的杠杆水平有所下降，然而居民部门的杠杆率却大幅提升。我国居民部门杠杆率由 2016 年的 44.7%上升至 2020 年的 62.2%，增幅近 40%（见图 6-2）。居民部门负债快速增长，寅吃卯粮，容易导致后续消费乏力。此外，居民消费行为发生隐性改变，也会导致宏观政策失效（Sufi，2015；王燕武和李文溥，2020）。

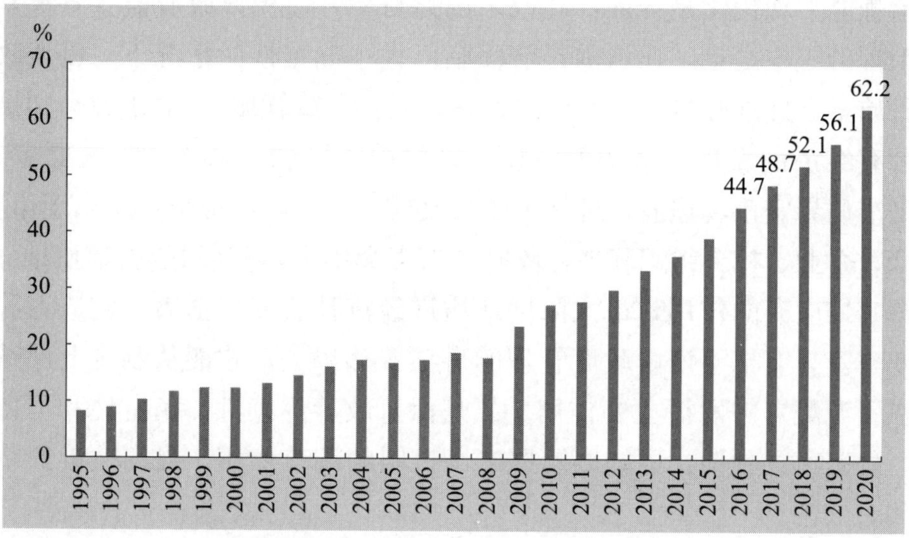

图 6-2　1995—2020 年我国居民部门杠杆率

资料来源：国家金融与发展实验室资产负债表研究中心。

（3）地方政府收支行为存在扭曲，治理能力有待提高。根据财政分权理论，地方政府通过优化财政支出结构、科学配置公共资源，能更为有效地提供公共品；中央政府通过统一将财政资金在全域内进行配置与布局，能加快市场整合。然而，在实际运行中，由于财政分权制度下地方政府事权和财权不统一，官员面临晋升激励，地方政府有强大的主观动机做出短期的逐利行为，依靠土地财政以及平台借债来增加收入，或过度依靠中央政府的转移支付资金。这些短视的收支扭曲行为不利于地区经济的长期发展，阻碍了高质量发展的实现（张腾等，2021）。

2. 宏观调控必须以维护国家金融安全为前提

我国应畅通跨境资本流动，有序推动人民币国际化。相较其他国家，我国经济更快从疫情中恢复并步入正轨，此前应对疫情的短期货币政策逐渐退出，人民币也表现出相对美元走强的趋势，开始具有避险货币的属性。我国资本市场受到全球投资者的青睐，在此背景下，畅通跨境资本流动，不仅能够为全球投资者提供更多资产配置渠道，而且能够为人民币国际化带来新的契机。

然而，过度的跨境资本流动容易带来系统性金融风险，因此有必要加强跨境资本流动的宏观审慎管理，完善宏观审慎政策框架，推动政策协调，维护我国金融安全。由于各国疫情防控及经济复苏进展不同，所处的经济周期不同，所以各国实施了不同的宏观政策组合，货币政策也出现了分化。发达国家特别是美国的非常规性货币政策会通过贸易、资本、利率、预期等渠道对我国经济产生外溢，频繁、大规模、突发的跨境资金流动也会冲击我国金融市场的稳定性。根据货币独立性、固定汇率及资本自由流动不可同时成立的“三元悖论”，在坚持货币政策独立性的前提下，管理浮动汇率必然要求有管理的跨境资本流动。换言之，为了保证我国货币政策的独立性，在采用合适的货币政策调控国内宏观经济的同时，必须采用宏观审慎政策予以配合，在加强对跨境资本流动的监管与调控的同时，更好地发挥市场供求决定汇率机制的作用，增强人民币汇率弹性。在国际层面，中国应与国际组织加强联系，推动构建全球金融监管结构框架，对跨境资本流动的资源配置发挥更大的协调和监督作用；重视与“一带一路”沿线国家的金融合作，通过多边对话与协调机制，实现金融监管合作，降低跨境资本流动对各国宏观经济的冲击（梁涛，2020）。

6.2.3 建立健全产权保护体系

1. 当前产权保护的薄弱环节

保护产权，尤其是知识产权，能为权利人提供持久的创新动力。如果没有产权保护，产权人的创新成果就很容易被其他人模仿，难以获得利润，因而产权人就不愿意对创新活动进行人力和资本的投入。目前，我国产权保护体系仍不健全，存在两大薄弱环节。

一是产权法律制度有进一步完善的空间。《经济自由度指数》报告每年公布产权指数，用于描述一个国家的法律框架允许个人获得、持有和使用私有财产的程度，以及这些私有财产受到政府有效执行的、明确的法律保障程度。法律对产权的保护越有效，该国的产权得分就越高。根据《2020年经济自由度指数》报告，我国产权指数得分为60.9，比排名第一的新加坡低35.9分（见表6－4）。主要原因是：我国的产权保护契约制度不够完善，一些产权保护方面缺少明确的法律依据，现有的不少法律法规没能得到有效执行。例如，国有产权由于所有者和代理人关系不够清晰，存在内部人控制和关联交易，导致国有资产流失；利用公权力侵害私有产权，违法查封扣押冻结民营企业财产等现象时有发生；知识产权保护不力，侵权行为易发多发。[①] 在弱产权保护环境下，为了减少或避免经营活动中可能遭受的各种权利侵害，部分非国有企业甚至有动机采取非法手段去靠近政府，为腐败提供了滋生的土壤。

表6－4　我国和世界主要经济体的产权指数得分对比

经济体	产权指数得分	排名
俄罗斯	56.8	92
中国	60.9	70
美国	81.8	25
日本	86.6	13
英国	92.2	5
新加坡	96.8	1

资料来源：美国传统基金会．2020年经济自由度指数，2020.

二是知识产权保护水平有待提升。经过多方共同努力，我国知识产权保护社会满意度由2012年的63分提升至2020年的80分以上，进步明显。[②] 但是，知识产权是一种无形资产，相对于有形资产，公众对其的了解程度不高，保护意识偏弱。大多数研发机构和企业没有制定专门的知识产权管理制度，部分企业的产权负责人由技术人员或者办公室人员兼任，致使知识产权同时面临来自内部人和外部人的双重威胁。从内部人

① 参见《中共中央 国务院关于完善产权保护制度依法保护产权的意见》。

② 我国知识产权保护社会满意度大幅提升．国家知识产权局网站，2020－04－29.

角度来看，多数企业在科研活动和知识产权保护方面缺乏激励制度，也没有与技术人员等中高级人才签订保密协议，容易因他们的离职或流失导致企业核心技术被带走盗用，商业秘密被窃取，给企业造成严重的经济损失，甚至造成无法挽回的影响。从外部人角度来看，当企业的知识产权遭到其他机构的侵犯时，如果没有知识产权方面的管理制度和专业人才，企业就无法做出正确判断并采取有效的维权措施；如果有知识产权方面的管理制度和专业人才，企业就能及时采取补救措施，通过法律武器维护自身正当权益，将损失降到最低。

2. 健全产权保障体制的主要抓手

（1）强化司法作用，减少行政干预。一是平等保护各种所有制经济产权。强调既要依法惩治侵犯国有、集体资产的犯罪行为，又要加大对非公有财产的保护力度，依法惩治侵犯非公有制企业产权以及侵犯非公有制经济投资者、管理者和从业人员财产权益的犯罪。二是完善政府守信践诺机制。对因招商引资、政府与社会资本合作等活动引发的纠纷，要认真审查违约责任。对政府违反承诺，特别是仅因政府换届、领导人员更替等原因违约毁约的，坚决依法公正审理。三是严格规范涉案财产处置的法律程序。要进一步细化涉嫌违法的企业和人员财产处置规则，依法慎重决定是否采取相关强制措施，完善涉案财物保管、鉴定、估价、拍卖、变卖制度，做到公开公正和规范高效，充分尊重和依法保护当事人及其近亲属、股东、债权人等相关方的合法权益。

（2）全面加强知识产权保护。一是建立一套由政府、行业协会、企业和学校共同组织、共同参与的知识产权宣传体系，通过多部门联合，形成良好的文化宣传格局，让知识产权保护理念深入人心。二是提高知识产权保护工作的法治化水平。积极修订《中华人民共和国专利法实施细则》，开展《中华人民共和国商标法》进一步修改调研论证，加快《地理标志产品保护规定》的修订，加强地理标志立法调研。三是强化知识产权全链条保护。加强部门间的协同配合，综合运用法律、行政、经济、技术、社会治理等多种手段，从审查授权、行政执法、司法保护、仲裁调解、行业自律、公民诚信等环节完善保护体系，构建大保护工作格局，形成工作合力。四是维护知识产权领域国家安全。应加强事关国家安全的关键核心技术的自主研发和保护，依法管理涉及国家安全的知识产权对外转让行为；多部门配合形成高效的国际知识产权风险预警和应急机制，建设知识产权涉外风险防控体系，有力应对知识产权国际斗争，坚决维护我国发展利益。

6.2.4 推动社会保障体系改革和统筹发展

1. 亟待解决的社会保障“短板”

（1）社会保障体系治理结构与就业模式新变化不匹配。近年来，以平台经济、共享经济为代表的新业态蓬勃发展，催生了新的就业模式，促使就业结构发生了巨大变化。其中一个重要的转变趋势是：没有明确雇佣关系的新型就业及小微企业就业比重不断提升（见图 6－3）。然而，我国社会保障体系并未与时俱进，造成新型就业模式与社会保障体系理念不一致。目前纳入社会保障范围的是具有明确雇佣关系的就业人员，要求“雇主-雇员”或“单位-职工”共同缴费。新就业模式下的劳动者难以纳入现行劳动法律法规的保障范围，成为社会保障体系的“漏出群体”。因此，我国社会保障体系的覆盖度有限，部分劳动力的生活与就业无法获得保障，就业保护仍需不断完善（王震，2020）。

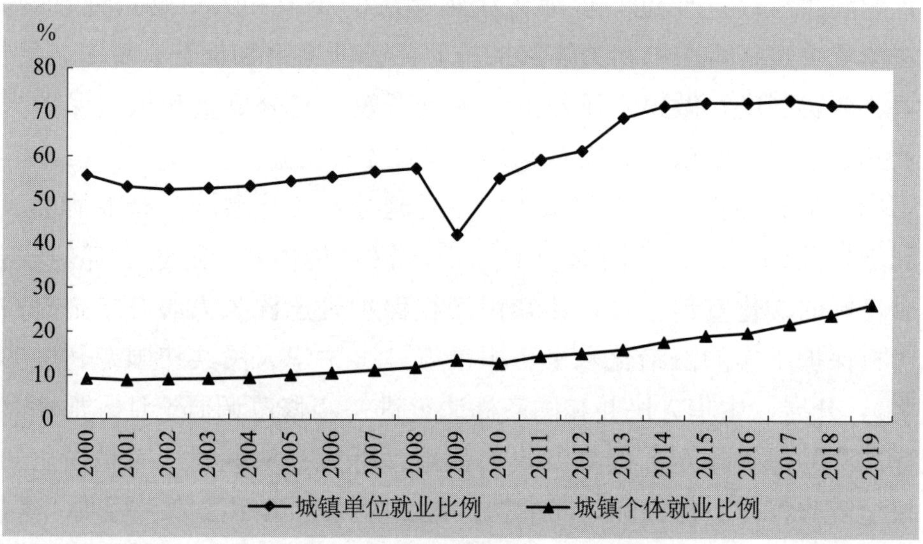

图 6－3　城镇单位就业及个体就业比例

资料来源：国家统计局．中国统计年鉴 2020．北京：中国统计出版社，2020.

（2）社会保障的城乡分割与地区分割现象严重。我国 20 世纪 90 年代建立的社会保障体系按照地区统筹资金，进行属地化管理，导致社会保障体系具有“碎片化”制度特征，既有城乡之间的对立和分割，也有不同统筹地区之间的对立和分割，同时还有多个管理主体。社会保障体系碎片化客观上造成了各地区收支压力不均、资源分配不均，降低了社会保障制度的公平与效率。一方面，社会保障体系中城乡之间的差异、地区之间的不平衡、代际分配的不均衡等问题，促使收入差距越拉越大，两极分化越来越严重，容易加剧社会矛盾和冲突。目前，我国城镇就业人口结构发生了较大变化，以农民工为代表的流动人口成为城镇新增就业的主要组成部分。大量进入城镇就业的农民工虽然在城镇就业和生活，但并未被城镇的社会保障体系覆盖，暴露在各种社会风险之下。此外，我国社会保障体系中地域化色彩更浓的社会救助和社会福利，基本上与农民工无缘，使其进一步暴露在风险之中（王震，2020）。不同地区独立运行的社会保障制度给区域之间的制度衔接造成了障碍，阻碍了人口跨区域流动（肖严华，2016）。另一方面，管理权的分立导致社会保障制度运行效率不高。效率作为社会保障实现公平的基本前提，是社会保障发展追求的初始目标。在目前的社会保障体系中，社会保障项目及资源配置分属不同的管理部门，容易引发机构重叠、分工不清、协调困难等问题，造成不必要的公共资源浪费，以及社会保障制度与民生需求的偏差，限制了社会保障制度效率的提高和政府行政效能的发挥。

2. 统筹社会保障改革与发展的主要抓手

（1）推进制度调整和体制改革，形成城乡统筹的社会保障体系。一是深化改革城乡二元户籍制度，建立属地化户籍管理模式。以居民常住地为基点，弱化城市户籍带来的特殊优势，缩小农村劳动力与城市劳动力之间的成本差距。二是深化社会保障制度改革，提高社会保障水平。根据我国农村劳动力参保率较低的现象制定有针对性的社会保障政策和制度，确保农村劳动力在城市的生产生活得到有效保障。三是建立健全不同部门的协同合作机制，整合社会保障管理主体。实现多种制度和政策在内容、服务、管理等方面的统筹衔接，推进社会保障体制的改革与整合；逐步消除制约社会保障城乡协调发展的制度性和体制性障碍，打破社会保障不同层面分割的壁垒，建立基本保障全国统筹的社会保障制度。

(2) 完善全覆盖、可持续、多层次的社会保障体系。针对上述社会保障体系的“漏出群体”，建立激励机制，完善法律，引导众多的新就业模式劳动力及流动就业农民工依法参保，努力实现社会保障全覆盖，确保全体人民社会保障基本权利的实现（叶响裙，2020）；坚持以第一层次的政府基本制度为主体，积极发挥市场作用，加大对企业年金优惠政策的扶持力度，促进第二层次的企业补充保险制度发展，同时与第三层次的个人商业保险制度衔接；在提升现有社会保障体系的多层次性时，增强社会保障体系的可持续性；积极稳妥推进划转部分国有资本充实社保基金，进一步夯实社会保障制度可持续运行的物质基础；鼓励各类社会保障基金专业化投资运营，实现基金保值增值，提升基金的抗风险能力（梁朋，2020）。

(3) 加强社会保障制度与其他治理机制的协调与联动，优化社会资源配置。一是构建公共资源配置的需求导向机制，以不同地区、不同人群的现实需求为导向，优化公共资源的配置。二是建立公共资源配置的信息共享机制，运用现代信息技术建立起社会保障数据管理机制，通过翔实的数据分析、便捷的信息沟通、开放的信息共享不断提高公共资源配置效率，提高社会保障治理成效。三是建立健全统一的社会保障治理考评与问责机制，从精准、有效与可持续三个层面动态评价公共资源配置对民生需求的满足状况，提高监督管理效能。

6.2.5 提高投资回报率

2008 年金融危机之后，中国的资本回报率出现了大幅下降，需要引起重视（曹少文，2019）。在剔除生产税和企业所得税的情况下，我国考虑调整成本的资本回报率从 2008 年的 9.82%逐年下降到 2014 年的 3.02%（刘仁和等，2018），下降明显。在对外直接投资方面，我国总体效率同样不高，投资区域分布不合理，具有很大的改进空间（宋林等，2017）。

究其原因，投资率大幅攀升和政府干预是 2008 年以来中国资本回报率大幅下降的重要影响因素（白重恩等，2014）。其一，资本深化对资本回报率具有抑制作用，我国大规模增加投资会直接导致资本回报率显著下降。其二，国有企业和国有银行的投资效率普遍不高。一方面，国有企业不仅要实现盈利，还要承担一些社会责任，维持经济稳定。同时国有企业面临的市场竞争小，获取资金的成本低，因此国有企业的投资回报率一般低于民营企业。另一方面，国有银行规模的扩张往往伴随着政府干预的加深，遏制了市场竞争，不利于中小企业效率的提升。此外，我国正处在由模仿创新向自主创新转变的时期，虽然全要素生产率有所回升，但对投资回报率的拉动作用见效慢。

在资本回报率持续下滑的背景下，传统规模扩张型增长道路难以走通，需要探寻提升资本回报率的新型动力机制。

其一，要促进技术进步。技术进步是提高资本回报率的重要保障。技术进步是影响资本回报率的最重要因素（杨君等，2018），同时也是经济增长的源泉之一。政府应当鼓励技术进步，加大财政对科研的投入，积极引进先进技术，注重自主创新质量，为企业、高校、研究机构创造一个良好的自主创新环境，以提升我国的技术水平。此外，提升人力资本能通过影响技术进步间接影响资本回报率。目前，我国人力资本还处于较低水平。因此，要增加教育投入，增强对社会劳动力的技能培训，提升劳动力素质。

其二，要注重市场配置资源的基础性作用，减少政府干预。要推动经济由“政府主导”向“市场主导”转变、由“数量驱动”向“质量驱动”转变。对于效率低下的国有企业，要进行有针对性的改革，引入民营企业的市场竞争机制，在保证国有企业市场调控功能的情况下，增强国有企业的市场竞争力；对于不符合要求的落后产能，要积极通过破产倒闭的方式实现落后产能的退出。

6.2.6 高度重视人民币资产的安全性

地缘政治摩擦已经波及金融领域，西方大国对新兴市场国家实施金融制裁，可能从跨境支付结算及汇率等多个方面入手，切断受制裁国金融机构与国际市场的联系，迫使这些国家发生汇率危机。同时，我国又在不断推动资本账户开放，跨境资本流动愈发频繁。在这样的背景下，人民币无论是在汇率安全方面还是在跨境结算等方面都存在一定的风险。

在汇率安全方面，在跨境资本流动以及境外投机主体的影响下，汇率浮动空间增大，需密切关注汇率风险及汇率安全，以及跨境资本流动对国内资产价格波动的影响。在跨境结算方面，国际支付结算体系的主导权在美国，而如果中美金融摩擦加剧，我国就可能面临经济实体无法参与美元结算体系的风险，对我国进出口贸易以及国内经济、就业会造成较大的影响。

我国应推动完善 CIPS，保证人民币跨境清算的安全性。CIPS 可以使我们摆脱对国际美元结算系统的依赖，降低人民币跨境清算的风险，为人民币提供一条安全、便利、快捷的支付渠道。目前 CIPS 仍存在提升的空间，必须不断完善人民币跨境支付结算的基础设施与法律监管体系建设，推动跨境支付与离岸结算协同发展，真正发挥 CIPS 的作用；使用宏观审慎政策对跨境资本流动进行监管与调控，发挥市场供求决定汇率机制的作用，增强人民币汇率弹性。同时，采用中性的汇率政策，加强汇率政策的国际协调。

第 7 章

以贸易创新引领高水平开放

7.1 通过贸易创新开辟中国外贸新格局

7.1.1 我国近年来贸易创新的发展和取得的成效

党的十九届五中全会对我国“十四五”时期的发展做出了全面规划，将开启全面建设社会主义现代化国家的新征程。对外贸易是我国经济发展的重要推动力量，加快贸易创新发展不仅关系到我国外贸的高质量发展，而且关系到成为贸易强国的战略目标能否早日实现。近年来，我国贸易创新发展迅速，并借助进博会、服贸会、自贸区等多种贸易创新形式促进对外贸易的高质量发展。

海关总署的数据显示，2020 年，我国货物贸易进出口总值达 32.16 万亿元，比 2019 年增长 1.9%，创历史新高。其中，出口总值为 17.93 万亿元，增长 4%；进口总值为 14.23 万亿元，下降 0.7%；贸易顺差为 3.7 万亿元，增长 27.4%（见图 7－1）。2020 年，面对新冠肺炎疫情的冲击，中国各级政府出台了一系列超常规的稳外贸政策措施，促进了中国贸易的稳定与恢复。从贸易规模看，2020 年的对外贸易刷新了 2018 年创造的对外贸易历史纪录，创造了中国出口规模的新高。

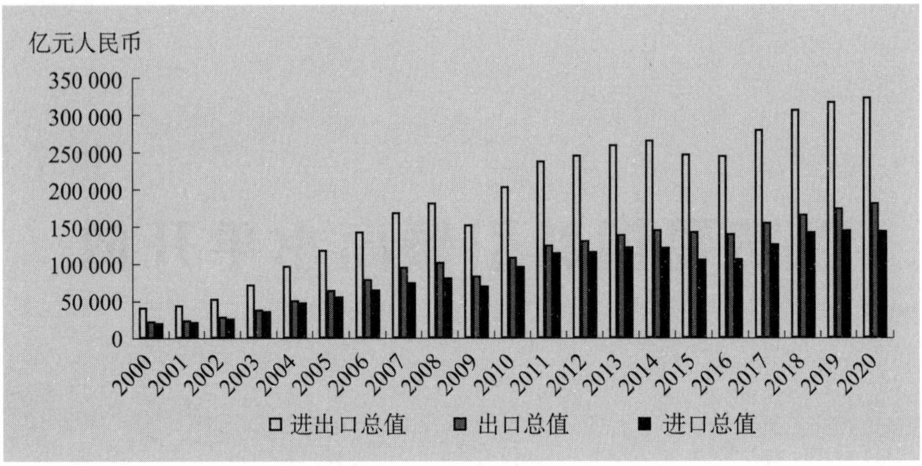

图 7-1　2000—2020 年中国对外贸易情况

资料来源：中华人民共和国海关总署。

2020 年 1 月，受疫情以及春节假期影响，当月进出口总值同比下跌 7.3%；2 月，同比下跌 16.7%，环比下跌 39.5%；3 月，同比跌幅收窄，为 4.3%；4 月与 5 月，同比跌幅进一步扩大；到 6 月，结束了连续五个月的下跌，首次出现正增长，当月同比增幅为 1.1%（见图 7-2）。此后，中国的对外贸易情况逐月向好，走出一条 V 形反转路径。根据 WTO 和各国已公布的数据，仅 2020 年前 10 个月，中国进出口总值、出口总值、进口总值在国际市场的份额就分别达到 12.8%、14.2%、11.5%，创历史最好纪录。此前的 2019 年，中国的进出口总值、出口总值与进口总值占国际贸易市场的份额分别为 11.9%、13.1%和 10.7%。从 2020 年全年的数据看，中国在全球贸易领域的份额较 2019 年平均提升了 1 个百分点，中国不仅成为全球唯一实现货物贸易正增长的主要经济体，而且货物贸易大国的地位进一步得到巩固。

7.1.2　贸易创新对双循环的支撑作用

（1）贸易创新立足中国本土，打造连接内外循环的桥梁和纽带。在国际贸易投资均大幅萎缩的形势下，中国外贸外资逆势增长，中国对国际市场的供给走高，为开放型世界经济发展提供了强大支撑。随着决战决胜脱贫攻坚、全面建成小康社会等目标的实现，我国的内需潜力将进一步释放，并形成以国内大循环为主体、国内国际双循环相互促进的新

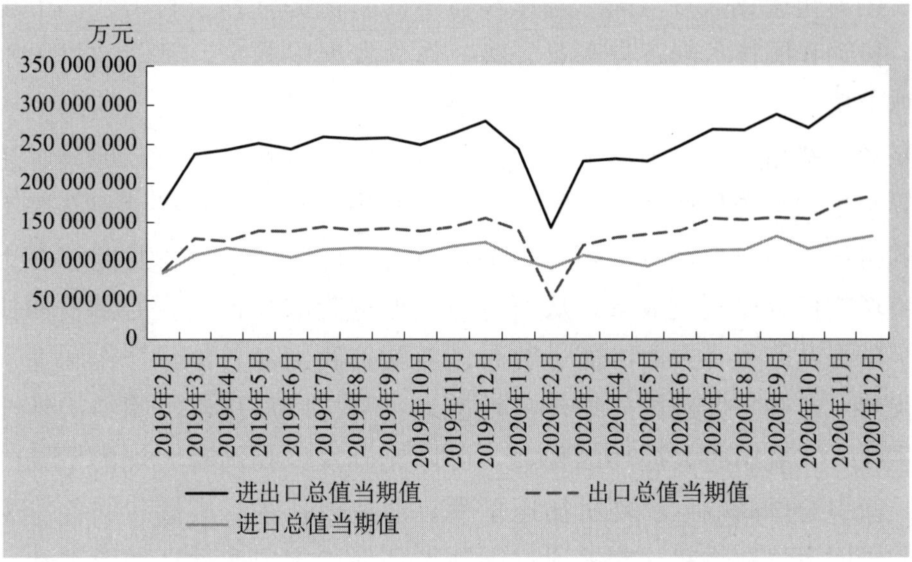

图 7－2　2019 年 2 月—2020 年 12 月中国对外贸易情况

资料来源：国家统计局。

发展格局，持续为世界经济赋能。

（2）开展服务贸易创新，拓展我国服务贸易需求增长空间。我国城乡居民对服务消费的需求仍有较大的持续增长空间，这样的空间不但为国内企业创造了广阔的发展机遇，增强了内需的流动性，也能够满足我国主要贸易对象的服务贸易需求，是国内国际双循环的有力支撑。此外，要推动我国经济加快形成双循环新发展格局，进一步实现经济高质量发展，一个重要推动力就是高质量开放。服务业作为高质量产业聚集的领域，可以在开放合作中推动我国经济不断升级。

（3）开展贸易创新，推动制造业加快向高质量发展转变，从而充分激发双循环动力。要通过贸易创新推动新兴产业，如新能源汽车、新材料、新一代信息技术、节能环保、生物医药、高端装备制造等产业发展，利用新技术、新渠道开拓国际市场，充分运用第五代移动通信（5G）、虚拟现实（VR）、增强现实（AR）、大数据等现代信息技术，支持企业利用线上展会、电商平台等渠道开展线上推介、在线洽谈和线上签约等。

（4）通过贸易创新塑造参与国际合作和竞争的新优势，推动构建新发展格局。加快构建以国内大循环为主体、国内国际双循环相互促进的新发展格局，是一项关系我国发展全局的重大战略任务。一方面，通过贸易创新塑造我国参与国际合作和竞争的新优势有利于利用外部市场需求，拉动我国技术创新与产业升级。作为发展中国家，我国的收入水平整体上决定了我国的需求结构，但是，我国大量出口面向发达国家市场的高端消费品，使我国消费品生产超越国内收入水平约束，形成了达到世界水平的消费品产业。我国利用新兴经济体基础设施建设和推进工业化的机遇，出口工程机械等各种装备产品，使我国装备产品能够在更大的市场规模分摊研发成本，从而有力地促进我国装备工业的研发和技术水平的提升。另一方面，通过贸易创新塑造我国参与国际合作和竞争的新优势，有利于促进内外循环良性互动。坚持以深化供给侧结构性改革为主线，实现国内大循环的畅通，可以充分发挥我国超大规模市场的潜力，吸引全球高端生产要素加速汇聚；塑造以技术、质量和服务等为内容的国际竞争新优势，能够通过国际循环促进国内大循环的效率和水平的提升，改善我国生产要素质量和配置，推动我国产业转型升级。

7.1.3 贸易创新的发展机遇、挑战和展望

近年来，新一轮科技革命和产业变革从孕育到兴起，带动了数字技术强势崛起，促进了产业深度融合，引领了服务经济蓬勃发展。在中国，数字贸易规模正迅速增长，数字贸易潜力巨大。数字贸易一方面能够通过数据流动加强产业间的知识和技术要素的共享，引领各产业协同融合，带动传统产业向数字化转型并向全球价值链高端延伸，另一方面能够带来颠覆性的创新，催生大量贸易新业态、新模式。2020 年以来，数字办公、数字医疗、数字教育和数字文娱等领域快速发展，对疫情期间保障民众生产生活、加强全球经贸合作发挥了重要作用。未来，数字贸易必将成为我国对外开放向格局更优、层次更深、水平更高的方向发展的重要抓手。我国需要进一步明确数字贸易的发展定位，提出适合自身国情的数字贸易战略和工作举措，积极营造有利于数字贸易发展的治理环境，抓紧形成数字贸易的中国方案。

疫情全球大流行期间，远程医疗、在线教育、共享平台、协同办公、跨境电商等服务广泛应用，对促进各国经济稳定、推动国际抗疫合作发挥了重要作用。放眼未来，服务贸易高端领域的开放合作必将成为推动一个地区乃至一个国家发展的重要力量。

目前，贸易创新仍面临很多挑战：全球经济充满不确定性，全球化与逆全球化潮流并存，大国间的贸易争端，尤其是中美贸易争端不断冲击全球经济；产业结构调整进入全面攻坚期，中国经济转型发展面临新挑战。面对全新的内外部环境，中国企业当下最关键的任务是认清趋势并把握住未来的发展脉络，应该抓住时机，在全球经济格局调整中寻找新的增长点，并加速变革，提升企业在市场上的竞争力。企业要积极转型，进一步提高产品质量，加速产品创新，改变自身处于“产业链低端”的境况，提升企业的品牌影响力和竞争力。

从构建国内国际双循环相互促进的新发展格局这一思路出发，在货物贸易的基础上大力发展服务贸易，是优化贸易结构、提升贸易产业链和价值链、实现贸易在时间和空间上的更大自由度的目标和手段。我国应根据服务贸易的特点和发展趋势，发掘服务贸易资源，加大数字技术对服务贸易的推动作用，培养服务贸易产业，优化产业结构，提升产业价值，利用好国内国际服务贸易政策，在未来更好地实现成为贸易强国、高质量和可持续发展的目标。

7.2 重视进口贸易发展中的人民币使用

7.2.1 进博会引领中国进口贸易发展

推进人民币国际化，除了在供给方面对全球市场做出贡献，提供更多的商品、投资产品以满足全球市场对中国市场的消费和投资需求外，还可以考虑从需求方面提振自身对全球市场的需求来扩大人民币在国际贸易和国际投资中的使用规模，从而提高人民币在全球大宗商品和金融市场中的份额以及定价权，其中，扩大进口是加深中国进口需求与世界市场联系的重要手段。近年来，我国在扩大进口方面提供了不一样的创新思路，并取得了不错的成就。2019 年 12 月 9 日，时任商务部外贸司司长李兴乾在国务院新闻办公室新闻发布会上表示，我国将通过以下四条措施扩大进口规模：第一，持续降低关税，通过降低关税等制度性成本来刺激进口并释放消费潜力；第二，常态化举办进口博览会；第三，高标准提升贸易便利化水平，通过《贸易便利化协定》谈判和实施开展“简政放权、加强监管、优化服务”等几个方面的措施，持续服务进口贸易；第四，着手培养一批进口贸易促进创新示范区。其中，进博会通过近年经验积累，已经形成了展品与商品、展商与投资商以及创意与理念转换的重要平台，发挥了国际采购、投资促进、人文交流以及开放合作的平台作用，旨在坚定支持贸易自由化和经济全球化、主动向世界开放市场。

从进博会所取得的成效来看，首届进博会累计意向成交金额为3 765.37亿元，第二届进博会累计意向成交金额为4 631.35亿元，第三届进博会累计意向成交金额为4 728.36亿元，累计意向成交金额占当年进口金额的比例由第一届的2.71%上升到第三届的3.53%（见图7-3），说明进博会在扩大进口方面的作用日益凸显。

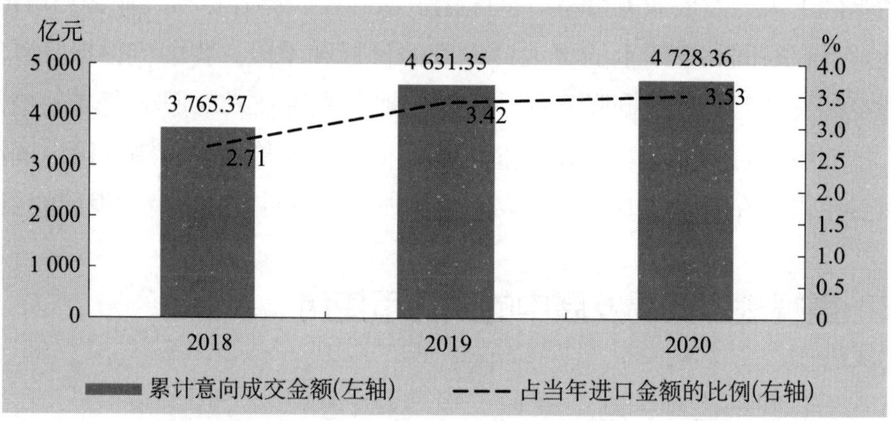

图7-3 历届进博会累计意向成交金额及其占当年进口金额的比例

资料来源：Wind、中国国际进口博览会官网。

从产品种类来看，在首届进博会上，展区成交金额由高到低分别为：智能及高端装备（1 071.73亿元）、食品及农产品（825.61亿元）、汽车（780.68亿元）、医疗器械及医药保健（375.04亿元）、消费电子及家电（281.93亿元）、服装服饰及日用消费品（219.42亿元）、服务贸易（210.96亿元）；第二届进博会上首发产品、技术和服务超过400项，涉及高速公务船、癌症创新免疫疗法以及氢燃料电动车等领域；第三届进博会上新设了公共卫生防疫专区、智慧出行专区、节能环保专区和体育用品及赛事专区，展示新产品、新技术、新服务411项，世界500强及行业龙头企业连续参展比例近80%。

进博会的持续开展和不断升级将促进我国形成更高水平和更高层次

的对外开放局面，同时为经济的高质量发展奠定新环境，通过持续释放的经济效应、社会效应和制度效应等“溢出效应”提升国际影响力和推进人民币国际化进程。

从进博会产生的经济效应来看，它主要体现在促进双循环发展格局、带动产业升级以及发挥区域经济协同效应三个方面。首先，进博会有利于促进国内产业借鉴国外先进技术推动自身产业升级，其次，进博会有助于科技、产品走向世界，带动消费升级，从而达到促进国内产业升级和扩大国际贸易双循环的效果。最后，进博会还会通过促进创新资源流动、提高共享效率、提升贸易便利等多渠道优化长三角地区的资源配置并带动长三角地区协同发展。

从进博会产生的制度效应来看，进博会是我国制度开放和创新的缩影，对外开放和创新是我国未来发展的基石，通过进博会促进双循环发展格局的形成，需要在此期间形成大量数字贸易制度、跨境贸易制度和开放式的研发模式，对制度创新和制度开放的挑战不言而喻，通过构建进博会平台，有利于提高我国制度创新能力和开放程度，从而为后续经济发展持续释放制度利好做好铺垫。

从进博会产生的文化效应来看，通过商品贸易促进国与国之间、地区与地区之间的文化交流，有利于形成经济、文化、政治等多层次、全方位的友好往来关系，带动世界经济不断向前发展，以贸易缓解摩擦，以文化交流沟通情感，构建人类命运共同体。

7.2.2 进口贸易促进人民币国际化的路径

通过扩大进口促进人民币国际化主要有以下两条途径：第一，通过扩大进口调整供给侧改革，以此增大人民币跨境使用范围和规模，促进人民币国际化；第二，依托中国市场对国际大宗商品的需求优势，提高人民币在国际大宗商品贸易中的计价和结算比例，从而进一步推动人民币国际化。

一方面，我国供给侧改革的逻辑是：释放高储蓄和高投资经济结构下的消费潜力，同时走出供给侧供给低效甚至无效的困境，通过扩大进口借鉴国外优秀产品和技术，改革和升级国内供给行业的结构，从而摆脱对规模效应的依赖，为经济的持续高效增长提供动力。与此同时，扩大进口还可以增加国际贸易支付体系对人民币的需求，削弱贸易和投资中对美元的依赖，从而促进人民币国际化，通过市场驱动引领人民币跨境使用政策变革，实现人民币国际化职能的升级和拓展。

另一方面，国际化货币往往在国际大宗商品贸易中担当着计价和结算货币的角色，是本国货币职能国际化的集中表现，实现人民币国际化不仅可以强化我国作为全球大宗商品买家的优势，还可以增强我国在大宗商品国际贸易中的话语权，减少市场定价扭曲以及大幅波动。但是，目前来看，以石油进口为例，我国作为全球最大石油进口国和能源消费国的现状与美元在国际大宗商品的计价和结算领域占据垄断地位的现象表现出矛盾态势，使得我国对大宗商品的定价功能难以发挥，同时还要承受歧视性价差，因此，我国在扩大进口的同时，探索大宗商品国际贸易中“去美元化”的重要性不言而喻。这就要求我国在扩大进口的同时，借鉴国外先进的生产技术和管理模式，提升中国企业在国际贸易中的竞争力，在配套供给侧改革的背景下，增强进口产品的针对性，从而带动国内贸易和国际贸易结构良性发展，最终通过买家优势所奠定的市场主导地位获得在国际贸易中的定价权和结算权。进博会期间，有包括 47 个“一带一路”沿线国家的 543 家企业参展，考虑到“一带一路”沿线国家的进出口结构，它们多为中国大宗商品进口国，因此进博会在扩大进口的同时，还能够带动“一带一路”沿线国家贸易增长、经济良性互动以及扩大人民币在国际大宗商品贸易定价和结算中的使用。此外，2018 年 3 月上海国际能源交易中心挂牌交易以人民币计价和结算的原油期货，标志着我国在探索“石油人民币”交易体系方面迈出了重要一步。

因此，以扩大进口为渠道，可以促进人民币在大宗商品领域的应用，增加国际贸易中交易主体对人民币的需求，增强人民币与国际贸易、金融、货币体系之间的联动关系，促进人民币国际化往更高层次发展。

7.3 服务贸易成为对外贸易发展的新引擎

7.3.1 服务贸易是新发展格局的新支点

近年来，新一轮技术革命和产业变革加快推进，为服务贸易注入了强大的发展动力，全球经济正向网络化、数字化、智能化加速转型，制造业服务化、服务贸易化、贸易平台化、平台国际化“四化”环环相扣，齐头并进。当前，世界经济总产出中有六成来自服务业，服务业和服务贸易成为世界经济新引擎，占全球出口总额的20%的服务出口贡献了全球外贸增加值的近一半。在中国，这样的趋势也十分明显：以计算机信息服务、咨询服务等为代表的知识密集型服务贸易在服务贸易领域的占比从2015年的27.3%快速提升至2019年的34.7%。在商务部的指导下，各地服务贸易快速发展，全面探索创新发展模式，其中，服贸会在推动服务贸易创新的过程中发挥了关键作用。

服贸会是专门为服务贸易搭建的国家级、国际性、综合性大规模展会和交易平台。自创办以来，服贸会已举办六届，展览面积从首届的5万平方米扩大到第六届的16.5万平方米；参展企业从首届的1 000多家增加到第六届的2 100多家；意向成交金额从首届的3 913.82亿元（折合601.1亿美元）增加到第六届的6 840.56亿元（折合1 050.6亿美元）。数据显示，历届服贸会累计吸引184个国家和地区、近300个国际组织和境外商业协会、1万余家次企业参展参会，实现意向成交金额34 465.21亿元（折合5 293.3亿美元）。2020年服贸会取得了丰硕的成果，包括签订协定协议类成果240项，权威发布成果97项，首发创新类成果99项。

在经济效应方面，服贸会对冲新冠肺炎疫情影响，推动服务进出口增速降幅逐季收窄趋稳。受新冠肺炎疫情冲击，2020年以来，全球贸易量和贸易的确定性大幅下降，全球多数经济体面临衰退风险。疫情不仅导致了国际贸易的收缩，还给未来增添了很多不确定性。不仅如此，由于第2季度全球疫情进入大流行期，各经济体经济增长普遍出现历史性下滑，个别国家以“国家安全”为由，构筑服务贸易壁垒，限制国际服务贸易，导致国际服务贸易秩序陷入混乱。疫情对全球旅游、建筑、体育、留学等行业造成了严重冲击，中国服务贸易进出口也受到了一定冲击。数据显示，2020年，中国服务贸易进出口总值达45 642.7亿元，同比下降15.7%。在各方共同努力下，服务贸易进出口总值降幅逐季收窄趋稳，服务出口明显好于进口，贸易逆差减少，知识密集型服务贸易占比提高。

在对外开放方面，服贸会成为深化经贸合作的重要平台。服贸会的举办使得服务贸易成为扩大对外开放的重要方向，有利于在当前的国际国内形势下，向全世界展示中国坚定不移地扩大对外开放的信念和决心，推动中国对外开放向更高水平迈进。服务贸易快速发展是中国优化贸易结构、深度参与全球价值链的重要途径。只有能融合国内循环体系的服务贸易才有根系，才能对抗外部的不确定性；只有融合国际循环体系的服务贸易，才能让我国的产品和服务持续变强。在 2020 年这一特殊时间窗口举办的中国服贸会，既能展示中国对外开放的决心和信心，又能成为中国打破国内市场瓶颈、促进双循环的新支点。

在人民币国际化方面，服贸会通过推动对外服务贸易，借助贸易、投资、金融平台等途径降低人民币交易成本，提高交易效率。服务贸易的快速发展和进出口总值的增加刺激了境外实体经济对人民币的需求，从而扩大了人民币使用规模。服务贸易利用金融平台创新，推进贸易人民币结算，对外输出人民币资本，促进各国经济发展，使得各国对中国的依存度增加，进而对人民币的需求增加，有助于人民币逐步发挥计价结算、投资储备等货币职能，进而加速人民币国际化进程。

7.3.2 服务贸易数字化发展成为新趋势

2020 年服贸会上，数字贸易成为一大亮点，服务贸易数字化发展趋势彰显无疑。无论是包括软件、通信、云计算、社交媒体、搜索引擎等在内的信息技术服务，还是包括数字传媒、数字娱乐、数字出版在内的数字内容服务，抑或是通过数字交付的服务外包等领域，均有不少企业参展，且都吸引了大量观众，体现了这些领域所具有的趋势性和引领性。2020 年服贸会专门采用了“线上线下联动”的特殊展会模式，观众和参展商可以实时在线看展、参会、洽谈、签约。这种模式既是对后疫情时代展会模式的创新，本身也是服务贸易数字化的直接体现。

中国政府历来高度重视数字经济的发展。目前，中国数字经济也实现了跨越式发展，主要表现在四个方面：一是数字经济总量上台阶。党的十八大以来，中国数字经济规模从 11 万亿元增长到 35.8 万亿元，占 GDP 总量的比重达到了 36.2%，已经成为经济高质量发展的重要支撑。二是数字产业化基础更加坚实。中国网络能力持续全球领先，全国光纤用户渗透率稳居全球第一，5G 用户超过 6 000 万。三是产业数字化进程加快。中国制造业数字化转型稳步推进，国内工业互联网公共平台已经超过70个，服务工业企业超过40万家。数字化、智能化工厂和车间越来越多，降本提值增效效果十分显著。

专栏7-1

北京自贸试验区建设与服务贸易发展

2015年，北京市成为中国唯一的服务业扩大开放综合试点城市；2020年，北京市升级为国家服务业扩大开放综合示范区，并挂牌建设北京自贸试验区。

北京自贸试验区涵盖三个片区：科技创新片区、国际商务服务片区、高端产业片区。科技创新片区重点发展新一代信息技术、生物与健康、科技服务等产业，打造数字经济试验区、全球创业投资中心、科技体制改革先行示范区；国际商务服务片区重点发展数字贸易、文化贸易、商务会展、医疗健康、国际寄递物流、跨境金融等产业，打造临空经济创新引领示范区；高端产业片区重点发展商务服务、国际金融、文化创意、生物技术和大健康等产业，建设科技成果转换承载地、战略性新兴产业集聚区和国际高端功能机构集聚区。

北京自贸试验区的主要措施和作用有：

第一，推动服务贸易自由化、便利化。全面落实“外商投资准入前国民待遇+负面清单”管理制度，支持北京天竺综合保税区打造具有服务贸易特色的综合保税区，试行跨境服务贸易负面清单管理模式等。

第二，深化金融领域开放创新。扩大金融领域开放，开展本外币一体化试点；围绕支付清算、登记托管、征信评级、资产交易、数据管理等环节促进金融科技创新，支持借助科技手段提升金融基础设施服务水平，强化金融服务实体经济。

第三，推动服务贸易的创新驱动发展。优化人才全流程服务体系，探索制定分层分类人才吸引政策，建立全链条一站式服务窗口和服务站点；强化知识产权运用和保护，营造国际一流创新创业生态。

第四，创新数字贸易发展环境。增强数字贸易国际竞争力，对标国际先进水平，探索符合国情的数字贸易发展规则，加强跨境数据保护规制合作，促进数字证书和电子签名的国际互认。

7.4 自贸区在双循环中发挥纽带作用

7.4.1 我国自贸区建设历程和发展现状

全球自贸区的发展历经了百年，功能和制度从以对外贸易为主，增加至服务地区产品加工和商品制造，最后在今天演变为服务于国际（转口）贸易、吸引外资、实行区域经济政策并促进区域经济发展。整体而言，目前自贸区大致可以划分为两类，第一类是自由贸易区，第二类是自由贸易园区。

自由贸易区设立的主体是两个或多个经济体，实现方式为签订具备法律效力的自由贸易协定，主要解决的问题是减少关税壁垒以及改善市场准入条件，最终实现贸易自由化、投资便利的目标。自由贸易园区则是指一国境内在指定地区建立并实施特殊的税收、监管优惠政策的贸易园区。我国的自由贸易试验区则是在对外开放的新时期建立的旨在解决对外贸易谈判共性问题和焦点问题，实行先行先试，为后续全国范围内改革开放提供试点经验和复制推广的贸易试验区。本小节以自由贸易园区（简称自贸区）为主要介绍对象。

我国自贸区建设的背景主要包括两个方面：一个是当时国内经济形势亟待改善，另一个是国际贸易格局正在悄然发生转变。从国内经济形势来看，供给侧的遗留问题在人民币持续升值的背景下，引发了产业升级和出口贸易受阻的问题，加之金融业等重要行业受到严格管制，造成外资投资受限较多，挫伤了外资流动的积极性，使得改革方向逐渐由向外转变为向内，通过更高水平的对外开放倒逼国内改革，因此，通过设立自贸区可以更好地促进金融制度创新，促进国内产业升级，进一步扩大区域经济合作，从而倒逼国内市场化改革进程。从国际贸易格局的转变来看，以《跨太平洋伙伴关系协定》（TPP）、《跨大西洋贸易与投资伙伴关系协定》（TTIP）以及《多边服务业协议》（PSA）为主的新型贸易谈判在不断调整国际贸易格局，我国要加强国际贸易的多边交流以及更大程度地参与区域性经济发展，就需要改变既有的贸易规则和标准，通过自由贸易试验区积极探索贸易制度的改革创新，为更广泛地参与双边、多边以及区域性合作奠定良好的制度基础并积累相关的经验，为参与国际贸易规则的共同制定创造机会。

我国自贸区建设的主要目标是实现制度创新，通过制度创新倒逼改革，在政府职能转变、金融开放、法治建设、贸易和投资便利化五大领域实现制度创新突破。从我国自由贸易试验区的发展历程来看，区域分布呈现出由沿海领先设立，之后逐渐发展为向内陆和沿边扩散的趋势。截至目前，我国历经七年，分六批次设立了共计 21 个自由贸易试验区，以沿海省份自贸区为主导，深化新一轮高水平对外开放，同时还通过沿边设立和向内陆辐射形成了全方位的沿海内陆联动和东西双向互济。在发展的过程中，各省自贸区也结合自身资源禀赋对自身功能定位做出了差异化设定。

上海自贸区承担的任务是打造成全国开放程度最高的示范园区标杆。从沿海地区来看，沿海省份自贸区主要以 21 世纪海上丝绸之路建设和区域经济协同为目标，比如广东自贸区侧重加强粤港澳合作并成为海上丝绸之路的重要枢纽，福建自贸区依托自贸区深化两岸经济合作，海南自贸区成为我国面向太平洋和印度洋的重要对外开放门户以及全世界最大的自由港。内陆地区侧重区域经济协同发展和促进地区工业发展，比如天津自贸区强调要联动京津冀协同发展，辽宁自贸区则旨在提升老工业基地竞争力。从沿边地区来看，沿边省份自贸区侧重发挥国家与国家间的区域贸易功能，如云南自贸区强调建设连接南亚和东南亚的大通道，黑龙江自贸区旨在打造对俄罗斯及东北亚区域合作的中心枢纽。表 7－1 展示了我国各自贸区建设的时间及目标。

表 7－1　　我国自贸区建设的时间及目标

批次	时间	自贸区	目标
第一批自贸区	2013 年	中国（上海）自贸区	打造为开放度最高的投资贸易便利、货币兑换自由、监管高效便捷、法制环境规范的园区
第二批自贸区	2015 年	中国（广东）自贸区	打造为粤港澳深度合作示范区、21 世纪海上丝绸之路重要枢纽和全国新一轮改革开放先行区
		中国（天津）自贸区	打造为京津冀协同发展高水平对外开放平台、全国改革开放先行区和制度创新试验田、面向世界的高水平自由贸易园区
		中国（福建）自贸区	打造为改革创新试验田、深化两岸经济合作的释放区、建设 21 世纪海上丝绸之路核心区、面向沿线国家和地区开放合作的新高地

续表

批次	时间	自贸区	目标
第三批自贸区	2017 年	中国（辽宁）自贸区	打造为提升东北老工业基地整体竞争力和对外开放的新引擎
		中国（浙江）自贸区	打造为东部地区重要海上开放门户示范区、国际大宗商品贸易自由化先导区和具有国际影响力的资源配置基地
		中国（河南）自贸区	打造为服务“一带一路”建设的现代综合交通枢纽、全面改革开放试验田和内陆开放型经济示范区
		中国（湖北）自贸区	打造为中部有序承接产业转移示范区、战略性新兴产业和高技术产业集聚区、全面改革开放试验田和内陆对外开放新高地
		中国（重庆）自贸区	打造为“一带一路”和长江经济带互联互通重要枢纽、西部大开发战略重要支点
		中国（四川）自贸区	打造为西部门户城市开发开放引领区、内陆开放战略支撑带先导区、国际开放通道枢纽区、内陆开放型经济新高地、内陆与沿海沿边沿江协同开放示范区
		中国（陕西）自贸区	打造为全面改革开放试验田、内陆改革开放新高地、“一带一路”经济合作和人文交流重要支点
第四批自贸区	2018 年	中国（海南）自贸区	打造为我国面向太平洋和印度洋的重要对外开放门户、未来全世界最大自由港
第五批自贸区	2019 年	中国（山东）自贸区	推进新旧动能转换、发展海洋经济，形成对外开放新高地
		中国（江苏）自贸区	加快“一带一路”交汇点建设，着力打造开放型经济发展先行区、实体经济创新发展和产业转型升级示范区
		中国（广西）自贸区	打造为西南中南西北出海口、面向东盟的国际陆海贸易新通道、形成“一带一路”有机衔接的重要门户
		中国（河北）自贸区	打造为国际商贸物流重要枢纽、新型工业化基地、全球创新高地和开放发展先行区
		中国（云南）自贸区	打造“一带一路”和长江经济带互通的重要通道，建设连接南亚和东南亚的大通道枢纽，推动形成我国面向南亚和东南亚的辐射中心、开放前沿
		中国（黑龙江）自贸区	打造为对俄罗斯及东北亚区域合作的中心枢纽

续表

批次	时间	自贸区	目标
第六批自贸区	2020年	中国（北京）自贸区	建设具有全球影响力的科技创新中心，打造服务业扩大开放先行区、数字经济试验区，着力构建京津冀协同发展的高水平对外开放平台
		中国（湖南）自贸区	打造世界级先进制造业集群、联通长江经济带和粤港澳大湾区的国际投资贸易走廊、中非经贸深度合作先行区和内陆开放新高地
		中国（安徽）自贸区	推进科技创新策源地建设、先进制造业和战略性新兴产业集聚发展，形成内陆开放新高地

资料来源：作者自行整理。

在自贸区的建设过程中，扩大金融开放以及推动金融创新是其重要内容。整体来看，我国自贸区金融创新项目涉及范围较广，包括外汇管理改革、利率市场化推进、人民币跨境使用、放宽市场准入限制、鼓励离岸金融业务等，不同金融创新领域因地制宜，比如沿海地区自贸区设立的航运金融创新，边境省份自贸区与和我国接壤的国家和地区提供跨境资金清算服务。整体来看，自贸区作为改革开放试验田，有助于在既有金融制度的基础上，采取多维度、分试点、成熟后推广的方式进行改革创新，不仅有利于改革的平稳推动，也有利于地方发挥自主性和积极性，因地制宜地制定创新政策。

从自贸区金融制度创新对扩大对外开放的意义来看，自贸区的金融创新从以下方面入手扩大对外开放：第一，从人民币市场化、离岸金融体系构建等多个方面入手推进人民币国际化进程；第二，依靠合理放宽市场准入原则降低外资进入门槛，提供与国际贸易接轨的制度创新和改革，从而提高对外开放程度；第三，从银行、证券、保险等多个金融领域入手设立交易平台、创造新型金融产品，在不断探索金融开放的基础上，提供更多金融投资产品以及交易服务，助力深化新一轮高水平的对外开放。表7-2总结了各自贸区的金融制度创新情况。

最后，自贸区的设立在政府职能转变、金融开放、法制建设、投资便利化和贸易便利化五大方面的制度创新和突破意义在于：

第一，在政府职能转变方面，自贸区的设立在简化审核流程、提高监管效率、优化成本三个方面起到了良好的作用。首先，自贸区推行审

表 7－2　**各自贸区的金融制度创新情况**

金融创新项目	涉及细分类	涉及主要内容	涉及自贸区
外汇管理改革	经常项目便利化	A类企业外汇收入免去待核查账户、经常项目外汇结算手续优化等	辽宁、河北、山东、陕西、四川、重庆、湖北、河南、浙江等
	资本项目便利化	支持境外融资活动、放开境外本外币审批和规模限制等	上海、广东、天津、湖北、海南、福建等
	跨境资金池	促进跨国企业设立区域性或全球性资金管理中心、简化资金池管理、放宽外汇资金管理准入条件等	上海、辽宁、陕西、湖北等
	其他领域	探索商业保理外汇管理模式、建立国际大宗商品交易外汇管理制度等	广东、辽宁、陕西、湖北、河南等
利率市场化	开展利率市场化试点	合格金融机构纳入优先发行大额可转让存单范围、金融机构资产方市场化定价等	上海、天津、福建等
人民币跨境使用	推动人民币跨境使用	允许区内跨国企业开展跨境双向人民币资金池业务等	大部分自贸区
市场准入	扩大金融市场开放，减少市场准入限制	支持区内设立外资银行、中外合资银行以及民营资本中小银行，优化牌照管理等	上海、广东、福建等
离岸金融业务	外币离岸业务	符合条件的中资银行试点开办外币离岸业务	广东、天津、福建
	离岸金融业务	符合条件的银行机构在合法、合规、风险防控的前提下开展离岸金融业务	天津
	离岸保险业务	—	江苏
	离岸贸易	—	广东、天津、河南、海南等
交易平台建设	金融交易平台	国际大宗商品交易和资源配置	上海
	新型要素交易平台	设立以碳排放为首个交易品种的创新期货交易所	广东
	中国－东盟海产品交易所	建设区域性海产品交易中心	福建
保险	保险制度创新	涉及市场准入、不同领域保险产品、保险业务跨境合作等	上海、广东、天津、福建等大多数自贸区

续表

金融创新项目	涉及细分类	涉及主要内容	涉及自贸区
融资租赁	鼓励融资租赁业务开展	支持符合条件的境内外机构自贸区内设立融资租赁公司，允许区内开展境内外租赁服务，如设立金融租赁登记流转平台等	天津、湖北、浙江、河北等
航运金融	鼓励发展航运金融	发展航运运价指数衍生品交易业务、航运融资、航运保险以及航运租赁等	上海、广东、天津、福建、四川、河北等

资料来源：作者自行整理。

批事项“一口受理”、企业注册登记“多照合一”、探索电子凭证作为审核办理材料的可能性，对原有行政审批制度进行了改革和完善，起到了简化审核流程的作用。其次，自贸区强调责任归属原则并建立统一市场监管信息平台，通过建立企业信用体系对不同信用等级企业实行分类管理，提高事中、事后的监管效率。最后，自贸区通过采用电子政务服务模式来提高企业和个人办事效率，从而在人力成本和时间成本优化方面起到示范先行效应。

第二，在金融开放方面，一方面，以上海自贸区为代表的全国金融开放创新试验中心不断探索人民币国际化；另一方面，自贸区以宏观审慎和风险控制为前提不断推进金融创新，在加强境内和跨境融资风险控制的同时不断增强金融服务能力。

第三，在法制建设方面，各省自贸区专门设有自由贸易试验区管理办法，涵盖从管理体制到投资贸易以及金融服务和监管的方方面面，具备完善的法制框架，同时自贸区还配套了自贸区法庭（比如知识产权法庭等）、仲裁院，以健全争议解决机制，从而推动法制建设的完善。

第四，在投资便利化方面，自贸区通过改革，在 2017 年 7 月第四版负面清单中采用了分门类、分条目、分措施的具体化管理，对负面清单管理不断升级，形成了有针对性的、完善的管理模式。此外，自贸区对于企业创新和投资采取扶持政策，对于境外投资在资金、跨境投融资业务和外汇管理等多方面提供政策帮助，并且通过中国（上海）自由贸易试验区境外投资服务平台对想要“走出去”的企业提供服务支持。

第五，在贸易便利化方面，自贸区实行国际贸易“单一窗口”建设，通过流程优化提高通关效率，并且采取四类“区域货物状态”[①] 管理，方便商品生产和全球分销。

7.4.2 上海自贸区成为双循环的桥头堡

上海自贸区的改革大致经历了如下四个阶段：

2013 年 9 月 18 日，国务院下达了《关于印发〈中国（上海）自由贸易试验区总体方案〉的通知》。该方案总体上有五个方面的任务：第一，扩大投资领域的开放。在扩大服务业开放的同时，探索负面清单管理模式，更大程度上发挥市场作用。第二，推进贸易发展方式的转变。首先，鼓励跨国企业建立整合贸易、物流、结算等功能的营运中心，带动区内服务业发展。其次，货物贸易将借助物流、金融、航运等领域的进一步开放，为当地的制造业注入新的活力。第三，深化金融领域的开放创新。在风险可控的前提下实现人民币自由兑换和利率完全市场化，实现跨境融资自由化，改善外资企业的营商环境。第四，加快政府职能转变。积极探索建立与国际高标准投资和贸易规则相适应的行政管理体系，由注重事先审批转为注重事中、事后监管。第五，完善法制领域的政策保障。

2015 年 4 月 8 日，国务院批准《进一步深化中国（上海）自由贸易试验区改革开放方案》。该方案保留了《中国（上海）自由贸易试验区总体方案》中加快政府职能转变、推进金融制度创新和加强法制建设与政策保障等内容，同时将扩大投资领域开放调整为深化投资管理制度创新，并增加了推进贸易监管制度创新这一任务。具体来看，第一，明确扩充了政府职能，提出政府应完善负面清单管理模式，健全综合执法体系，推动各项制度创新等。第二，更侧重于投资管理制度的创新，如推进外商投资和境外投资管理制度改革等。第三，积极推进贸易监管制度创新。其一，深化贸易便利化改革，提振我国进出口企业的信心。其二，探索长三角区域国际贸易“单一窗口”建设，推动长江经济带通关一体化。其三，按照管得住、成本和风险可控原则，规范政策，创新监管模式。其四，全方位推动贸易转型升级，建设具有较强服务功能和辐射能力的上海国际航运中心，不断提高全球航运资源配置能力。

---

① 包括优惠国的国外状态、对外贸易区受制状态、非优惠国的国外状态和国内状态。

2017年3月30日，国务院印发《全面深化中国（上海）自由贸易试验区改革开放方案》。该方案包括五个方面的主要任务：第一，仍强调进一步转变政府职能，健全以简政放权为重点的行政管理体制并深化创新事中事后监管体制机制，最大限度地给市场放权。第二，建设开放和创新融为一体的综合改革试验区。第三，加强同国际通行规则的衔接，建立开放型经济体系的风险压力测试区。首先，进一步放宽投资准入。其次，进一步深化金融开放创新。再次，设立自由贸易港区，创新贸易便利化规则和跨境服务贸易管理模式。第四，创新合作发展模式，成为服务国家"一带一路"建设、推动市场主体"走出去"的桥头堡。第五，服务全国改革开放大局，形成更多可复制推广的制度创新成果。

2019年8月6日，国务院正式公布《中国（上海）自由贸易试验区临港新片区总体方案》。该方案指出，新片区应对标国际上公认的竞争力最强的自由贸易园区，选择国家战略需要、国际市场需求大、对开放度要求高但其他地区尚不具备实施条件的重点领域，实施具有较强国际市场竞争力的开放政策和制度，加强开放型经济的风险压力测试。该方案还提出，到2025年，新片区将建立比较成熟的投资贸易自由化、便利化制度体系，打造一批具有更高开放度的功能型平台，显著增强区域创造力和竞争力，大幅提升经济实力和经济总量。该方案明确，新片区应发挥开放型制度体系优势，推动统筹国际业务、跨境金融服务、前沿科技研发、跨境服务贸易等功能集聚，强化开放型经济的集聚功能。

《上海市2019年国民经济和社会发展统计公报》显示，中国（上海）自由贸易试验区建设在工业、金融、投资、贸易、跨境人民币使用等领域取得了重要的阶段性成果：

（1）全年实现规模以上工业总产值4 652.35亿元。

（2）金融市场体系日益完备，期末监管类金融机构数为921个，比上一年增长3.8%。

（3）投资环境进一步优化，外商直接投资实际到位金额79.63亿元，比上一年增长17.6%，浦东企业在新加坡、捷克等32个"一带一路"沿线国家投资近454个项目，中方投资额达483.12亿元。

（4）外贸进出口总值达14 841.8亿元，比上一年增长4.4%，其中出口总值达4 493.5亿元，比上一年增长3.8%。

（5）自由贸易账户功能不断拓展，截至 12 月底，累计开立自由贸易（FT）账户 13.1 万个，全年跨境人民币结算总额达 38 112 亿元，比上一年增长 49.4%，占全市的 39.0%；跨境人民币境外借款总额达 42.63 亿元，增长 6.9 倍。

（6）政务服务更加高效透明，在超市等 14 个行业全面实现“一业一证”改革，平均办理时间缩短约 90%，材料减少近三成。

上海自贸区的一系列改革政策，如贸易双方以人民币计价和结算、人民币离岸和吸引离岸人民币回流、资本项目开发和放松外汇管制等，将人民币国际化推向了新的高度。上海自贸区在推动人民币国际化所做的贡献上可圈可点，具体来看包括如下四个方面：

首先，上海自贸区大力引进国际先进服务业的理念和技能，在提升我国本土服务业的国际竞争力的同时，也有利于扩大人民币国际化流通的规模。上海自贸区着力培育新型贸易形态，扩大金融、商贸、航运、教育等服务业的开放，推动我国从“大而不强”的货物贸易大国向服务贸易大国转型，充分发挥服务贸易对经济发展的助推作用。在补足服务贸易的“短板”之后，我国贸易强国的地位得以确立，跨境人民币结算份额必将进一步提升，从而人民币国际化的流通规模也必将扩大。

其次，上海自贸区是人民币国际化突破制度性障碍的试验田。上海自贸区的发展核心是深化投资和金融制度改革，《中国（上海）自由贸易试验区总体方案》中已明确提出：在利率市场化、人民币资本项目可兑换及人民币跨境使用等方面创造条件先行先试，深化跨国企业总部外汇资金集中运营管理试点等人民币国际化利好政策，全面实现投资便利化、跨境融资便利化等，必将突破现有的限制金融交易、人民币计价结算的制度性障碍，推动人民币金融交易大幅增长。上海自贸区改革中的一系列金融开放政策，是我国加速推进人民币国际化的重要尝试，有利于为人民币国际化和我国金融改革积累宝贵经验。

再次，上海自贸区是一个在岸的离岸市场，有利于人民币的跨境使用。目前，由于国际上对人民币升值的长远预期，人民币资产逐渐成为国际金融市场上新的避风港资产，国外居民对中国金融资产的需求日益增多。然而，目前存在的人民币回流机制不健全、流通渠道不畅等问题，严重打击了国际上对人民币的持有意愿。上海自贸区聚集的众多国内外金融机构和跨国企业将根据实际需要发展人民币离岸业务，构建人民币离岸回流机制。此外，上海自贸区具备清算支付便捷、流动性强、市场广阔等优势，可以充当跨国企业的人民币财富管理和现金结算中心。

最后，上海自贸区具备资金枢纽的作用，能够有效控制并调节自贸区资金流向及流量，促进区内外利率体制融合。自上海自贸区挂牌后，人民币的使用渠道增加，回流速度也明显加快，促使人民币的在岸利率和离岸利率逐步接近、贷款利差逐步缩小，有力地推动了中国利率市场化的进程。一方面，随着人民币的境外需求逐渐增加，伦敦、香港等国际金融中心已初步形成规模较大的人民币离岸中心；另一方面，境外市场上的人民币贷款利率不断上升。

7.4.3 自贸区促进人民币国际化的作用机制

自贸区促进人民币国际化主要通过两条途径：一是通过拓宽金融机构功能和服务空间来强化离岸金融中心建设；二是通过扩大资本账户开放和利率市场化空间、汇率自由浮动空间来加强人民币市场化体系构建。

首先，在离岸金融中心建设方面，拓宽金融机构的区域空间有利于奠定人民币国际化的市场基础，在深耕人民币国际化市场基础的同时拓宽功能服务空间有利于提高金融机构的业务能力和辐射能力，提高人民币国际化的效率。前者可以通过推进金融机构的产品和服务“引进来”及“走出去”实现。例如，2018 年 9 月国泰世华银行（中国）有限公司开业标志着银保监会通过自贸区落实金融机构对外开放等金融创新政策的陆续落实。后者可以通过提高人民币债券型资产、权益型资产比重，在自贸区内试点境外投资、项目贷款和人民币境外基金，来拓宽资金的使用范围，并减少人民币跨境使用的限制，从而提高人民币交易主体的市场活力，扩大人民币的使用范围，增大人民币的使用规模。图 7 - 4 展示了自贸区对人民币国际化的影响机制。

其次，在加强人民币市场化体系的构建方面，分为扩大资本账户开放程度和利率市场化空间、汇率自由浮动空间两个角度。从扩大资本账户开放来看，目前区内企业面临的融资需求主要通过国内银行满足，未来可以依托区内分账核算单元，由境外机构对境内进行项目核查，境内企业根据监管要求提供境外信贷资产簿记，从而在增大人民币使用规模

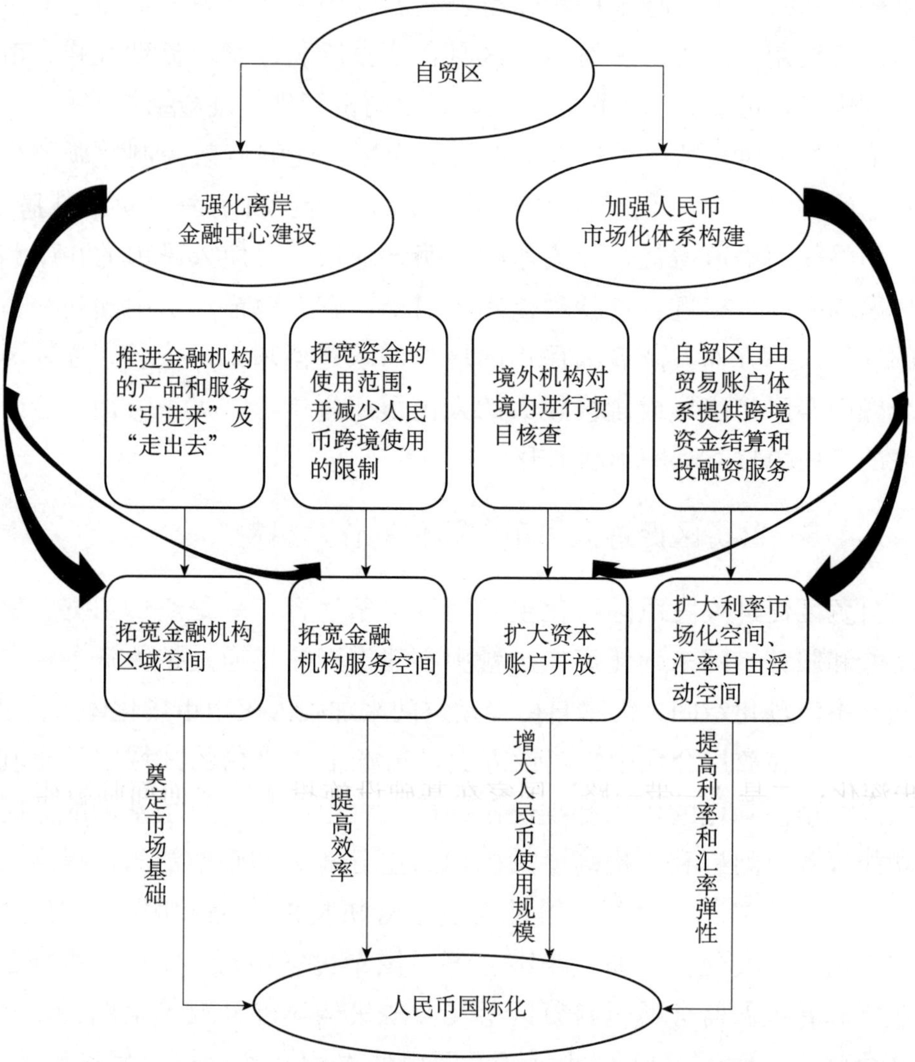

图 7-4　自贸区对人民币国际化的影响机制

的同时促进境外机构参与境内项目建设。从扩大利率市场化空间、汇率自由浮动空间来看，人民币国际化要求本国货币具备完善的金融市场，市场利率能够充分反映价格信号，同时还要求有灵活有效的市场化汇率制度对冲境外投资波动和保持货币政策独立性。目前来看，自贸区在小额外币利率市场化方面取得了一定进展，未来将主攻本币利率市场化，同时，自贸区自由贸易账户体系为上海保险交易所国际再保险平台提供了跨境资金结算和投融资服务，以支持境外人民币和美元的连接，提高人民币汇率弹性。

第 8 章 以“一带一路”建设推动双循环相互促进

尽管“一带一路”建设取得了积极成效，但在推动国内国际双循环相互促进方面仍存在明显不足，主要表现在以下方面：一是“一带一路”国家的出口能力和有购买力的需求相对不足，与我国的贸易互动有望进一步深化；二是“一带一路”国家在基础设施投融资方面面临障碍，但多数国家偿债能力有限，制约我国金融机构提供跨境金融服务；三是“一带一路”国家融入全球产业链和供应链的水平相对较低，很多是以能源资源等原材料出口为主，与我国的产业互动不足。这种情况很大程度上限制了人民币在“一带一路”国家的跨境使用。

8.1 “一带一路”建设面临的新机遇和主要挑战

8.1.1 “一带一路”推动双循环的新机遇

1. 高标准国际规则面临重构，为“一带一路”规则体系建设创造了空间

国际经贸规则迈向高标准化，WTO 规则在关税减让等传统领域进一步扩大开放的空间有限；以大型区域集团为主导的国际经贸规则呈现高标准、碎片化、专业化和边境后延伸的特点；以边境后规则为主的新经

贸规则对我国在知识产权、劳工、环境、政府采购、国有企业等领域既有的规则和标准造成较大冲击。全球高标准、广覆盖的国际贸易投资规则的逐步成型，一方面抬高了我国参与经济全球化的门槛，另一方面为我国在“一带一路”框架下推动规则体系建设提供了空间，为更主动地参与国际经贸规则重构提供了条件。具体说来，我国应从以下几方面入手参与国际经贸规则重构：首先，在数字贸易、跨境电商、绿色经济等新兴领域争取议题创设权和规则制定权；其次，在边境后规则方面，参考《全面与进步跨太平洋伙伴关系协定》（CPTPP）等高标准区域贸易协定，在加强与高标准协定项协调的同时，争取在“一带一路”框架下的规则和标准的主导权，并逐步提高其可接受度和影响力；最后，在基础设施建设、跨境基础设施投融资、跨境铁路运输等专业领域，发挥中国的技术能力优势、规模优势和先占优势，与“一带一路”国家加快形成共识性规则和标准。

“一带一路”金融领域的规则和标准会直接影响到人民币国际化，“一带一路”框架下已经提出的融资指导原则、债务可持续性框架以及基础设施投融资规则等的广泛推广和使用，对中国金融机构跨境投融资及人民币的使用都会产生积极的影响。

2. 全球产业价值链面临重构，为“一带一路”区域分工体系调整创造了机会

全球新一轮科技革命和产业变革正处在关键节点。智能制造、新一代信息技术、生物医药、新能源汽车等产业，以及 3D 打印、大数据、云计算、互联网等新技术，都有可能在“十四五”时期形成多点突破，并从根本上重塑经济生活和生产方式。国际金融危机爆发后，主要发达国家和新兴经济体纷纷推出促进新能源、信息技术、新材料、制造业数字化、生物技术、海洋技术、空间技术等高新技术和新兴产业发展的战略规划与政策，为全球经济增长注入新的要素和活力，新一轮科技革命蓬勃兴起，战略新兴产业在世界范围大发展的趋势日益明显。

国内制造业提质升级步伐稳健，正逐步转向高端研发及高附加值零部件制造，而这一历史性的转型升级过程以及庞大的国内市场将为“一带一路”沿线国家实现产业发展提供难得的机遇窗口。根据世界银行发布的《全球价值链发展报告 2019》，在全球供应链地位上，我国于 2017

年实现了对日本的赶超，取代日本成为亚太区域核心。日本和亚洲“四小龙”的经济发展经验表明，后发经济体实现赶超式发展需要充分发挥自身在各个阶段的比较优势。对于“一带一路”沿线国家而言，低廉的劳动力成本与自然资源禀赋是其当前发展阶段的重要比较优势。因此，发展以劳动力密集型和资源密集型为主的制造业，是这些国家实现经济跨越式发展的重要途径。

在全球新冠肺炎疫情的冲击下，全球范围内的供应链布局动态调整进一步加速。包括中国在内的世界各国一方面更加重视自身供应链的完整性和自主可控性，从而促使某些供应链区域化集聚；另一方面，出于分散风险的考虑，又要重视对供应链实施多元化布局。我国可以与“一带一路”合作国家加强产业合作，加快培育经济增长新动能，通过境外投资和经济技术合作，与沿线国家共同构建“一带一路”产业链和价值链，形成“一带一路”下更加合理的区域分工格局。

3. 自由贸易区网络建设和贸易创新，为“一带一路”贸易格局重塑创造了条件

在全球化受阻的情况下，区域化越来越成为推行高标准自由贸易的选择。我国要继续实施自由贸易区战略，加快正在进行的自由贸易区谈判进程，逐步提升已有的自由贸易区的自由化程度。旨在建立最大的自由贸易区的《区域全面经济伙伴关系协定》(RCEP) 已于 2020 年 11 月 15 日正式签署。此外，我国也在积极寻求加入 CPTPP，并加快制度性开放和融入高标准的国际经贸规则，这为构建新贸易格局奠定了更好的基础。2020 年，我国对东盟的进出口总值已经达到 4.74 万亿元，增长了 7%，东盟已经取代欧盟成为我国最大的贸易伙伴。随着 RCEP 的贸易创造效应和贸易转移效应的进一步彰显，区内贸易规模将进一步增大。

世界贸易组织发布的《2019 世界贸易报告》指出，2005 年以来，服务贸易平均每年增长 5.4%，2017 年服务贸易价值高达 13.3 万亿美元。随着技术的进步，服务贸易成本呈下降趋势，未来服务贸易将实现更大的发展。世界贸易组织预计：到 2040 年，全球服务贸易份额可能提高 50%。如果发展中国家能够采用数字技术，在全球服务贸易中的份额可能增加约 15%。全球三分之二的经济产出来自服务业，且服务业在发展中国家提供了三分之二的就业，在发达国家，这一数据为五分之四。对

于发达国家而言，服务贸易将是其保持全球竞争力和技术优势的关键；而对于发展中国家来说，服务贸易能帮助其进入增加值更高的出口阶段，实现经济多元化，摆脱对资源、制造业的过度依赖。加快发展服务贸易对于进一步提升我国在全球贸易格局中的地位非常重要。随着跨境电商、数字贸易等新业态所占比重的上升，我国在数字化运用方面的优势将会得到进一步发挥。

8.1.2 "一带一路"推动双循环的主要挑战

1. 逆全球化和保护主义抬头，使"一带一路"参与国的营商环境有所恶化

在贸易保护主义抬头、发达国家投资审查趋严的背景下，全球外国直接投资也趋于萎缩。2018 年，全球外国直接投资（FDI）总额为 1.3 万亿美元，较上年同比减少 13%，这是全球外国直接投资连续第三年出现下降。2020 年，受新冠肺炎疫情影响，全球 FDI 大幅下降 40%，是自 2005 年以来首次低于 1 万亿美元。预计 2021 年 FDI 将进一步减少 5%～10%，全球 FDI 在较低水平上徘徊。而全球贸易则进入产业链自我强化的过程，即产业链本身在向头部和区域集中，对全球化产生很大影响。逆全球化导致全球自由贸易下滑、投资增长速度下降、经济增长速度停滞甚至倒退，国际经济和全球治理产生诸多不确定、不稳定因素。

受地缘政治、疫情全球扩散、部分国家国内经济政治因素以及国际社会故意抹黑"一带一路"的"债务陷阱论""新殖民主义"等错误舆论的影响，"一带一路"沿线国家的营商环境有所恶化，企业海外经营风险有所上升。尤其是部分国家贫富差距不断拉大，逆全球化、民粹主义与保护主义思潮盛行，少数国家民粹主义者上台执政，并通过不利于外国企业的法律，使中资企业在相关国家的经营风险显著上升。一些沿线国家国内政治动荡或政权更迭频繁，对外商政策的稳定性较差，导致营商环境出现较大不确定性，使中资企业在相关国家的投资和经营陷于不利境地。一些国家的法律与规则不符合国际规范，存在对外资过度规制、对内资过度保护的现象。甚至一些国家由于对我国存在一定的偏见，有针对我国企业进行选择性执法的情况。尤其在全球疫情影响下，许多国家出台严格的出入境管制措施，导致中方在派员赴国外参与企业经营管

理、技术交流、人才引进、园区考察、海外合作伙伴及供应商拜访等方面受阻，海外企业项目推进及获得新项目的难度加大。“一带一路”合作项目已经出现进度放缓甚至停工、成本上升、债务违约、资金链断裂等问题，部分项目仍处在停工状态，部分已复工项目疫情防控压力大。贸易、投资和产业合作是金融货币合作的动力，“一带一路”沿线国家营商环境恶化，使得企业“走出去”的风险加大、动力不足，对跨境金融服务的需求减少，企业交易和投资的活跃程度下降必然影响人民币国际化业务的拓展。我国金融机构出于对风险因素的考量，“走出去”步伐也会受到沿线国家营商环境的影响，有些金融机构甚至减少了驻外机构数量。

新冠肺炎疫情暴发以来，很多国家出台了新的保护本国产业和市场的措施，目标在于促使制造业和供应链回流，因而在不同程度上排斥或限制外国企业。各国加速收紧外资安全审查。欧盟委员会于 2020 年 3 月 25 日发布了有关外商直接投资和资本自由流动、保护欧盟战略性资产收购指南，该指南是在新冠肺炎疫情下，针对有可能发生的外国投资者对欧盟战略性资产的收购紧急加以规制。之后，对所有成员国具有直接效力的《欧盟外资审查条例》于 2020 年 10 月 11 日正式实施。前述指南要求欧盟及其成员国加强外资安全审查措施，特别是在公共卫生、制药、医疗或防护设备生产、医学研究、生物技术以及基础设施等领域。水资源分配、航空、量子技术、纳米技术、能源储备、电子芯片等行业被纳入基础设施和关键技术领域的范围。意大利宣布扩大外资安全审查范围，以阻止外资对其关键行业的“恶意收购”。涉及关键基础设施和国防的并购仍然是意大利外资安全审查的重点。意大利还特别增加了对医疗和食品行业、保险业及人工智能领域的外资并购的安全审查，并将欧盟内部的收购行为也纳入管辖。澳大利亚修改外商投资审查框架，将收购澳大利亚企业股权的外商投资审查门槛下调至 20%，将农业也纳入事前审查范围内。

发达国家出于保护内部市场和维护公平竞争的目的，对中国企业尤其是有国有背景甚至利用国有银行资金的企业的进入设置障碍。欧盟委员会在 2020 年 6 月 17 日出台的《针对外国政府补贴的促进公平竞争白皮书》中称：欧盟内部市场要确保所有经营者、消费者都能够从欧盟经济的规模和商业机会中受益。因此，首先要审查和规制政府补贴，如果经调查确认一项并购交易的达成是受益于外国政府补贴，造成欧盟市场扭曲，审查机关将对该交易采取措施，或剥离部分资产，或罚款，或禁止该并购交易。该白皮书体现了欧盟对不公平竞争的日益担忧并将采取应对措施，以使有政府支持的企业更难购买欧洲企业的股权。今后，中国企业、中国产品进入欧盟市场将面临更多、更严格的规制，例如，中国企业投资收购欧盟国家的企业或投标其工程项目时，从国有银行获得的投资贷款或政策支持将成为欧盟外资安全审查和反补贴审查的重点。即便是在发展中国家市场，美国等西方国家的抵制围堵和长臂管辖也将进一步增强。中国企业在发展中国家投资面临的国家安全、劳工、汇率、环境等壁垒可能进一步提高，中国企业在境外收购先进技术和向境内转移生产或面临较大阻力。这对“一带一路”的推进和高质量发展构成了挑战，也会进一步加大国际投资合作中的风险，对“一带一路”框架下推动人民币国际化造成一定阻碍。

2. 大国博弈的影响进一步扩大，使“一带一路”合作国的政治风险有所增加

近年来大国战略竞争升温，大国博弈的核心是国家利益之争。尤其是随着“一带一路”建设的深入，中国在全球的影响力持续快速提升，对印度、澳大利亚等区域大国构成挑战和威胁。这些国家纷纷出台相应政策进行反制，很大程度上影响了我国与南亚、泛太平洋等“一带一路”重要地区合作的深入开展。中美博弈进一步加剧，中国制造业转型升级的成效逐步显现，人民币国际化持续推进，都对美国的“科技领头羊”地位和美元的霸权地位构成了挑战，激化了中美竞争。“蓝点网络”计划等地缘遏制手段对我国参与“一带一路”建设构成了较大威胁。2019 年 11 月，美日澳联合发布致力于基础设施项目评价标准建设的“蓝点网络”计划，成为美国针对我国“一带一路”建设、策应美国对我国全面遏制的又一手段。从标准建立、资金实力、业务领域等角度看，“蓝点网络”均已有一定的基础。“新美国安全中心”的报告对我国投资的 10 个“一带一路”基建项目给予“差评”。美国还专门成立了针对“一带一路”的为发展中国家高质量基础设施提供融资的国际金融公司。不排除美国和西方国家通过各种形式使沿线国家在与我国开展互联互通合作时产生更多顾虑，进一步延迟“一带一路”沿线国家与我国合作的进展。大国博弈不仅通过阻碍中国经济产业国际合作对人民币国际化的前提构成制约，

甚至不排除会采取直接干预的手段限制人民币在有关国家的使用，导致机构推迟设立境外分行的时间。

“一带一路”沿线国家大多是发展中国家和新兴经济体，不仅自然环境和资源条件各不相同，而且在国家政治制度，经济发展水平，工业化和城镇化进程，民族、文化、宗教等方面也差异很大。有些国家市场经济体制不成熟，道路和通信等基础设施相对落后；有些国家政局不稳，政府执政能力不足，法律和贸易制度不完善；有些民族宗教问题、难民问题等突出，甚至军事冲突、恐怖袭击等事件时有发生，这些都对中国企业投资、商贸往来、出境旅游、文化科技交流等方面构成了诸多潜在风险。在政治风险方面，“一带一路”合作国很多存在国内政治派别对立、宗教民族矛盾突出、政局不稳、政府更迭频繁等问题。政治风险对“一带一路”合作的影响巨大，我国在斯里兰卡的两个项目科伦坡港项目和汉港项目的推进都因当地政府更迭而受阻。在经济风险方面，“一带一路”合作国家多数是发展中国家，尽管经济增长潜力很大，但普遍面临结构性矛盾，多数国家内生增长动力不足，开放度低，可持续增长面临的阻力大，尤其多数面临较严重的债务问题。新冠肺炎疫情的暴发进一步加剧了全球主权债务风险，全球各主要经济体纷纷扩大公共支出以刺激经济，政府债务规模持续扩大，而主要经济体停工停产、人员流动受阻导致政府收入减少，后续极易导致主权债务危机。比如，委内瑞拉已经陷入了严重债务危机，可能导致我国投资遭受巨大损失。在社会风险方面，“一带一路”合作国中有多数国家社会中潜藏着各种各样的矛盾与冲突，任何一种矛盾得不到妥善解决都会激化甚至引发社会动荡，如由收入分配差距过大引发的阶级对立会导致社会分裂，教育问题、失业问题随时影响社会稳定，从而影响经济、政治等各个方面，对国际合作产生不利影响。在双边关系方面，双边关系的稳定性也会严重影响合作的开展，很多“一带一路”合作国是地缘政治和大国博弈的焦点，给合作带来了很大的不确定性。比如，我国与斯里兰卡和尼泊尔受南亚的区域大国印度的干扰和影响非常大，甚至导致某些互利共赢的项目合作无法顺利开展。

3. 便利性和设施不足，企业和市场缺乏使用人民币的动力

无论从国际贸易、国际投资还是国际储备货币层面提高人民币国际

化水平都离不开市场和企业自发地、主动地和惯性地使用人民币。但是，从目前来看，“一带一路”合作中扩大人民币支付结算仍面临一些困难，企业使用人民币进行贸易结算和投融资支付的动力不足。原因主要有：一是国际资本市场利率水平较低。新冠肺炎疫情暴发以来，世界各主要经济体普遍采取降息、无限量化宽松等经济刺激政策，对冲经济下行风险，主要货币持续维持超低利率水平，而人民币利率水平和融资成本相对较高，难以作为融资货币。二是人民币跨境支付系统效率有待提高，无法满足企业的需求。尽管我国与 7 个沿线国家建立了人民币清算安排，CIPS 业务范围已覆盖 60 多个沿线国家和地区，但该系统的运作模式与技术水平与美元、欧元跨境清算系统相比依然有较大的差距。尤其“一带一路”国家很多银行系统本身的信息化程度不高，使得人民币跨境支付系统运作效率和覆盖范围大打折扣。中国金融机构在“一带一路”国家的分支机构和业务与欧美国家相比也不占优势。三是我国与“一带一路”沿线多数国家经常账户收支处于顺差地位，无法通过贸易逆差向“一带一路”国家提供人民币流动性，加之对“一带一路”国家投资、贷款增长放缓，影响人民币的国际循环。四是“一带一路”国家多数是发展中国家，金融市场不发达，取款手续费、外币兑换手续费都较高，有些国家还存在外汇、资本汇兑限制，企业使用人民币受到市场、制度方面的较大限制。中国企业即使利用人民币贷款也只能先将其兑换成美元，企业也无法将利润以人民币的形式汇回，多出的兑换环节加大了企业成本。五是“一带一路”国家中有不少政局动荡，经济波动大，通常表现为通胀率高和汇率不稳定，导致跨国企业资产负债管理难度大，使用人民币资金可能会进一步加大货币错配和资产负债表风险。以上种种客观因素导致企业在“一带一路”合作过程中使用人民币的意愿不强。

8.2 “一带一路”推动双循环和人民币国际化的实施路径

“一带一路”经过 7 年的建设，到 2020 年进入了高质量发展阶段。2020 年 10 月 29 日，中国共产党第十九届中央委员会第五次全体会议审议通过《中共中央关于制定国民经济和社会发展第十四个五年规划和二〇三五年远景目标的建议》，对“十四五”时期推动共建“一带一路”高质量发展做出以下部署：坚持共商共建共享原则，秉持绿色、开放、廉洁理念，深化务实合作，加强安全保障，促进共同发展；推进基础设施互联互通，拓展第三方市场合作；构筑互利共赢的产业链供应链合作体系，深化国际产能合作，扩大双向贸易和投资；坚持以企业为主体，以市场为导向，遵循国际惯例和债务可持续原则，健全多元化投融资体系；推进战略、规划、机制对接，加强政策、规则、标准联通；深化公共卫生、数字经济、绿色发展、科技教育合作，促进人文交流。与此同时，中国提出了“加快构建以国内大循环为主体、国内国际双循环相互促进的新发展格局”。国内国际双循环既涉及商品的生产、分配、消费、流通的循环畅通，也需要要素资源的市场化优化配置，良性互动的双循环需要更深层次改革和更高层次开放。“一带一路”建设是我国扩大对外开放的重大战略举措，一方面，推动“一带一路”建设高质量发展是双循环的重要内容和落实双循环相互促进作用的重要抓手；另一方面，双循环也为“一带一路”建设创造了机遇。人民币国际化与高层次开放互为支撑，以“一带一路”建设推动人民币国际化是“一带一路”高质量发展的要求和题中应有之义。要在“一带一路”国际循环中加强与国内循环的互动，通过多种路径有效推动人民币在制度规则和市场使用方面的国际化。

8.2.1 以高质量政策联通夯实规则基础

人民币国际化需要中国进行更高层次的开放和更深度地融入世界经济，这需要破解政策、标准、制度不适应、不对称的瓶颈制约，加快促进与沿线国家政策、标准、制度三位一体的联通，大幅提升软联通水平。加强与国际经贸规则的对接、与联合国 2030 可持续发展议程的对接及与多边机制和规则的对接，有利于推动形成更多共识，开拓更广泛的合作空间。无论是与沿线国家进行贸易、投资还是国际工程承包等工程技术合作，都涉及规则对接和融合的问题。我国要发挥负责任的大国的作用，坚持多边主义，维护多边贸易体制及开放型世界经济体制，积极参与世贸组织改革，推动全球经济治理体系朝着更加公正、合理、有效的方向发展。重点围绕贸易投资、知识产权保护、创新、农业、争端解决等国际普遍关注的问题和网络等新领域的规则制定，加强与沿线国家的协调合作，推动制定国际社会普遍认可的贸易和投资规则。积极对接普遍接受的国际规则标准，同时，针对重点区域和重点国家，加强标准互认合作及标准信息互换，努力提升国际标准的一致化水平。

除了加快中国融入世界经济所需要的普遍意义的政策、标准、制度等软联通外，还要加强与人民币国际使用直接相关的人民币贸易结算、国际支付、投资、交易、货币兑换等规则和标准的联通，以及货币和汇率等宏观经济金融政策的协调。通过推行《“一带一路”融资指导原则》《“一带一路”债务可持续性分析框架》《“一带一路”绿色投资原则》等高质量多边融资政策协调以及多边融资合作机制，可以有效地促进我国企业和金融机构开展人民币业务，推动人民币在“一带一路”沿线国家的使用。

8.2.2 以高质量设施联通带动人民币投融资

设施联通是共建“一带一路”的优先方向。以六大国际经济合作走廊（“六廊”）和以铁路、公路、航运、航空、管道、空间综合信息网络（“六路”）为核心的全方位、多层次、复合型基础设施网络正在加快形成，区域间商品、资金、信息、技术等交易成本大大降低，有效地促进了资源和要素的跨区域流动。“一带一路”沿线国家大多处于工业化、城市化的起步或加速阶段，因此，改善交通、能源、信息、水利等基础设施的愿望比较强烈。根据《“一带一路”倡议与对外投融资合作框架》，使用IMF的世界经济展望（WEO）数据库对亚洲新兴市场经济体和发展中国家、独联体国家以及中东、北非国家GDP总量的统计和预测，以世界银行提出的基础设施建设总额占GDP的5%作为政策目标，大致估算出“一带一路”沿线国家2017—2021年基础设施建设投资需求总额为65 735亿美元，平均每年的投资需求为13 147亿美元。目前一大批基础设施合作项目落地生根，我国通过银行贷款、股权和债券市场为“一带一路”基础设施重大项目提供了大量的资金支持。以我国企业为主推进的“一带一路”建设及其投融资，在探索中形成了独特的模式，具有了一些不同于发达国家主导的跨国基础设施投融资的特征。从工程承包到“投融建营”一体化和公私合营等模式均对“一带一路”投融资体系提出了新的要求。除了国内开发性银行、政策性银行和商业银行提供贷款外，丝路基金等中长期开发性投资基金、亚洲基础设施投资银行、金砖银行等新兴多边开发性金融机构的贷款，国内国际资本市场发行的债券和股票以及资产证券化等都是基础设施融资的重要渠道。“一带一路”倡议实施以来，我国在沿线国家提供的基础设施项目融资支持已超过3 000亿美元，其中相当大部分是由我国金融机构作为主要出资者甚至唯一出资者。

值得注意的是，随着共建“一带一路”倡议走深走实，“投融建营”一体化模式已成为我国企业“走出去”开展项目合作的重要发展方向，对于促进项目所在国经济发展、推动中国各产业链上下游协同“走出去”、提升企业国际化经营水平发挥了积极作用。大型企业尤其是央企承包集团迫于国内外跨国企业的竞争，充分利用银行授信额度高、融资能力强的竞争优势，以投资为抓手来拉动海外工程业务。“投融建营”一体化模式扩展和延长了传统工程承包项目的业务链条，将项目运作的范围向前扩展到项目的开发和投融资环节，向后扩展到项目的运营维护环节，会对人民币的国际使用产生非常积极的影响。大型企业集团为了减少“投融建营”一体化过程中的货币错配，可以更多地利用人民币资金。

在“一带一路”框架下构建统一的、规范的、被普遍接受和认可的跨区域基础设施投融资规则有利于拓宽“一带一路”基础设施融资来源。当然，“一带一路”互联互通和基础设施项目建设也有利于发挥中国金融机构和金融市场的作用，推动金融机构“走出去”和金融市场的开放，扩大人民币国际贷款规模和资产计价货币规模，从根本上扩大人民币的国际使用。

8.2.3 以高质量贸易畅通增强人民币的计价结算职能

共建“一带一路”促进了沿线国家和地区贸易自由化，以及双多边自贸网络体系的逐步形成。高质量贸易畅通可以使贸易规模持续扩大，结构不断优化，服务贸易进一步开放，跨境电商等新业态蓬勃发展。根据世界银行研究报告①，共建“一带一路”5年来使沿线经济体间贸易的

---

① World Bank. Belt and Road Economics：Opportunities and Risks of Transport Corridors. World Bank Group，2019.

平均运输时间缩短了4%，贸易成本降低了3.5%。通过高质量的贸易畅通，中国主动向世界开放市场，促进世界各国加强经贸交流合作，共同维护自由贸易和多边贸易体制。随着贸易便利化机制日益完善和境内自贸区自贸港建设不断提速，我国的贸易大国地位不断巩固，贸易结构得到了不断优化。贸易大国地位为人民币国际化创造了有利条件，贸易结构优化有利于增加人民币作为结算货币的砝码。尤其重要的是，我国从"一带一路"国家进口规模的大幅增加有利于我国成为沿线国家经济复苏的稳定器，有利于夯实人民币贸易融资和贸易结算的基础，进而可以提升人民币的国际贸易结算功能和国际货币地位。

8.2.4　以高质量资金融通构筑人民币国际使用网络

资金融通是共建"一带一路"的重要支撑。拓宽多样化融资渠道，不断创新投融资方式，持续完善金融合作机制，建立多元、包容、可持续的"一带一路"投融资体系，可以为共建"一带一路"提供稳定的资金支持。中资金融机构和CIPS在沿线国家和地区的布局、国际和区域金融货币合作的深化、人民币资本市场的开放、金融产品和服务的丰富以及国际投融资模式的持续创新都有利于疏通"一带一路"资金融通渠道，有效构筑人民币国际使用的载体，发展人民币使用的网络体系：(1) 中资金融机构的海外布局有利于构筑人民币国际使用的机构载体；(2) CIPS的更广泛建立有利于提高人民币国际使用的便利化程度，完善金融基础设施载体；(3) 国际和区域金融货币合作有利于人民币跨境流动和多边融资的政策协调；(4) 人民币资本市场的开放有利于"一带一路"建设资金的人民币直接融资；(5) 金融产品和服务的丰富以及国际投融资模式的持续创新则会持续增强人民币资金对市场主体的吸引力。

8.2.5　以高质量国际产业合作推动双循环相互促进

高质量的国际产业合作就是要通过开展对外投资和国际产能合作，鼓励进行第三方市场合作，整合提升"一带一路"沿线国家产业链、供应链、服务链、价值链，在国际产业分工格局重塑中提升我国在"一带一路"国际循环中的主导地位。一方面，促进我国优势行业加快从以加工制造环节为主向合作研发、联合设计、市场营销、品牌培育等产业链高端环节延伸；另一方面，通过中资跨国企业在境内外建立较为完善的市场营销网络，依托合作国丰富的原材料、终端市场等优势，带动国内相关成套装备出口，将大部分国内所缺的资源性产品返销国内，服务于国内国际两个市场，实现资源的全球化有效配置。随着中国企业境外资产规模和质量的提升，无论从国际收支的动态平衡角度还是从国际投资头寸的静态平衡角度，都会大大改善我国经济的国际循环水平。从企业层面看，企业境外公司和实体规模越大，企业境外资产、收入以及利润占比越高，企业国际贸易与国内贸易相比规模越大，企业利用国外要素和资源的比例越高，就意味着企业的国际化程度越高；从国家层面看，国家对外投资的流量越大，在海外的投资头寸越大，境外产业和资产规模越大，越有利于提升人民币的国际地位。

8.2.6 以高质量民心相通增强人民币国际使用意愿

高质量民心相通是"一带一路"高质量的重要保障。通过开展广泛和有效的公共外交、科技、教育、文化、卫生健康、绿色发展和对外援助等交流合作，可以增进有关国家的理解和价值认同。作为信用货币，国际货币一般是以国家信用背书，无论是对外援助，还是对生命至上和绿色发展等理念的坚守，均有利于中国的国际影响力和国际声誉的提升，为人民币的国际使用提供民意基础。

8.3 推动双循环和人民币国际化的重点举措

中国提出了"加快构建以国内大循环为主体、国内国际双循环相互促进的新发展格局"。这是根据我国的发展阶段、外部环境、条件变化，重塑我国国际合作和竞争新优势的战略抉择。中国国内循环的质量越高，国内需求潜力释放越充分，经济发展动能越强劲，对"一带一路"沿线国家的带动作用就越强，"一带一路"建设对国际循环的促进作用也就越大。高质量建设"一带一路"，对外可以通过政策沟通、设施联通、贸易畅通、资金融通、民心相通促进商品和要素跨境流动，打通国内国际两个市场，促进中国及其他沿线国家充分发挥各自的要素资源禀赋优势；对内可以带动国内商品和要素市场一体化发展，进一步畅通生产、消费、流通和分配的国内循环。“一带一路”建设涉及国际循环多方面内容，整体上看，“一带一路”双循环体系建设对于构建开放型经济新体制，更好地发挥两个市场、两种资源的作用至关重要。“一带一路”双循环体系构建得越科学，中国经济与世界经济融合得越高效，中国开放型经济新体制建设得越成功，人民币国际化的经济、贸易和制度条件就会越积极向好。人民币国际化是一个复杂的系统工程，以高质量“一带一路”建设推进人民币国际化涉及方方面面的制度政策设计，应重点选择以下几个举措作为重点和突破口。

8.3.1 推动大宗商品贸易人民币计价

中国是大宗商品贸易大国，却缺失大宗商品交易的定价主导权。推动大宗商品贸易和人民币计价对人民币国际化有着特别重要的意义。一个重要原因是，从现货市场看，长期以来多数大宗商品都是卖方市场，尽管企业使用人民币计价结算没有任何政策障碍，但我国下游产业的组织方式和恶性竞争导致企业基本没有议价能力，对计价结算货币的选择权较小，只能是美元价格的接受者；另一个重要原因是，作为在价格形成中发挥重要作用的国际商品期货市场，主要以美元定价和结算。因此，我国可以充分利用“一带一路”双循环体系，借助国内强大的需求，推动大宗商品贸易和人民币计价。

为此，需要在五个方面进行创新。一是依托优势品种，加快建立人民币计价的期货交易市场。比如，利用中蒙、中俄煤炭和钾盐等大宗商品交易规模和已经形成的定价权优势，在满洲里建立煤炭、钾盐等大宗商品期货交易所，提升我国煤炭、钾盐等大宗商品的国际定价权，整合满洲里既有保税仓储资源，设立交割库，开展俄罗斯大宗商品交易交割。二是提高金融机构的大宗商品现货交易和期货交易服务能力和水平。创新针对境内外投资者的人民币计价商品，为交易商提供集账户、兑换、结算、融资、理财、经纪、咨询于一体的综合金融服务。解决目前即便境外大宗商品交易对手主观上愿意使用人民币进行结算，客观上也无法获得人民币资金和人民币贸易融资支持的窘境。三是大力发展人民币离岸市场，在主要国际金融中心扩大人民币资产规模，为境外人民币资金提供投资渠道，满足境外多元化的人民币资金需求。四是建设“一带一路”大宗商品交易平台，完善金融服务，形成优势大宗商品计价中心，在大宗商品交易规则、期现一体化、服务体系和监管体系等方面加快创新，推动大宗商品交易建设所需的金融、税收、口岸、商务等相关领域的深度改革。五是加强与重要大宗商品贸易国开展专项合作，进行贸易结算货币的顶层设计和制度安排。比如，与俄罗斯就石油贸易开展合作、与蒙古国就煤炭贸易开展合作等。支持有关国家使用货币互换额度获得人民币流动性。完善人民币回流机制，畅通重点国家因优势大宗商品贸易产生的境外人民币资金投资渠道，构建直通中国资本市场的政策安排。

8.3.2 构建基础设施投融资体系

跨国基础设施投融资的多样性、复杂性和高风险性，决定了投融资体系的系统性。从全球层面看，日本有成功的经验值得借鉴。日本国际协力银行（JBIC）致力于支持日本公司的海外基础设施建设，其使命是为日本和国际经济社会的稳健发展做贡献，职责主要包括四方面：促进日本在海外重要资源的开发和获取；促进以防止全球变暖等保护地球环境为目的的海外业务的开展；维持并提高日本产业的国际竞争力；防止国际金融秩序混乱以及应对由此导致的危害。JBIC 基于新兴经济体快速增长的基础设施建设需求，为了提高自身的竞争力，提出通过与日本高技术结合的“高质量”基础设施全球投资。“高质量”基础设施的内涵包括：经济效率；安全；应对自然灾害的韧性；对环境和社会影响的兼顾；对当地经济和社会的贡献（技术转移和人力资源发展）；等等。基础设施建设需要多层次的、较完整的投融资机构体系，应发挥多边开发性金融机构、次地区银行、主权国家开发性金融机构等国际基础设施投融资主体的作用。一是充分发挥亚洲基础设施投资银行的作用，对接国际基础设施投融资规则，建立亚洲基础设施投资担保机构，通过向投资者和贷款方提供政治风险担保，尽快建立国际投资争端解决中心，提供针对国际投资争端的调解和仲裁机制。二是继续发挥国家开发银行、国家进出口银行等开发性银行、政策性银行、政策性担保机构以及各类基金的作用，创新业务模式，拓展业务范围；通过“一带一路”投融资合作机制提升沿线国家政府的融资参与度，改善基础设施投资政策框架，吸引国际性金融机构和民营资本的参与；利用“联合贷款”模式撬动国际资本，推进我国金融机构同国际大型金融机构之间的交流与合作，深化同“一带一路”东道国银行在“银行联合体”框架上的建设。三是在单个项目层面开展第三方投融资合作，设立联合融资安排，形成机制化第三方合作方式。例如，丝路基金、中国投资有限责任公司都分别与欧洲伙伴国家建立了相关机制，以股权、债权等多种方式，为项目合作以及共同投资第三方市场项目提供融资支撑。四是拓宽人民币跨境投融资渠道，增加便利性。具体来说，包括：放宽境内境外发行人民币债券限制，为“一带一路”大型基础设施项目海外融资提供便利；完善双边本币清算安排，推动清算支付同盟的建设，降低国际不确定性对“一带一路”项目的影响；加快 CIPS 的建设；加快 CIPS 与传统结算模式的兼容性建设，鼓励基础设施项目融资采用人民币贷款，发放人民币债券，进行人民币股权投资。

8.3.3 探索“一带一路”数字贸易新平台

20 世纪末以来，伴随着互联网、大数据、云计算等新一代信息技术的迅猛发展，数字贸易作为新型贸易形式在全球范围内快速兴起，但全球层面尚未形成关于数字贸易的一致主张。2013 年 7 月，美国国际贸易委员会（USITC）在《美国与全球经济中的数字贸易Ⅰ》中正式提出了“数字贸易”定义，即通过互联网传输产品和服务的国内商务和国际贸易活动，具体包括四个方面：一是数字化交付内容，如音乐、游戏；二是社交媒体，如社交网站、用户评价网站等；三是搜索引擎；四是其他数字化产品和服务，如软件服务、在云端交付的数据服务等。2015 年，联合国贸易和发展会议将“电子商务”定义为在线有形实物商品和无形数字商品的销售和购买行为。2017 年，美国贸易代表办公室（USTR）发布的《数字贸易的主要障碍》报告认为，“数字贸易”应当是一个广泛的概念，不仅包括实物和服务在互联网上的销售，还包括数据流动、在线智能制造等。

目前，美、欧、日等发达经济体主导了数字贸易规则的构建，“美式模板”主张：（1）在所有合法的商业目的下，互联网应保持自由开放；（2）跨境服务贸易规则适用于数字贸易，非歧视待遇适用于数字产品，各国政府应永久性地给予数字产品（包括载体）零关税待遇，实现电子传输关税豁免的永久化；（3）数据跨境自由流动，确保商业目的的跨境数据流动不受阻碍，不能对跨境数据流动建立歧视和保护主义壁垒；（4）数据存储设备与源代码非强制本地化；（5）禁止强制性技术转移；（6）支持在合法商业或社会用途使用网络的过程中建立起消费者信任，包括制定具有强制力的隐私规则；（7）支持针对数据以及技术服务的互操作性、知识产权保护，对接信息通信技术研究和标准。“欧式模板”则主张：数据有效保护和数字服务提供商有效监管下的数字贸易自由化；对数字内容进行适当保护；跨境数据传输原则上要求数据境内存储、处理和访问，只有在达到一定的条件时才可以将数据和信息向欧盟以外的国家和地区传输。欧盟认为，进行数据本地化立法、实行数据存储本地化，可以将数据信息限制在境内，能够减少因为数据的传输和使用而给国家和个人带来的危害。2018 年 5 月，欧盟《通用数据保护条例》（GDPR）正式生效，它以欧盟法规的形式确定了个人数据保护原则和监管方式。该条例被认为是“世界史上最严格的个人数据保护条例”。

我国要积极扩大与“一带一路”国家的数字贸易合作，探索反映发展中国家利益和诉求的规则体系，为国际数字贸易治理做出贡献。一是积极参加世界贸易组织与贸易有关的数字贸易（电子商务）议题谈判，加强与欧美等发达经济体开展数字贸易规则对话，明确全球数字贸易规则的基本原则。二是依托高质量“一带一路”建设，探索建立跨境电商全口径统计、税收、贸易便利化及消费者保护等制度，规范数字贸易的交易内容、税收及费用、境内外信息流通等，逐步构建符合国际通行规则的区域性数字贸易框架体系，争取全球数字贸易规则制定上的话语权。三是加快数字贸易相关立法和建立数字贸易仲裁机制，形成与数字贸易相对应的数据保护规则，探索数字贸易的监管制度。四是通过参与数字贸易这一新兴领域的规则制定以及与“一带一路”沿线国家的数字贸易合作，为人民币在数字贸易中的使用创造有利条件，推进人民币国际化。

8.3.4 加强多边开发性金融机构的作用和区域合作

（1）加强多边开发性金融机构的作用。在“一带一路”倡议下，以中国为主的多个国家和中资企业发起成立了两家多边开发性金融机构——亚洲基础设施投资银行（简称亚投行）和金砖国家新开发银行。

亚投行自 2016 年开业以来，为沿线国家和地区提供投融资支持，在国际多边开发体系中发挥越来越重要的作用。2017 年亚投行会同世界银行等 6 家多边开发银行，与中国政府共同签署了《关于加强“一带一路”倡议下相关领域合作的谅解备忘录》，旨在加快推进在“一带一路”沿线国家的信息交换、项目对接、能力建设等方面的工作。金砖国家新开发银行致力于用基础设施建设撬动全球经济增长，在深化区域经济融合中发挥积极作用。应该充分利用好多边开发性金融机构的平台作用，推动“一带一路”高质量建设；设立人民币基金，扩大人民币在“一带一路”沿线国家的使用。

(2) 进一步完善开发融资多边合作协调机制。目前，中国财政部已与亚投行、亚洲开发银行、拉美开发银行、欧洲复兴开发银行、欧洲投资银行、泛美开发银行、国际农业发展基金、世界银行集团 8 家机构共同设立了多边开发融资合作中心（MCDF），作为基础设施开发融资多边合作协调机制。未来，应建立常态化的协调机构和统一的投资规则，协调双多边开发机构，更好地体现遵循国际通行规则、适应发展中国家实际需要、遵循市场规律三者的有机结合，共同支持“一带一路”基础设施互联互通。

(3) 加强区域金融货币合作。我国应与“一带一路”沿线国家和地区签订区域金融货币合作协议，建设多边外汇储备库；加强金融政策沟通，签订货币互换协议，鼓励相关国家扩大人民币储备规模；推动人民币跨境结算平台、人民币与沿线国家货币兑换交易平台和跨境资本流动监控平台的建设。

第 9 章

以离岸市场促进新发展格局

9.1 离岸市场有利于构建双循环格局

一国经济的双循环，可理解为各类生产要素、中间以及最终需求在全球范围内的交换和流动，在这一过程中会产生一国经济的溢出及溢入效应，一国经济以及全球化所处的发展阶段，很大程度上决定了双循环格局的具体特征。近年来，随着外部环境和我国发展所具有的要素禀赋的变化，市场和资源两头在外的国际大循环动能明显减弱，而我国内需潜力不断释放，国内大循环的活力日益增强，客观上有着此消彼长的态势。自 2008 年国际金融危机以来，我国经济已经在向以国内大循环为主体转变，经常项目顺差与 GDP 的比值由 2007 年的 9.9%降至现在的不到 1%，国内需求对经济增长的贡献率有 7 个年份超过 100%。2008 年国际金融危机以来，我国国内国际循环趋于均衡，这不仅是源于外部环境的重大变化，而且是源于我国自身发展条件的深刻改变。得益于 40 余年改革开放的高速发展，2019 年中国经济占全球经济的份额上升到 17%，对全球经济增长的拉动作用超过 30%，人均 GDP 达到 1 万美元，综合国力显著增强。未来一个时期，国内市场主导国民经济循环的特征会更加明显，经济增长的内需潜力会不断释放。

一是以独立自主为着眼点畅通国内大循环。要以扩大内需为战略基点，补“短板”、疏“堵点”，着力打通国内生产、分配、流通、消费各环节。二是通过改革和高水平对外开放优化国际循环。新发展格局是开放的国内国际双循环，国际循环的目标是通过高水平对外开放，更好地支持和畅通国内循环，优化结构，激发活力，实现国内国际循环相互促进。

货币是一国经济对外及对内循环相互交织的关键环节，在为实体经济内部循环提供资金支持的同时，通过汇率动态调整，过滤外部冲击，为内部经济循环提供相对稳定的运行环境，而国际货币的定位和属性则有助于拓展对外循环的辐射空间，加强全球金融治理能力建设。

9.1.1 离岸人民币市场促进内循环

离岸人民币市场发展是和我国人民币国际化道路紧密联系在一起的。在资本账户尚未完全开放的前提下，选择采取跨境贸易人民币结算和离岸人民币市场发展相结合的形式是推动人民币国际化的现实举措。目前，国内金融体制仍处于市场化改革阶段，金融监管体系正在逐步完善，汇率制度安排尚未实现完全浮动，使得资本账户的全面开放仍在逐步进行之中。与此同时，我国在全球的经济地位不断提升，现行的国际货币体系无法适应多元化的全球经济发展，人民币国际化势在必行。在此形势下，离岸市场成为人民币国际化的桥头堡和试验田。

离岸人民币市场的发展是人民币国际化的重要一环，而人民币国际化既是内循环高质量发展的结果，又是促进内循环高质量发展的重要动因，内循环的高质量发展为人民币国际化提供持续的动力。国内持续的市场化经济改革打通了生产、分配、流通、消费各个环节，形成了新的经济增长点，畅通了国内大循环，实现了国内市场需求的持续升级和供给能力的不断提升。从理论上讲，一国经济实力的增强也会增强其在贸易竞争中的优势，从而使其汇率变得稳定而坚挺。长期稳定而坚挺的汇率是人民币国际化持续发展的重要条件。

人民币国际化也会推动我国金融体系改革，建立市场化的现代金融体系，促进内循环高质量发展。首先，要发展出一个具有高度流动性、规模足够大的国内金融市场。美元能在二战后数十年里一直占据主导性国际货币地位，除了是因为其政治、经济、科技乃至军事等综合实力强大之外，其高度发达、品种齐全、安全可靠的国债市场也发挥了重要作用。而我国债券市场虽然近年来发展迅速，已经成为全球第二大市场，但流动性相对不足，难以满足国外投资者对拥有高流动性的人民币金融资产的需要。其次，推进人民币汇率制度改革，增强汇率弹性。从长远看，人民币国际化的深度发展（成为主要的国际储备货币）要求资本跨境流动的自由化。而为了避免“三元悖论”引起的货币政策独立性，央行会持续进行人民币汇率制度弹性化改革，实现汇率完全由外汇市场供求决定，实现自由交易。再次，促进金融业的持续开放，增强国内金融机构的竞争能力，更好地为国内实体经济提供全方位的金融服务。最后，提高金融监管能力，促进国内金融政策透明、稳健，并与国际通行做法接轨。

9.1.2 离岸人民币市场促进外循环

首先，离岸人民币市场是我国“外循环”发展到一定阶段的主动选择。2007 年的美国次贷危机、2010 年的欧债危机和 2020 年的新冠肺炎疫情让我们深刻地认识到：在国际贸易、资本流动和外汇储备中过度依赖美元、欧元等货币具有极大的风险，必须推动人民币国际化。为了与我国现行金融发展水平相适应，跨境贸易人民币结算和离岸人民币市场发展相结合的形式是最为恰当的选择，离岸人民币市场是我国外汇储备管理难题的突破口。

其次，离岸人民币市场为企业提供了离岸融资渠道。离岸债券为中资企业提供了离岸融资渠道，对境内融资市场形成了有效补充，并呈现一定替代性。当境内利率水平、政策或市场负面情绪导致企业境内融资渠道收窄时，企业可转向境外融资渠道。

再次，离岸人民币市场使企业可充分利用两个市场，降低汇率风险和财务成本。离岸人民币市场作为与境内人民币相对应的市场，为企业提供两个市场的汇率、期权价格，使企业可以在两个市场自行选择，将自己的实际汇率避险需求与离岸、在岸人民币市场灵活的汇率风险对冲产品进行有效结合，从而在成本可控的前提下有效地抵御外汇市场波动所带来的风险，降低财务成本。

最后，离岸人民币市场是中资金融机构在国际化经营中具有的独特优势。中资金融机构在境外与当地金融机构相比，无论在客户资源、资金实力还是业务拓展能力上都难以形成有效的竞争力，而开拓当地离岸人民币市场，推广离岸人民币的使用，通常成为中资机构在境外进行差异化竞争的独特优势。

9.2 加强离岸-在岸人民币市场联系

主要国家货币国际化的经验表明，离岸市场的发展是货币国际化过程中的重要阶段，离岸市场与在岸市场之间的有效联动、协调发展和持续融合是推动货币国际化进程的关键。

9.2.1 外汇交易是价格联动的主渠道

外汇交易渠道是促进人民币离岸和在岸市场价格联动的主要渠道。外汇交易背后是资金的跨境清算，它会影响离岸人民币资金的平衡状态，对离岸人民币利率产生影响。

第一，具有合格背景的企业可以在人民币离岸和在岸市场之间进行选择。人民币离岸和在岸市场之间存在的价格差异是由于市场割裂而产生的，交易活动是联系离岸和在岸市场的纽带，使得两者价差保持在一定的限度之内。在岸人民币相关外汇交易的前置条件是“实需背景”审核，而离岸市场的交易没有此类限制，完全根据市场参与者的意愿开展业务。境外机构使用在岸市场价格也需要满足境内业务开展的相关要求，由经办银行进行背景审核，并通过特定系统报备中国人民银行，经办银行也需要是人民币参加行。在我国贸易规模不断提升、资本项目逐步开放的背景下，符合政策要求的业务种类不断增加，促进人民币离岸和在岸市场价格收敛的力量不断积累。从市场实际观测看，人民币离岸和在岸即期汇率的价差中枢也在不断缩小，表明随着人民币市场化和国际化程度的不断深入，人民币离岸和在岸市场在外汇交易渠道的推动下不断融合。

第二，资本项目不断开放促进了离岸和在岸市场融合。目前资本项目下直接投资已经实现可兑换，直接投资与经常项目类似，都有真实的交易背景，符合在岸人民币的业务开展政策，因为交易流需要与贸易流或资金流匹配，此类背景下外汇交易的特点是业务频率较低。近年来我国资本项目管道式开放趋势愈加明显，以债券通和股票通为代表的资本项目开放，为离岸和在岸市场带来了显著的增量交易。此类资金的显著特点是背后资产换手率较高，相应地，在外汇市场上买入卖出的频率较高，而且此类存量交易符合开展在岸人民币业务的政策要求，在一定程度上可以主动选择对冲和平盘的市场，对人民币离岸和在岸价格的收敛起到了重要作用。

第三，市场参与者的价差交易策略提升了人民币离岸和在岸市场的联动效果。金融市场上存在多种价差交易策略，如期限价差交易策略、产品价差交易策略等。人民币离岸和在岸市场都以人民币为交易标的，由于市场存在割裂而产生了差异化的价格。在人民币市场上，可交割产品和不可交割产品之间、在岸和离岸可交割产品之间存在普遍的价差交易。此类交易规模没有明确统计，但在整体交易规模中应该占据了相当大的比例。背后的逻辑是：市场参与者认为，离岸和在岸市场同类型产品的价格最终会均值回归，因此在人民币离岸和在岸价差达到一定程度时，价差交易策略的使用会使离岸和在岸市场价格维持在一定的范围之内。

9.2.2 资金拆借产生利率联动效应

一是银行间同业拆借渠道。银行间同业拆借是人民币货币市场的主要产品之一，此种类型的交易也受到人民币跨境政策的严格管理，与人民币市场运行的宏观环境密切相关。2014 年之前管理相对宽松，银行从离岸市场融得的人民币资金可以通过同业存款或同业拆借形式进入在岸市场，境外银行也可以从在岸市场借入人民币资金存入离岸市场。2016 年之后，人民币跨境政策收紧，此渠道也成为离岸市场人民币资金进入在岸市场的单向通道，人民币在岸市场无法发挥对离岸市场流动性的调节作用。

二是金融和企业的全口径外债管理渠道。中国人民银行于 2017 年 1 月发布了《关于全口径跨境融资宏观审慎管理有关事宜的通知》，实现了对外债的本外币一体化管理，统一了国内机构的外债管理政策，金融机构和企业在与其资本或净资产挂钩的跨境融资上限内，可从境外借入资金，并纳入外债口径统一管理。在融资范围内，境内银行和企业可以通过离岸市场融入人民币或美元，具体融资币种的选择取决于人民币和外币的利率水平以及企业的实际需求。外债规模的调整意味着境内银行和企业从离岸市场的潜在融资能力的变化，在离岸人民币利率较在岸市场更低的环境下，境内机构可以增加离岸人民币借款，这在一定程度上加强了人民币离岸和在岸市场之间的联通和联动。

9.2.3 央行互换平抑流动性极端波动

通过央行货币互换[①]可以为离岸人民币市场提供增量资金。2008 年以来，中国人民银行已陆续同韩国、中国香港、马来西亚、白俄罗斯、俄罗斯、印度尼西亚、阿根廷、冰岛、新加坡、新西兰、乌兹别克斯坦、蒙古、哈萨克斯坦、泰国、巴基斯坦、欧元区等 29 个国家和地区的货币当局签署了总额约 3.4 万亿元人民币的双边本币互换协议。

央行货币互换本质上属于人民币跨境借贷方式，借贷主体为货币当局，抵押物为对方货币。央行货币互换将人民币投入离岸市场，扩大了离岸人民币资金规模，压低了离岸人民币利率，如果获得人民币的机构选择在离岸市场将人民币兑换为其他货币，则会对人民币离岸市场汇率造成影响。

为提升香港作为全球离岸人民币金融中心的地位，香港金融管理局基于央行货币互换可获得的人民币流动性以及自身积累的离岸人民币资金，创设了人民币流动性资金安排，在离岸人民币市场出现极端波动的情况下入市干预。目前，香港金融管理局的人民币流动性资金安排主要有三种工具，分别为日间回购协议（intraday repo）、隔夜回购协议（overnight repo）及一级流动性提供行安排（dedicated repo facility for primary liquidity providers），总规模分别为 100 亿元人民币、100 亿元人民币及 180 亿元人民币，合计 380 亿元人民币。一级流动性提供行安排于 2014 年推出，是加强香港离岸人民币市场基础设施建设的重要环节。一级流动性提供行会增加在香港交易的人民币产品的流动性，也会促进银行利用香港平台支持其在世界各地的离岸人民币业务，从而巩固香港作为全球离岸人民币业务中心的地位。2018 年 10 月，香港金融管理局指定

① 央行货币互换是指一国（地区）的央行（货币当局）与另一国（地区）的央行（货币当局）签订协议，约定在一定条件下，任何一方均可以一定数量的本币交换等值的对方货币，用于双边贸易投资结算或为金融市场提供短期流动性支持，到期后双方换回本币，资金使用方同时支付相应利息。

9 家一级流动性提供行，涵盖了五大中资国有银行，并包括了来自英国、美国、法国的主要银行，每家银行有 20 亿元人民币额度。香港金融管理局每两年对名单进行评估，目前的名单如表 9-1 所示。

表 9-1　香港金融管理局指定的 9 家人民币一级流动性提供行名单

香港金融管理局指定的 9 家人民币一级流动性提供行名单
中国农业银行股份有限公司
中国银行（香港）有限公司
交通银行股份有限公司
法国巴黎银行
中国建设银行（亚洲）股份有限公司
花旗银行
香港上海汇丰银行有限公司
中国工商银行（亚洲）有限公司
渣打银行（香港）有限公司

人民币流动性资金安排的利率通过既定公式确定，日间回购利率为之前 3 个连续工作日的离岸人民币 HIBOR 平均值，隔夜回购利率为日间回购利率加 0.5%，此两种工具合计规模为 280 亿元人民币，另外 100 亿元人民币的额度由香港金融管理局根据市场定价。在离岸人民币出现紧张情况时，人民币流动性安排使用规模会显著放大，以便有效平抑人民币流动性的极端波动。

9.2.4　债券发行或影响离岸市场流动性

债券发行渠道对人民币离岸和在岸市场联动的影响主要体现在三个方面：一是境内机构在离岸人民币市场发债，并将获得的资金回流境内使用，若将获得的资金在离岸市场使用，则对离岸市场流动性不产生影响；二是境外机构在境内发行熊猫债，并在政策允许范围内，将所得人民币资金转至离岸市场使用，这将增加离岸人民币市场的资金存量；三是中国人民银行发行离岸人民币央行票据（简称央票），将离岸资金直接抽回在岸市场，离岸人民币央票的发行节奏和存量规模对调控离岸人民币市场流动性有显著影响。

1. 离岸人民币债券发行

离岸人民币债券市场是对在岸市场的有效补充，也是进一步推进人民币国际化、完善人民币回流机制的重要环节。根据中国人民银行发布的《关于全口径跨境融资宏观审慎管理有关事宜的通知》以及《关于进一步完善人民币跨境业务政策 促进贸易投资便利化的通知》的规定，发行债券的企业和金融机构办理相应的备案和报送手续后，可以根据提款、还款的实际需要为借款主体办理相关的资金结算；开展跨境融资涉及的资金往来，企业可采用一般本外币账户办理，也可采用自由贸易账户办理。金融机构则要按规定开设本外币账户办理跨境融资涉及的资金收付。企业和金融机构采用本外币账户的，只有在涉及按照提款、还款安排进行人民币资金的跨境调配时，才会涉及人民币的离岸和回流；企业始终采用自由贸易账户的，账户中的人民币资金始终处于离岸状态，只有在与境内区外的银行结算账户之间划转才被视为人民币资金离岸和回流。表 9－2 列出了离岸人民币债券历年发行量及发行人所在地。

表 9－2　　离岸人民币债券历年发行量及发行人所在地

年份	发行量（亿元人民币）	发行人所在地			
		中国内地	中国香港	维京群岛	其他地区
2007 年	102	100	—	—	2
2008 年	120	120	—	—	—
2009 年	160	160	—	—	—
2010 年	414.49	256	104.49	—	2.00
2011 年	1 895.18	811.56	389.59	242.26	4.00
2012 年	2 816.16	1 511.30	627.64	77.87	18.37
2013 年	3 828.84	2 356.05	725.60	107.28	4.00
2014 年	5 821.83	3 641.24	887.79	407.47	10.00
2015 年	4 246.48	2 734.54	330.30	148.48	147.10
2016 年	3 141.16	2 162.59	139.11	28.25	217.82
2017 年	1 676.79	1 335.54	36.76	—	45.40
2018 年	2 596.57	1 706.52	88.76	47.69	102.26
2019 年	3 710.56	3 027.09	38.91	12.30	35.10
2020 年	5 087.80	4 039.36	65.03	23.13	22.34
合计	35 617.86	23 961.79	3 433.98	1 094.73	610.39

资料来源：彭博社。

2. 境外机构发行熊猫债

根据 2016 年《中国人民银行办公厅关于境外机构境内发行人民币债

券跨境人民币结算业务有关事宜的通知》，境外机构发行人民币债券时可以选择直接开立结算账户，或者委托主承销商开立托管账户；开立结算账户的，开户银行应按照债券发行时规定的人民币资金境内外使用比例办理跨境人民币划转；开立托管账户的，托管行也按照此比例，凭境外机构和主承销商的指令办理跨境人民币划转。

3. 离岸央票的发行和回购

从 2018 年 11 月开始，中国人民银行开始在香港常态化发行离岸人民币央票，2020 年末的存量约为 800 亿元人民币，约占香港离岸人民币存款余额的 11%，对离岸人民币市场尤其是货币市场的调节作用显著。离岸央票的发行直接将离岸人民币回流在岸，离岸央票到期时人民币资金由在岸流向离岸，因此离岸央票的存量便是央行从离岸人民币市场直接收回的资金量，可以作为中国人民银行调控人民币离岸市场力量强弱的指标。离岸人民币央票为境外投资者提供了稳定的、高质量的投资渠道，市场化发行机制更是受到投资者的认可和欢迎，每次发行都能吸引国际金融组织、各国央行、商业银行和基金投资者参与，对推动人民币国际化发挥了重要作用。

2021 年 1 月 27 日，中国银行（香港）有限公司宣布开始以香港人民币业务参加行身份，启动香港人民币央票回购做市机制，进一步提高香港人民币央票二级市场交易活跃度，扩大其使用范围。中国银行（香港）有限公司作为离岸人民币业务量最大的银行，将利用自有人民币资金，设立香港人民币央票回购做市机制，按照市场价格为海外投资者提供香港人民币央票的回购与逆回购服务，有序推动离岸人民币债券回购市场发展，积极扩大人民币央票的使用范围和二级市场流动性。人民币央票回购做市机制启动后，投资者可使用中国人民银行在香港发行的人民币央票作为抵押品，与中国银行（香港）有限公司以市场价格开展回购及逆回购业务，可叙做期限为隔夜、1 周、2 周、1 个月、2 个月、3 个月，交易交割时间为 T+0、T+1 或 T+2，交易时段为工作日 9：00 至 17：00。

9.2.5 管道式开放加强价格联动

目前，在我国资本项目开放进程中，为兼顾实现高质量开放和防范相关风险，2017 年以来的特定资本项目开放多以管道的形式进行，跨境资金专款专用，通过特定账户在离岸市场和在岸市场之间划转，管道式开放的代表是股票通和债券通。

1. 股票通

股票通包括港股通和陆股通。通过上海证券交易所（简称上交所）和深圳证券交易所（简称深交所）进入内地股票市场的统称为陆股通，资金流入香港的统称为港股通。沪港通及深港通是香港交易所（简称港交所）、上交所和深交所的合作计划，目的是使国际和内地投资者可以通过本地交易所的交易和结算系统来交易对方市场的证券。2014 年 11 月 14 日，财政部、国家税务总局与中国证监会公布沪港通试点及 QFII、RQFII 税收政策。2014 年 11 月 15 日，上交所与港交所共同完成了正式开通前的通关测试。2014 年 11 月 17 日，沪港通正式开通，香港居民每日 2 万元人民币的兑换上限也被同步取消。2016 年 12 月 5 日，深港通开通，沪股通南北向所有总额度限制皆被取消，但每日额度被保留。2018 年 4 月 11 日，中国证监会发布公告，称 5 月 1 日起将沪港通每日交易额度扩大四倍。截至 2020 年底，股票通北向资金净买入 1.20 万亿元人民币，股票通南向资金净买入 1.50 万亿元人民币，股票的资金流动对人民币汇率和利率的影响逐步加强。

陆股通股票以人民币报价和交易，港股通交易以港币报价，因此每日交易结束后都涉及港币和人民币的汇兑交易。根据上交所网站公布的信息，“当日收盘后，中国结算根据全上海市场‘港股通’成交的清算净额（单边，净应付或净应收），在香港与换汇银行换汇后，将换汇成本均摊至当日所有买入成交和卖出成交”[①]，因此港股通的换汇操作发生在香港，也就是人民币离岸市场。2019 年 6 月 21 日之前，陆股通和港股通每日的货币兑换对离岸人民币市场价格和离岸人民币流动性产生直接影响。若一段时间内陆股通和港股通资金持续单向累积，则在人民币离岸资金池本身规模较小的条件下，将对离岸人民币流动性产生显著影响。若资金持续北向流入，需要在离岸市场持续用港币买入人民币并汇回国内，产生的效果相当于将离岸人民币资金抽回在岸，离岸人民币利率将走高，同时对人民币汇率形成支撑；反之，离岸人民币利率将走低，对人民币

① 参见上海证券交易所网站。

形成贬值压力。股票通渠道是目前对人民币离岸流动性影响最大的渠道。在中国人民银行的支持下，香港金融管理局于 2019 年 6 月 21 日公布了沪港通和深港通资金兑换的优化安排，北向通资金可以通过香港的指定银行，以在岸价格兑换人民币，此举可以减轻股票通渠道下汇兑操作对人民币离岸市场的扰动，促进人民币离岸市场和在岸市场的融合。

2. 债券通

目前境外机构投资境内债券市场的通道主要为 QFII、CIBM（中国银行间债券市场）和债券通。2017 年 7 月 3 日债券北向通正式上线后，由于债券通下没有投资额度限制，交易手段的便捷程度大幅提升，债券通逐步取代其他渠道成为境外机构投资境内债券市场的主要渠道。截至 2020 年底，境外机构持有境内债券余额 3.33 万亿元人民币（见图 9－1）。

2021 年 2 月 24 日，香港特区政府财政司司长陈茂波在年度预算案中透露，香港金融管理局与中国人民银行已成立工作小组推动债券通南向交易，争取在年内开通，同时本地债务工具中央结算系统（CMU）的效率和容量将得到提升，并引入新功能，应付债券通北向交易下与日俱增的市场需求，同时支持将来开通南向交易，为内地投资者提供风险可控的渠道参与本地及海外债券市场。

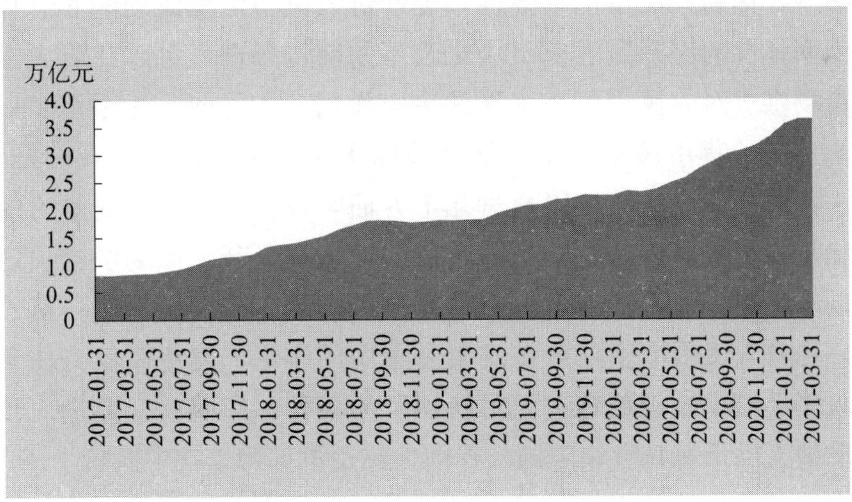

图 9－1　境外机构持有境内债券余额

债券通的实施在制度上取得了很多突破，比如，交易采用国际成熟市场较为流行的做市商报价机制，根据国际惯例采用多级托管模式，兼顾了境内监管要求的穿透性模式和国际债券市场通行的名义持有人模式，实现了国内“一级托管体系”和国际“多级托管体系”的有效连接。在汇兑安排方面，债券通“北向通”投资者可以选择使用外汇或人民币资金进行投资。若投资者选择使用外汇资金，则其资金兑换可以纳入人民币购售业务管理，进入在岸市场平盘。债券通投资者也可以通过境内银行间市场开展人民币汇率或利率衍生交易，对冲其所持有的人民币资产的汇率风险和利率风险。

9.3 新发展格局促进人民币国际化的关键支点

9.3.1 完善的在岸市场是离岸市场健康发展的基础

在岸金融市场的发展是人民币国际化的基础，也是人民币离岸市场健康发展的基础。

1. 推进汇率市场化改革

推动人民币汇率市场化改革对推进人民币国际化进程、调节市场供求、促进外贸增长、提升货币政策有效性有重要作用。

第一，提高人民币汇率弹性，提升对人民币汇率波动的容忍度。人民币汇率弹性的提升是汇率市场化改革的前提条件，可以在更大空间内发挥市场供求对人民币汇率水平的决定作用。在目前人民币汇率以“收盘价＋一篮子货币波动＋逆周期调节因子”为主要定价模式的框架下，推动人民币汇率市场化可以通过几个方面实现：一是延长收盘价的时间点，增加收盘价对市场更长交易时段的覆盖，提升由市场供求决定的日内波动水平在人民币汇率定价中的权重；二是完善人民币对一篮子货币指数，提升人民币汇率指数在决策参考中的作用，避免仅仅钉住美元导致的人民币汇率被动波动进而对我国贸易条件的影响；三是进一步扩大或者取消人民币每日波幅限制。目前人民币汇率可以在中间价上下2%的幅度内波动，虽然基本上可以满足日常波动需求，但是进一步扩大波幅限制可以提高潜在的波动水平，使人民币的波动性同欧元、日元等发达国家货币相似。

第二，提高市场主体对汇率风险的管理能力，发挥汇率市场改革对经济增长的促进作用。未来需要做出四个方面的调整：一是适时、适当、适度放宽实需背景要求，在市场上引入一定的投机交易需求，提升人民币汇率市场的广度和深度；二是减少或取消人民币外汇市场准入制度，可以参考发达国家的牌照制度进行管理，激发市场主体参与市场交易的积极性和活力；三是鼓励境内金融机构和企业参与离岸市场，提升人民币汇率弹性，促进离岸和在岸外汇市场的融合，推进人民币国际化进程；四是增强人民币汇率市场的人才储备，金融市场业务有资金密集型和人才密集型特点，培养并储备既具有国际汇率市场经验，又熟悉中国国情的金融人才对人民币汇率市场化改革至关重要。

第三，加强对跨境资金流动的监控，完善跨境资本流动的宏观审慎管理政策。我国近年来在推动资本项目开放、便利资金跨境流动、便利企业开展外汇交易方面进行了大幅改革，同时对跨境资金流动的监控力度和监控手段也在持续加强。金融危机带来的一个教训就是危机会在国际市场和国内市场之间传导，即使国内宏观经济状况良好，由国际市场波动导致的资金跨境流动也会对国内市场形成冲击，导致国际市场风险跨市场、跨部门、跨行业交叉传染，诱发市场系统性风险。适度的资本管理对防范国际市场风险传导有重要作用。对资金跨境流动的监测手段和监测数据的准确性、及时性、全面性是制定有效政策合理应对市场波动的基础，我国通过建立并完善资本跨境流动的“宏观审慎＋微观监管”管理体制，可以有效应对国际市场的极端波动和资本跨境流动的异常情况。对远期交易征收交易保证金是宏观审慎管理的措施之一，在面临较大的资本外流压力和人民币贬值压力的情况下，有效稳定了市场预期，保障了人民币国际化和市场化稳步推进。

2. 推进利率市场化改革

从发达国家经验看，利率市场化对经济发展、效率提升以及货币国际化有重要作用。借鉴美国、英国、日本等国家实现本国利率市场化的路径选择和经验，中国人民银行在2002年的《中国货币政策执行报告》中系统阐述了推进我国利率市场化改革的总体思路：先外币、后本币；先贷款、后存款；先长期、后短期；先大额、后小额。在这个思路的指导下，我国稳步推进利率市场化改革，不断完善政策利率锚、培育市场基准利率、优化货币政策传导机制，使利率市场化改革取得了显著成效。

第一，选择政策基准利率锚，将其作为货币政策调控的中介目标。从发达国家利率市场化的经验来看，利率市场化改革的完成有几个标志：一是货币政策从数量型向价格型转换；二是货币当局形成了稳定有效的政策利率锚，并有能力通过公开市场操作将政策基准利率稳定在目标区间；三是通过公开市场操作等手段，使市场利率对政策基准利率的变化反应敏感；四是市场利率向存款、贷款利率传导快速有效，影响实体经济的预期和行为；五是市场利率体系以市场调节为主，同时兼顾国家宏观调控要求。目前我国政策基准利率的选择还没有最终确定，上海银行间同业拆借利率和银行间质押式回购利率都是可选的中介利率。

第二，完善利率走廊机制，为利率市场化改革的有序推进提供保障。利率走廊（interest rate corridor）作为调控短期利率的货币政策执行体系，显示出高效性与弹性优势，尤其是在量化宽松等非常规性货币政策操作方面，显示出了较强的适用性。在基准政策利率锚确定之后，仍需要建立利率走廊以培育稳定可靠的基准利率，作为市场参与者适应利率市场化调控机制、货币当局完善基准利率锚的重要过渡阶段。

第三，培育市场基准利率体系，优化货币政策传导路径。相对于市场化的货币市场利率，贷款利率的市场化水平较低，市场利率和贷款利率的“双轨制”导致货币政策难以通过市场利率向实体经济有效传导，阻碍了货币政策调控框架的转型。为减少银行对贷款基准利率的依赖，提高银行贷款定价的自主权，疏通市场化利率传导渠道，引导商业银行贷款利率同市场利率接轨，中国人民银行于 2019 年 8 月推出了新的 LPR 报价形成机制，对 LPR 报价的运用要求、报价频率、期限品种、报价银行、形成方式和报价原则进行了优化，并将新发放贷款中使用 LPR 的占比纳入宏观审慎评估指标。12 月，中国人民银行发布公告，通过市场化、法治化的方法，推动存量贷款定价向 LPR 转换。未来对 LPR 制度的完善可以通过结构性方式对不同贷款主体分类调控，特定贷款可以与定向中期借贷便利（TMLF）挂钩，实现对特定主体的定向降息；贷款浮动区间由银行自主决定，这要求银行提高对贷款信用风险的自主定价能力。

第四，加强监管手段创新，提升金融机构的风险管理水平，防范并化解利率市场化过程中的相关风险。一是完善自律机制，避免银行恶性竞争。根据发达国家利率市场化的经验，由于市场化导致竞争水平提升，利率市场化改革在短期内会伴随银行息差的收窄，银行适应了利率市场化环境之后，长期看息差将维持在相对均衡的水平。2019年我国银行的净息差为2%左右，高于发达国家，在利率市场化过程中需要不断提升金融机构的风险管理水平，防止金融机构之间对存款和贷款业务的无序竞争，影响银行业的整体盈利水平，降低银行业的抗风险能力，影响我国金融体系稳定。在发达国家利率市场化过程中，伴随着金融机构因不适应利率市场化环境而导致的破产重组现象，我国在人民币利率市场化过程中要避免金融体系出现大的风险，尤其要守住不发生系统性风险的底线。二是防范化解影子银行[①]相关风险。影子银行的出现也与利率市场化过程紧密相关。监管套利是影子银行发展的主要原因之一。我国影子银行在利率管制、金融创新匮乏的背景下出现，主要表现为民间借贷和信托类理财产品的发展。

3. 完善金融市场运行机制

在人民币利率和汇率市场化改革进程中，一方面要注意加强宏观政策的顶层设计，另一方面要不断完善金融市场的微观基础，为人民币汇率和利率市场化改革提供坚实的支撑。

第一，丰富市场参与主体的类型，引进境外主体进入在岸金融市场。在我国有序推进资本项目可兑换的背景下，除进一步降低人民币在岸市场参与门槛、放松参与市场的实需背景限制之外，还可以引入更多的境外主体参与到人民币在岸市场中来。2017年2月24日，国家外汇管理局发布了《关于银行间债券市场境外机构投资者外汇风险管理有关问题的通知》，规定银行间债券市场境外机构投资者可以在具备资格的境内金融机构办理人民币对外汇衍生品业务，对冲以境外汇入资金投资银行间债券市场产生的外汇风险敞口。引入境外主体的作用包括：一是可以增加人民币在岸市场的交易量，提升在岸市场的深度，降低交易成本，进而吸引更多参与者进入在岸市场，形成良性循环，提升境内客户风险对冲效率；二是可以带来境外先进的交易工具、交易理念、交易策略，便利在岸市场主体学习境外经验，缩小人民币在岸市场与境外先进市场的差

① 金融稳定理事会（2011）对影子银行的定义为游离于传统银行体系之外、不受金融监管当局监管或监管程度较低的信用中介体系。

距；三是可以提升人民币资产的吸引力。境外参与主体进入人民币在岸市场也需要有一定的实需背景支撑，持有在岸人民币股票、债券资产便是境外主体进入人民币在岸利率市场和汇率市场的前提，境外主体参与在岸市场可以促进境外主体持有人民币资产，扩大人民币在境外市场的使用和回流，推动人民币在境外的发展。

第二，加快金融市场电子化交易平台建设。在人民币市场化改革和国际化的进程中，人民币在岸市场的交易方式和电子化水平也需要与国际接轨，充分借鉴发达国家汇率市场和利率市场在电子交易平台建设方面的经验，结合人民币汇率市场和利率市场实际情况，建设符合我国国情的银行间市场电子交易平台，同时鼓励各家金融机构针对各自客户研发具有各自特色的柜台电子交易系统，形成功能强大、安全高效的交易网络，提高市场交易效率、增强市场价格透明度，便利企业和个人客户参与人民币汇率和利率市场，满足其货币兑换和风险对冲需求。应投入资源发展人民币汇率和利率产品电子交易平台，将推动人民币市场电子化、网络化发展纳入总体规划的顶层设计，并把它当成一项重要的金融市场基础设施建设进行重点推进和保障，将电子交易平台作为人民币国际化的重要载体。

第三，促进人民币金融市场的产品创新。随着人民币国际化进程的推进和市场化改革的深入，人民币在岸市场交易产品类型持续丰富，市场创新速度加快，人民币在岸市场已经形成了即期、远期、外汇掉期、期权、利率掉期、交叉货币掉期等结构完善、种类齐全的产品体系。人民币汇率和利率市场的产品创新可以推动市场化定价机制完善，促进人民币市场成为参与主体风险自担、金融机构创新产品、风险管理专业有效的成熟市场，为人民币国际化提供保障。

9.3.2 金融市场开放有利于提升人民币国际化水平

在金融市场对外开放中，我们应该保持审慎清醒的认识，根据国内金融市场发展水平积极稳妥地推进金融市场开放，完善金融市场开放过程中的相关配套制度建设，防范金融市场开放过程中可能发生的风险，发挥好自贸区在金融市场开放中的示范作用。

1. 自主把握开放节奏

第一，加强金融市场开放的顶层设计，协调推进金融市场对外开放。金融市场开放是为了更好地促进我国经济发展和金融市场化改革进程，是手段而不是目的。讨论中国金融市场对外开放，要将中国金融市场的战略定位放在“成为世界资本市场体系的重要一极”的位置思考。在我国主动、渐进式改革的整体思路下，过去40年的金融市场开放取得了显著的成效，也存在不少问题，比如，金融市场在开放过程中出现了明显的反复，顶层制度设计缺失、各方面政策协调不足的“短板”较为突出，制约了我国金融市场开放的继续深化。下一阶段的金融市场开放中应加强顶层设计，提升金融市场开放的主动性，在更高层面进行协调，监督相关配套改革政策和措施的真正落地。

第二，凝聚开放共识，保持开放态度。目前我国金融市场开放程度落后于实体经济发展，也落后于部分发展中国家。应认识到金融市场开放的重要意义：一是金融市场开放对经济可持续增长有重要作用，金融开放可以促进金融创新，进而有效促进经济增长；二是金融市场开放可以增强对市场主体的显性约束，弱化道德风险，强化市场纪律，降低金融体系发生系统性风险的概率；三是金融市场开放可以促进我国金融市场同国际金融体系接轨，为我国积极参与全球金融治理提供支撑，有利于推动人民币国际化进程。

第三，在金融市场开放过程中始终保持自主性。日本在20世纪80年代的金融市场开放和金融自由化过程中，由于受到来自美国的压力，在各方面条件还未完全具备的条件下用较短时间完成了国内市场的金融开放，之后日元的快速升值和国内经济泡沫的出现同金融市场的仓促开放有较大关系。现阶段我国的金融市场开放应综合考虑我国经济发展水平、社会发展阶段和我国金融市场特殊性，以我国自身承受能力和限度为依据，自主把握金融市场开放节奏和路径。特别是在当前中美贸易摩擦加剧的背景下，尤其应警惕美国利用金融市场开放为筹码对我国进行施压，致使我国金融市场仓促开放，带来系统性风险隐患。

第四，积极稳妥地推进资本项目开放。近年来世界各国和国际组织逐渐认识到金融自由化的负面影响，在发展中国家的经济发展过程中允许资本项目保留适当管制，这对维护金融市场稳定、保护本国经济发展、防止热钱无序流动有重要的作用。资本项目开放对我国金融市场是一把双刃剑，在循序渐进原则下，应优先完善国内金融市场的发展，有计划、分阶段地引进国外机构参与国内金融市场，稳妥推进金融市场开放，促进人民币国际化水平提升。

2. 完善相关配套制度

第一，完善我国金融市场相关法律制度，推进金融市场法制建设。规范、公平、透明的法律制度环境是国际投资者投资于国内市场时的首要考虑因素，金融市场的顺利运行依托于各种法律制度和法律协议的有效执行，良好的法律环境是金融市场开放的前提。完善相关的金融基础设施建设，形成合理的制度安排是我国金融市场开放的基础，我国应通过完善金融市场相关法律，推动金融市场在交易、清算、托管制度方面与国际接轨，“债券通”的顺利推出和快速发展，便是在监管制度和托管制度上进行了与国际接轨的制度创新，既满足了我国监管的穿透式管理要求，又满足了国际市场多级托管的市场管理要求，为下一阶段的金融市场开放提供了经验。

第二，在满足国内监管要求的前提下，推动金融市场运行模式与国际市场接轨。在金融市场开放过程中，要寻求满足我国监管要求和符合国际金融市场惯例之间的平衡，这需要通过制度创新来实现。目前需要解决的问题主要涉及五个方面：一是在债券托管方面建立起与国际主流托管结算方式相适应的托管体系，对接国际多级托管模式和名义持有人账户，引入境外机构分层托管；二是优化账户管理模式，使得境外投资者的资金可以在不同账户之间进行转换，提升账户沉淀资金使用效率；三是金融市场管理模式从产品准入模式过渡到牌照管理模式，结合境外机构的整体实力和规模，统筹考虑其在特定业务领域和特定产品上的比较优势，对境外机构在产品准入和牌照发放方面适当给予差异化处理；四是在协议签署方面与国际接轨，允许境外投资机构自主选择签署中国银行间市场交易商协会（NAFMII）协议或国际掉期与衍生工具协议（ISDA），减少境外机构进入国内市场时的法律成本；五是明确在一定时期内对境外机构投资银行间债券市场的税收优惠细则，尽可能向国际市场相对较低水平的税率靠拢，在金融市场开放初期吸引国际投资者进入。

第三，利用金融市场开放，尽快培养出一大批国际化的本土专业人才。国际金融市场的竞争本质上是对金融人才的竞争，美国金融市场在早期发展中也受到了来自欧洲资本的冲击，而后凭借华尔街聚集的大量金融人才，取得了国际金融市场上的主导地位。现阶段我国金融机构国际竞争力不足的主要原因是缺乏一批掌握现代金融服务工具和技术手段的专业金融人才，未来通过各方面努力，利用金融开放的机遇培养出一大批既理解中国国情又精通国际市场运作的复合型金融人才，是我国金融市场在国际竞争中占据一席之地的重要保证。

3. 防范并化解潜在风险

第一，在金融市场开放中，要相应提升监管能力。若监管不能及时跟上金融市场的变化，便会出现风险失控的后果。在金融市场开放过程中，金融监管能力需要同步提升，以保持金融市场开放与监管水平之间的动态匹配和适应。监管包括对金融市场跨境资金流动的及时有效监测、对金融机构相关业务的统计和监控、对金融机构经营行为的规范、对潜在金融风险的预判和对金融风险的处置和化解。要在金融开放的同时保持金融市场的稳定，需要持续提升监管能力，保证金融市场风险处于可控状态。

第二，建立完善的资金跨境流动监控体系和国内金融市场信息收集分析体系，及时发现跨境资金异常流动，提前做出应对预案。国际金融市场的大幅波动会传导至国内金融市场，其中的关键是资金的跨境流动。截至2020年末，陆港通北上资金累计净流入1.2万亿元人民币，南向资金累计净流入1.73万亿元人民币，境外机构持有境内人民币债券余额超过3万亿元人民币，境外机构在我国金融市场的存量资金规模不断扩大，特别要关注因国际金融市场变化而导致的资金流动转向，尤其要防止在短时间内由于市场预期变化而导致存量资金外流，以及由此造成的对我国金融市场和外汇市场的冲击。

第三，增强国内金融机构参与国际竞争的能力，提升国内金融机构风险管理和综合经营水平。在金融市场开放的过程中，外资机构的进入将对国内金融机构的市场份额产生分流效应，我国金融市场以商业银行为主，境外金融机构已经经历了金融分业监管和混业经营的过程，境外金融机构的产品创新能力和综合经营能力较强，相对于境内金融机构更具竞争优势。提升国内金融机构的综合经营能力和风险管理水平，是应对金融市场开放、维护金融市场稳定的重要基础，需要格外重视。

9.3.3 离岸市场的发展是人民币国际化的重要阶段

从主要货币的国际化路径看，离岸市场的发展是货币国际化过程中的重要阶段。相较在岸市场，金融机构在离岸市场所受管制更少，我国在人民币国际化过程中既要充分发挥离岸市场在人民币交易、结算、拆借方面的作用，进而提升人民币在全球的使用比例，形成使用惯性，同时也要借鉴他国经验，建立有效的风险防控体系，减缓离岸市场对在岸市场在资金跨境流动、汇率波动、监管套利等方面的冲击。

1. 建立离岸市场防火墙制度

一是要建立离岸人民币专用的账户体系，有效监控人民币跨境资金流动。离岸人民币存放于在岸市场，若不进行严格的账户隔离，便相当于自动增发在岸人民币，易对货币政策造成扰动。在经济结构、贸易结构、产业结构等方面，中国与日本有较高的相似度，经济发展都经历了出口拉动、投资推动、消费驱动的阶段，也都经历了从出口导向型经济向服务业经济的转型，两国的金融体系和外汇储备规模也较为类似，因此，人民币国际化的路径选择可以借鉴日本，通过构筑内外分离的金融监管措施，逐步完善金融市场化、自由化体制，推动人民币国际化水平的提升。

二是要完善人民币离岸市场的存款准备金制度，适当调控离岸人民币市场的发展。准备金制度是货币发行国调控离岸市场发展和离岸市场规模的重要手段。2014 年 12 月，中国人民银行规定将境外金融机构在境内金融机构存放纳入存款准备金交付范围，存款准备金率暂定为零；2016 年 1 月 16 日，中国人民银行发布《关于境外人民币业务参加行在境内代理行存放执行正常存款准备金率的通知》，要求对境外人民币业务参加行存放在境内代理行等境内银行的境外人民币存款执行正常的存款准备金率；2018 年 5 月 18 日，中国人民银行办公厅发布《关于进一步完善跨境资金流动管理支持金融市场开放有关事宜的通知》，规定港澳人民币业务清算行存放于中国人民银行深圳市中心支行和珠海市中心支行清算账户的人民币存款的存款准备金率调整为零，境外人民币业务清算行和境外人民币业务参加行可在现行政策框架之内开展同业拆借、跨境账户融资、银行间债券市场债券回购交易等业务，为人民币离岸市场业务发展提供流动性支持。中国人民银行对离岸人民币存款征收准备金政策的调整充分反映了监管机构对人民币离岸市场发展进行相机抉择、主动调控的意图。表 9-3 列出了 2011—2019 年各年度香港离岸人民币存款、贷款余额及贷存比。

表 9-3　　香港离岸人民币存款、贷款余额统计

年份	存款余额（亿元人民币）	贷款余额（亿元人民币）	贷存比（%）
2011 年	5 885	310	5
2012 年	6 030	790	13
2013 年	8 605	1 160	13
2014 年	10 036	1 880	19
2015 年	8 511	2 970	35
2016 年	5 467	2 950	54
2017 年	5 591	1 450	26
2018 年	6 150	1 056	17
2019 年	6 441	1 319	20

说明：2019 年数据截至 8 月底。

资料来源：部分为香港立法会秘书处资料研究组文件（编号 ISSH15/17-18），部分为作者根据公开资料整理。

三是货币当局通过多种工具直接调控离岸人民币市场规模，减缓离岸市场对在岸市场的冲击。除全球主要货币国际化过程中所使用的离岸账户分离、存款准备金率调整手段之外，中国人民银行还创新性地发行了离岸央票等工具，主动、精准调控人民币离岸市场资金存量，保持金融市场稳定。离岸央票的发行也可以推动人民币离岸市场的中短期基准利率曲线进一步完善，为市场主体发行人民币离岸债券提供定价基准，使人民币离岸市场迎来了规范化发展的新机遇。

2. 推动人民币离岸中心建设

结合各金融中心的法律制度、清算安排、金融基础设施、地域特征等因素，考虑文化习惯和信息交流效率等方面，联系人民币国际化的现实路径选择，本书认为，香港是建设人民币离岸中心的最佳选择。

第一，香港具备建设人民币离岸中心所需的法律环境、专业人才、金融制度和资本项目开放等要素。香港的金融自由化程度和国际化程度都高于周边国家和地区，同时香港拥有完善的金融监管制度，在此基础上建立人民币离岸金融中心是现实可行的。香港的法律体系同西方发达经济体相似，从香港市场进入西方市场几乎不存在法律障碍，因此，将香港作为人民币国际化的桥头堡和战略支点，可以降低人民币国际化过程中的不确定性和试错成本，保障人民币国际化的顺利推进。

第二，香港紧邻内地，这一优势使得它可以成为人民币使用从区域扩大到国际的重要节点。离岸金融中心对在岸金融体系的影响会因物理距离的不同而不同，物理距离越短，信息透明度和对称性越高，离岸金融中心与在岸金融体系的协同效应就越强。① 人民币先经历区域化发展并最终过渡到国际化是一个现实可行的路径选择，依托香港对东南亚和“一带一路”地区的金融辐射作用，人民币可以有效提升区域影响力，进而获得全球影响力。

第三，在金融市场开放过程中，香港在与内地的监管协作方面积累了丰富的经验。中国在推动人民币国际化的进程中，由于境内资本账户并未完全开放，金融市场化和金融自由化进程也正在稳步推进当中，因而相对于离岸金融中心完全自由化的制度而言，中国境内的金融体系仍然是相对封闭的。在中国实施内外分离的离岸金融市场监管措施的过程中，必须采取有效措施防止跨境资本利用监管漏洞进行大规模投机活动，防范大规模跨境资本流动对中国金融体系造成的冲击。与人民币离岸中心监管机构有效沟通、相互谅解是控制人民币国际化过程中相关风险的重要保障。港股通和债券通在香港的落地，为双方监管机构的合作打下了良好基础，使双方互信水平不断提升，因此，利用香港发展人民币离岸金融中心，是监管沟通成本最小的选择。

第四，从货币国际化的惯性角度看，香港具有最完善的人民币市场基础设施和流动性安排，且已经是离岸人民币清算、交易和债券中心，继续推动香港成为人民币离岸金融中心成本最小。根据国际清算银行的调查，香港是全球最大的离岸人民币外汇及场外利率衍生工具市场，香

---

① Eichengreen Barry, Pipat Luengnaruemitchai. “Why Doesn’t Asia Have Bigger Bond Markets?” [J]. HKIMR, Working Paper No. 24/2004.

港的人民币外汇交易日均成交金额由2016年4月的771亿美元增长至2019年4月的1 076亿美元，占全球人民币外汇交易量的37.86%，占香港本地外汇市场成交量的16.90%；香港市场人民币场外利率衍生品的日均成交量由2016年的62亿美元增加至2019年的127亿美元。根据SWIFT对MT300报文的统计，香港占全球人民币外汇交易报文发送量的9%；香港人民币存款占全球离岸人民币存款的56%；香港离岸人民币清算量占全球离岸人民币清算量的75.7%。[①]

3. 促进离岸市场和在岸市场的融合

根据国际主流货币的国际化经验，随着资本项目的开放以及离岸和在岸监管政策的趋同，离岸市场和在岸市场的联动将不断增强并逐步融合，共同推动货币国际化的实现。

第一，要适度放宽境内机构开展人民币离岸业务的条件。现阶段人民币离岸市场的交易活跃程度强于在岸市场，主要原因是在岸市场对开展人民币相关业务进行了严格的限制，只有满足实需背景要求的企业和个人才能开展相关业务。要促进人民币离岸市场和在岸市场的融合，资金交易方式是最直接的渠道，适度放宽境内机构开展人民币离岸业务的条件，可以满足当前人民币在岸市场的实需背景要求，适应我国资本项目部分开放的环境。以自贸区内的企业和金融机构作为试点，放开境内机构从事人民币离岸业务的限制，一方面可以有效促进人民币离岸和在岸汇率、利率市场融合；另一方面可以充分利用现有的境内人民币离岸账户管理体系，制度障碍相对较少，流程相对简单，成本相对较小。人民币离岸市场和在岸市场的有效融合可以降低进出口小微企业财务成本和汇率保值成本，减少人民币汇率和利率市场中的寻租空间，提升人民币市场的运行效率，促进公平竞争的市场环境的建设，促进人民币国际化的平稳推进。

第二，要增加离岸人民币资金的供给渠道，促进人民币离岸市场和在岸市场的融合。人民币离岸和在岸利率水平之所以存在差异，主要是因为人民币资金跨境流动存在诸多限制，现阶段为缓解人民币汇率的贬值压力，政策上离岸人民币回流在岸的渠道较为通畅，但在岸人民币补

① 参见香港立法会秘书处资料研究组文件（编号ISSH15/17-18）。

充离岸市场的渠道被严格限制，因此，通过拓展渠道增加对离岸人民币的供给，是促进人民币离岸和在岸利率市场融合的关键。一是要适时放宽人民币离岸市场从在岸市场拆借人民币资金的限制。随着人民币汇率弹性的提升和汇率市场化改革进程的推进，人民币波动区间增大，市场和监管层对人民币贬值的容忍度也应有所提升。适时放宽人民币在岸资金流入离岸市场的政策限制，可以有效缓解离岸人民币资金池持续萎缩的情况，促进人民币离岸市场和在岸市场的有效融合。二是要增加境外机构在境内发行人民币债券的规模。离岸市场的发展需要政策支持，鼓励符合条件的境外机构发行熊猫债并将筹集的人民币资金转移至离岸市场使用，可以有效增加离岸人民币的供给，并带来相关的汇率、利率保值交易需求，活跃人民币离岸市场。三是人民币离岸中心应加大对双边本币互换工具的使用。例如，目前，中国人民银行同香港金融管理局的双边本币互换规模为 4 000 亿元人民币，同新加坡金融管理局的双边本币互换规模为 3 000 亿元人民币，两者的可使用规模与当地市场的离岸人民币存款余额相当，适时通过该工具补充离岸人民币资金，可以对人民币离岸市场的发展起到极大的推动作用。

第三，以在岸市场为主导推动人民币离岸市场和在岸市场的融合。从国际主要货币国际化的历史看，货币国际化后期主导权在于在岸市场。在岸市场有货币发行当局作为流动性的最终提供者，离岸市场以在岸金融体系为“央行”，在岸金融体系调节离岸市场的基础货币供应。从资金账户簿记角度看，资金的最终清算和簿记都通过在岸市场的银行系统完成，离岸市场只是在岸市场的影子市场，不应在货币国际化中起主导作用。人民币处于国际化的初始阶段，由于在岸金融市场的发展相对落后，人民币离岸市场主导了部分产品的定价权。随着人民币国际化的不断推进和深入，人民币在岸市场也会遵循这一规律，主导人民币国际化的进程。2020 年人民币在岸存款余额达到 212.57 万亿元人民币，是同期香港人民币离岸存款余额的 294 倍。全球人民币资产配置的主要渠道和市场也在境内，人民币在岸市场应该成为也必须成为人民币国际化过程中的主导市场。随着人民币在岸金融市场的市场化改革的深入和在岸金融市场的对外开放，自由开放的人民币在岸市场将在人民币国际化过程中起决定性作用，人民币离岸市场和在岸市场的融合也应该以在岸市场为主导，确保人民币国际化分阶段目标的顺利实现。

第 10 章

结论与建议

10.1 主要结论

结论 1 新冠肺炎疫情席卷全球，世界经济深度衰退，中国经济金融体系彰显韧性，人民币国际化指数创历史新高，位列全球第三。但是在严峻的国际环境下，人民币国际化面临深层次挑战。

纵观 2020 年，人民币国际化基础进一步巩固，国际使用规模与市场认可度再上台阶。跨境贸易人民币结算规模和占比稳中有进，结算平台和渠道逐步显现数字化新特征；人民币的金融交易职能进一步强化，人民币直接投资、境外信贷、利率衍生品等金融交易量稳步增长；人民币全球外汇储备规模持续上升，国际储备地位进一步巩固；人民币币值经受住新冠肺炎疫情等极端事件的考验，人民币汇率韧性增强，正在成为国际避险货币。截至 2020 年第 4 季度，人民币国际化指数（RII）为 5.02，同比大幅增长 54.20％。在疫情的冲击下，美国经济大起大落，美元实体需求萎缩，金融需求上升，第 4 季度国际化指数为 51.27，全球第一大货币地位基本稳固。欧元区深陷疫情反复、经济衰退、内部分化的困境，在贸易与直接投资方面份额萎缩，但金融投融资扩张，推动 2020 年第 4 季度欧元国际化指数升至 26.17，同比反弹 0.08，国际地位略有恢复。英国受疫情和脱欧的双重冲击，经济深陷衰退泥沼，英镑国际化指数处于历史低位，维持在 4.15 的水平。日本内外部环境恶化，经济面临巨大挑战，但避险情绪高涨带动日元需求增加，第 4 季度国际化指数为 4.91，较上年末增加 0.13。

人民币国际化顶住压力，逆势前行，RII 创历史新高，这主要是源于四大驱动力：第一，中国经济彰显韧性，成为全球唯一实现正增长的主要经济体，人民币国际化的基础进一步夯实。第二，中国加速金融改革开放，随着“互联网＋外贸”跨境电商外贸新业态的兴起，跨境人民币结算的数字化新特征逐步显现，跨境电子商务正在成为人民币计价结算的新平台。人民币的金融交易职能进一步加强。2020 年发生人民币直接投资 3.81 万亿元，同比大幅增长 37.1%。人民币可自由使用程度显著提升，国际化渠道不断拓展。第三，在新冠肺炎疫情的冲击下，国际金融市场巨幅震荡，人民币稳定价值进一步凸显。人民币对国际主要货币汇率的双向波动特征明显，灵活性与弹性进一步增强；人民币对一篮子货币汇率保持基本稳定。2020 年全年对主要发达国家和新兴市场货币汇率升值，表明人民币汇率韧性增强，具有国际避险货币特征，开始成为国际投资与风险管理的重要选项。沪深港通机制经过五年运营已经较为成熟，2020 年沪股通和深股通全年净流入额达 2 089.3 亿元，交易规模持续扩大。人民币的全球外汇储备规模从 2016 年底的 902.9 亿美元增加至 2020 年底的 2 675.2 亿美元，人民币在外汇储备中的份额也增至 2.25%，在主要币种份额中排名第五。第四，国际货币合作不断深化，双边本币结算需求增加，人民币使用平台更加广阔。

不容忽视的是，人民币国际化也面临三方面的挑战：一是大国博弈加剧，国际货币竞争更加激烈。2020 年，以人民币计价的国际债券和票据余额为 1 112.9 亿美元，在全球国际债券和票据市场占比 0.41%，人民币市场份额稳步提升，但与目前主流的国际货币相比仍然有一定的差距。二是人民币国际化需要解决深层次的问题，依然绕不开资本项目开放与可兑换，这事关我国发展与安全大局。三是人民币流入流出以及投融资功能非平衡发展，特定时期可能逆转，给我国经济金融稳定埋下潜在隐患。

结论2 双循环有利于实现高质量发展目标，从而决定着人民币国际化的未来。国内大循环决定国内消费市场、投资市场的规模和结构，从根本上创造人民币需求；国际大循环是中国坚持多边主义与国际合作的载体、构成人民币国际化的重要推动力；双循环相互促进的新发展格局可大大增加人民币国际使用的场景和黏性。

货币国际化的本质是一国主权货币职能在世界范围内的延伸。一国货币要在世界范围内实现交换媒介、计价单位、财富贮藏职能，要求该国有大规模的跨境商品、服务和金融资产流动。高水平双循环有助于加强这样的流动，其中内循环是货币国际化的先决条件，外循环则是货币国际化的实现手段。美国、英国、德国、日本等国货币国际化的经验表明，国内大循环中经济结构的改善是创造长久的货币国际需求的根本来源，而科学技术的进步使本国得以生产高附加值、不可替代的出口产品，从而引致对本币的刚性国际需求。国际大循环中最为重要的是商品和资金流动，大国通常通过安排国际政治经济秩序、设立国际组织等手段，从政治上强力推动本国货币的国际化使用，加速本币国际化过程。

在新发展格局中占主体地位的国内大循环决定着国内消费市场、投资市场的规模和结构，是实现高质量发展的关键，并从根本上创造了人民币需求。国际大循环是我国坚持多边主义、国际合作的载体，有利于促进各国互利共赢和包容性发展，稳固国际产业链和供应链，有效降低经济风险，提高我国发展的高效性和稳健性。构建国内大循环与国际大循环相互促进的经济循环，可大大增加人民币国际使用的场景和黏性，为推动人民币国际化进程提供加速器和强大动力。

结论3 增强供给创造需求的能力，提高市场一体化水平，实现国家治理体系和治理能力现代化——选准生产端和市场端畅通国内大循环的突破口，综合施策，完善相关机制体制，可以使人民币国际化的推动力倍增。

生产是国民经济循环的先导环节，供给端与需求端匹配、提升供给创造需求的能力，是深化供给侧结构性改革、充分发挥国内消费与投资潜力、畅通国内大循环的重要突破口。目前，我国科技创新水平相较一些发达国家仍然存在很大的差距，经济供给端存在结构性过剩和不足并存的现象，人民的消费升级需求得不到有效满足。此外，劳动力成本高、资金成本高、中小企业融资难，金融支持绿色发展、支持产业转型升级、促进高水平开放的能力还不足，均导致了供给端需求创造能力的低下。因此，需要在提升科技创新能力、产业链水平及金融服务实体经济能力等方面持续发力，纠正产业结构扭曲状况，提升供给创造需求的能力；从根本上解决市场中产品同质性和可替代性过高的问题，提高国内市场的吸引力，形成消费拉动和投资驱动的良性循环，释放我国巨大的市场潜力。

要疏通国内循环中生产、分配、交换、消费中的“堵点”，就有必要逐步建立适合中国特色社会主义经济的一体化市场，以商品市场、劳动力市场以及资本市场为抓手，提升国内市场一体化水平。目前，国内市场存在商品贸易区域差异大、流通体系运行成本高，人员流动受阻、城乡劳动力市场分割，资本市场发展不足、金融资源分配不均等问题。提高国内市场一体化程度，可促进专业化分工，降低生产、流通成本，促进产品多样化，提升国内生产效率、交易效率和流通环节效率，更好地畅通国内大循环的消费环节，增强消费在经济发展中的拉动作用。要健全市场体系基础制度，坚持平等准入、公正监管、开放有序、诚信守法，形成高效规范、公平竞争的国内统一市场。

高质量发展需要有国家治理能力现代化作为保障。目前，我国存在三个方面的突出“短板”，国家治理水平亟待提高。一是纳税人税负较重、税后流程复杂、市场开放度偏低、政府监管的公平性和稳定性不足，营商环境需要进一步优化。二是科学制定和实施货币政策的难度增大，居民负债上升，地方政府收支行为扭曲，抑制了宏观政策效力的发挥。三是产权法律制度不健全，公众对知识产权的保护意识薄弱，社会保障体系治理结构与就业模式变化不匹配，政府行政效能和治理能力有待提高。因此，应加强制度化和市场化建设，建立健全产权保障体制，提升宏观政策协调水平与宏观调控能力，推动社会保障体系改革及统筹发展，使之成为全面提升国家治理体系的主要着力点。

结论 4 通过进博会、服贸会、自贸区等多种贸易创新奠定国际经济合作与竞争新优势，畅通国际大循环，促进对外贸易高质量发展，夯实人民币国际化的根基。

人民币国际化发端于贸易，然而我国贸易存在的“大而不强”、处于产业链价值链中较低地位等问题，严重制约了人民币计价结算职能的发挥。通过贸易创新，做大做强贸易，多渠道提升人民币的计价结算能力，是夯实人民币国际化根基的关键。以贸易创新提升产品和企业的竞争力，引领高水平开放，打造中国国际竞争与合作的新优势，有利于对内畅通从生产到消费的循环，对外畅通从生产到出口的循环，使国际大循环与国内大循环相互促进产生更大的成效。

我国服务贸易长期逆差，缺乏竞争力。为了弥补这一“短板”，我国已9年连续举办服贸会。服贸会的举办一方面有利于展示中国坚定不移地实行对外开放、绿色发展的信念和决心，推动服务贸易提质增效，促使贸易结构更加均衡，为产业升级转型做出重要贡献；另一方面有利于增强劳务、工程承包、金融等服务贸易比较优势，激发境外实体经济对人民币的需求，扩大人民币使用规模，在贸易领域进一步夯实人民币国际化的基础。

过多顺差或过多逆差都意味着内外经济发展失衡，存在经济脆弱性。为了缩小贸易顺差，也为了实现国内外两个市场的资源优化配置，进博会成为我国贸易创新的新手段。一方面，我国通过增加进口来源国，扩大进口渠道和规模，更好地满足了人民对美好生活的需求，加速了供给侧结构性改革，促进了更高水平和更高层次的对外开放。另一方面，我国市场巨大，使用人民币计价结算有利于保持商品与服务的价格稳定。越来越多的境外出口商为了争夺在中国的市场份额，主动选择或欣然接受人民币计价结算，这有利于提升人民币跨境结算份额，尤其是有利于提高大宗商品和科技产品的人民币定价权和结算权。此外，国外出口商获得人民币后，能够增加离岸市场的人民币存款，扩大人民币离岸市场的金融服务需求，为中资金融机构提供了新的发展契机。

自贸区是我国在百年未有之大变局中，深化改革、实现高水平开放、主动对接国际规则的系统性体制机制创新。本着先行先试、重点突破、可复制可推广的基本要求，自贸区从沿海向中西部发展，在工业、金融、投资、贸易、跨境人民币使用等领域取得了重要的阶段性成果。一方面，通过放宽市场准入，促进政府职能转变，扩大金融开放，强化法制建设，推动贸易和投资便利化，自贸区在市场化、法治化、国际化等方面发挥了良好的标杆效应。另一方面，通过加强离岸金融中心建设，扩大资本账户开放，构建人民币利率市场化体系，自贸区也从多个维度疏通了人民币国际化的“堵点”。

结论 5 “一带一路”建设取得了重大进展和积极成效；高质量建设“一带一路”是实现“国内国际双循环相互促进”的重要途径，也是在制度规则和市场使用层面有效推动人民币国际化的重要突破口。

“一带一路”经过 7 年的建设，在政策沟通、设施联通、贸易畅通、资金融通、民心相通以及国际产业合作方面都取得了重大进展和积极成效。从 2020 年开始，我国推进“一带一路”的内外部环境均发生了深刻变化：在机遇方面，高标准国际规则面临重构为“一带一路”规则体系建设创造了空间；全球产业链价值链面临重构为“一带一路”区域分工体系调整创造了机会；自由贸易区网络建设和贸易创新为“一带一路”贸易新格局的形成创造了条件。在挑战方面，逆全球化和保护主义抬头，“一带一路”参与国营商环境有所恶化；大国博弈的影响进一步扩大，“一带一路”合作国政治风险有所增加；便利性和设施不足，企业和市场缺乏使用人民币的动力。在这种情况下，中国共产党第十九届中央委员会第五次全体会议审议通过《中共中央关于制定国民经济和社会发展第十四个五年规划和二〇三五年远景目标的建议》，对“十四五”时期推动共建“一带一路”高质量发展做出重要部署：坚持共商共建共享原则，秉持绿色、开放、廉洁理念，深化务实合作，加强安全保障，促进共同发展；推进基础设施互联互通，拓展第三方市场合作；构筑互利共赢的产业链供应链合作体系，深化国际产能合作，扩大双向贸易和投资；坚持以企业为主体，以市场为导向，遵循国际惯例和债务可持续原则，健全多元化投融资体系；推进战略、规划、机制对接，加强政策、标准、制度联通；深化公共卫生、数字经济、绿色发展、科技教育合作，促进人文交流。与此同时，中国提出了“加快构建以国内大循环为主体、国内国际双循环相互促进的新发展格局”。

国内国际双循环既离不开商品的生产、分配、消费、流通的循环畅通，也离不开要素资源的市场化优化配置，良性互动的双循环需要更深层次的改革和更高层次的开放。“一带一路”建设是我国扩大对外开放的重大战略举措。一方面，推动“一带一路”建设高质量发展是双循环的重要内容和落实双循环相互促进的重要抓手；另一方面，双循环也为“一带一路”建设创造了机遇。人民币国际化与高层次的开放互为支撑，以“一带一路”建设推动人民币国际化是“一带一路”高质量的要求和题中应有之义。要在“一带一路”国际循环中加强与国内循环的互动，通过多种路径有效推动人民币在制度规则和市场使用层面的国际化。

结论6 明确的国际货币定位和稳定的国际货币属性有助于我国拓展对外循环的辐射空间，加强全球金融治理能力；离岸市场的充分发展和合理布局是外循环发展到一定阶段的必然要求，有利于发挥人民币的金融交易职能，加速摆脱对国际货币使用的路径依赖和形成网络效应。

货币是一国经济外循环及内循环相互交织的关键环节，在为实体经济内循环提供资金支持的同时，通过汇率动态调整，过滤外部冲击，为经济内循环提供相对稳定的运行环境。人民币作为国际货币的定位和属性，有助于增强市场信心，增强非居民使用和持有人民币的动机，通过货币引导国际市场要素增加与中国的经贸往来，与中国市场建立更紧密的联系，扩大外循环的覆盖面，增强中国主导的产业链的稳定性，从而拓展外循环的辐射空间，有利于形成外循环与人民币国际使用之间的正反馈效应，这就推动了国际货币体系多元化，提升了中国的全球金融治理能力。

离岸人民币市场是我国外循环发展到一定阶段的主动选择。离岸人民币市场为企业提供了离岸融资渠道，帮助企业充分利用两个市场，降低汇率风险和财务成本，构建中资金融机构国际化经营的独特优势。离岸人民币市场的发展也为非居民提供了人民币兑换和投融资的渠道，提高了人民币使用的便捷性，进一步支持了贸易和金融交易中以人民币计价和结算，有利于巩固贸易创新，促进内循环高质量发展。

10.2 政策建议

建议1 应站在国家经济金融安全的高度，深刻认识人民币国际化的战略意义，统一思想，坚定不移地破除制度性障碍；抓住后疫情时期贸易格局调整的机遇，立足双循环新发展格局，全方位拓展人民币跨境使用场景，营造良好的人民币国际化生态环境。

（1）正确认识形势的严峻性，站在经济金融安全的高度重新审视人民币国际化的意义和价值。后布雷顿森林体系的历史经验告诉我们，国际货币发行国有更多平衡国际收支的手段。如果人民币能够成为广泛使用的主要国际货币，我国就不会面临国际收支严重失衡、国内经济过冷过热的风险，经济稳健发展将更有保障。美国新政府重新认识对华接触政策，将中美关系从以合作为主推向以竞争对抗为主，美元的霸权地位是美国最具杀伤力的制裁武器，加上全球即将进入数字货币时代，国际货币存在“赢者通吃”的极大可能性，种种迹象表明，留给人民币国际化的时间窗口不多了。我国必须居安思危，充分发挥我国的市场、制度优势，只争朝夕，平衡好短期利益和长远利益，在“十四五”期间加速推进人民币国际化。

（2）在继续稳定货物贸易优势的同时，大力发展新兴服务贸易，提升传统服务贸易的数字化、信息化水平，优化服务贸易结构，加快从贸易大国转向贸易强国。应高度重视跨境人民币交易的零售端和个人支付，提升资金流动的便利化水平，发挥数字技术、数字货币的弯道超车功能，促进服务贸易领域人民币的跨境使用；将贸易路径作为人民币信贷拓展的主要策略选择，鼓励企业和金融机构更多地走向“一带一路”沿线国家；继续扩大期货开放品种及范围，注重规则制度与国际市场的深层次对接。

（3）深入挖掘人民币发挥国际金融交易职能的现实可行性，继续优化和完善债券市场对外开放制度，简化境外机构入市流程，整合入市渠道，为国际投资者提供更加友好、便利的投资环境，扩大熊猫债发行规模。应把握人民币币值稳定且有序升值的机遇，深化人民币汇率形成机制改革，树立稳定、可预期的汇率机制比汇率稳定本身更重要的理念，提高人民币资产对国际投资者的吸引力。同时，重视并防范人民币较快升值带来的潜在风险，包括对出口产生冲击、短期资本大进大出和国内资产价格过快上涨等，运用大数据技术，提高对人民币跨境流动的监测与预警能力，完善宏观审慎管理框架，健全宏观审慎政策，牢牢守住不发生系统性风险的底线。

（4）打破部门利益，加强企业、金融机构和各部门之间的沟通，鼓励央企、国企在国际贸易和投融资活动中带头使用人民币，尽快扫除阻碍企业使用人民币的制度和政策障碍。加强跨境金融基础设施建设，协同现有的支付体系，提高跨境人民币清算体系使用的便捷性和效率，为国内外市场主体提供更好、更有竞争力的优质服务。

（5）加强人民币国际化生态环境建设，根据目前的形势变化，及时调整策略和技术路线，在继续巩固人民币在货物贸易、FDI、ODI 的使用范围的基础上，重视资本可兑换的改革次序，拓宽资本流动渠道，丰富人民币金融交易品种和市场，加速发展人民币离岸市场，将人民币投融资、资产管理作为“十四五”期间扩大人民币国际使用的着力点，满足国际投资者的需求。

建议 2 借鉴主要国际货币经验，在建设国内消费市场、掌握关键技术、本币优先、提升政治影响力等方面重点突破，充分发挥双循环新格局对人民币国际化的支撑作用。

从国际经验看，货币国际化需要国内国际双循环的强有力支撑，二者具有相辅相成的关系。中国需要从畅通国内循环和畅通国际循环两个方面实现重点突破。

（1）在经济结构方面，释放消费增长潜力，建设超大规模国内市场。首先，应加大收入分配调节力度，着力提高居民收入在国民收入分配中的比重，扩大中等收入群体。其次，财政支出应更多地向民生和公共领域倾斜，起到普惠性、基础性、兜底性作用；完善社会保障体系，健全统筹城乡、可持续的基本养老和医疗保险制度，为第三产业发展和消费增长创造条件。再次，实行稳健的货币政策，保持流动性合理充裕，维持国内物价水平基本稳定，提升消费者信心。最后，积极建设以质量为导向、以诚信为基础、统一开放、竞争有序的国内市场，以内需促外需；推动经济由出口拉动向消费拉动转变，保障经济长期稳定和高水平发展。

（2）在科技创新方面，着眼于中国在未来国际产业链价值链中的长远定位，制定有针对性的创新政策，实现关键技术的率先突破，确立中国的国际竞争优势；推动科学研究的机构化、制度化，促进产学研一体化发展；鼓励中小企业自主创新，加大对知识产权的保护力度，促进科技成果转换，提高产业的国际竞争力，增强产品定价的话语权。

（3）在对外经济活动中，全方位增强人民币的国际货币职能。以服务实体经济、便利企业贸易和投融资为根本出发点，增加外汇市场直接交易报价的币种数量，破除本币优先的障碍，强化人民币计价职能；发挥我国在数字货币、移动支付、人工智能技术方面的领先优势，打造各类撮合与交易平台，增强人民币支付功能；完善在岸与离岸互联互通机制，加强 CIPS 与 SWIFT 的合作，提高境外主体使用人民币进行交易的便利性，深化人民币的投资和储备职能。根据当前国际形势变化，精准施策，高度重视人民币的投资职能，进一步完善相关政策设计和制度建设。

（4）在提升政治影响力方面，反对霸权主义、单边主义和民粹主义，坚持和平发展、人类命运共同体理念，构建新型国际关系，发挥金融在“一带一路”高质量建设中的积极作用，提升国际话语权和影响力。具体来说，应推动中资银行、证券公司以及互联网金融企业海外合理布局，提高金融服务“一带一路”建设的可及性、质量和能力，在设施联通、贸易畅通中发挥资金融通的加速器作用；应促进金融市场的有序开放，科学设计债市、汇市等金融市场开放范围与次序，加强设施、监管、评级及其他管理规则的国际对接，充分激发市场活力，释放人民币自由使用的原动力；应深化金融和货币合作机制，扩大央行货币互换范围，签署边贸和一般贸易（与投资）本币结算协议，增加双边货币直接兑换和交易；还应完善亚投行的投资模式，增加灵活性，适当扩大人民币银行贷款、股权投资和担保等业务，增加国际金融市场上人民币计价金融工具的供给，发挥人民币国际化服务区域经济一体化的积极作用。

（5）在东盟、中亚、中东、非洲地区实现人民币使用的较大提升，形成一定程度的人民币路径依赖。以对外直接投资和中国主导的产业链、市场为抓手，统筹国内国际循环，通过对外直接投资拉动贸易融资和设备、劳工、技术出口，通过进口构建对外投资与国内循环相互连接的机制，无论对外投资还是贸易融资，无论出口还是进口，都应鼓励优先使用人民币，通过稳定市场份额、简化支付流程、规避汇率风险等市场手段来激励企业更多地使用人民币计价结算，构建人民币资金流和贸易流的双闭环，更好地体现人民币国际化服务实体经济的宗旨。

建议3 抓住科技创新的牛鼻子，提高供给端效率；消除市场流通体制障碍，疏通事关双循环全局的“堵点”，构建国内一体化市场；全面提升国家治理水平，为人民币国际化提供坚实稳定的政治基础。

(1) 借助“第四次工业革命”浪潮，坚持走中国特色新型工业化道路，提升供给创造需求的能力。利用通信、航天、交通等基础设施方面的优势，促进制造业创新发展，加快新一代信息技术与我国传统制造业和高端制造产业的深度融合，切实把握绿色发展、创新驱动的重要方针，通过技术手段将数字化技术进行深度应用；切实推进科技、资本、市场、政策四种力量的有机结合，通过政府和市场的双重作用，实现大批传统制造企业的成功转型，把智能制造融入企业生产，培育新型生产方式，并注重培养像华为那样的新一代工业革命浪潮的引领者，全面提高国家制造业的创新能力。

(2) 完善科技创新的体制机制，优化科研资助的评价机制，营造公平有序的竞争环境。政府应制定相关政策措施，进一步加大科研院校资金投入力度，简化科研人员申请流程，扫清科研资金申请机制障碍；完善科技创新相关税收优惠和补助政策细则，鼓励企业提升科研创新水平，给予适度的科研补贴，尤其是要注重处于技术劣势的行业的科研发展，快速弥补“短板”，重点攻关“卡脖子”的技术难题，全面提升我国科技创新水平；紧扣扩大内需和国内大循环，组织建设一批相关领域国家实验室，增强基础领域研究，补齐生产制造领域“短板”，同时也紧扣国内国际双循环布局，重视产业链的国际合作和相互促进；加快建设大科学装置集群，吸引世界各地的优秀人才，重视推动科研领域国际合作，将重大科技创新平台打造成创新高地，加大重点领域人才培养力度，完善人才保障体系，加强基础教育，提高人力资源对全要素生产率的贡献；以产业集群为载体，稳固产业链供应链，提升中国制造和中国创造的国际竞争力。

(3) 以商品市场、劳动力市场以及资本市场为抓手，疏通国内大循环的“堵点”，缓解“痛点”，加速推动市场一体化。第一，创新流通方式，降低综合成本，提高流通效率，推动流通的绿色化。要加快建设安全高效的物流网络，推动流通体系智能化、现代化，提高农村和边境地区交通通达深度；减少地方保护引起的贸易壁垒，共享市场监管信息，优化区域间市场准入，加强各地区之间在商品、生产要素、生产技术等方面的协作与交流，促进各类市场主体公平竞争。第二，加快农业转移人口市民化，健全劳动力信息共享服务平台，增加劳动人员跨区域就业的机会；提高对劳动力资源的优化配置能力；完善就业培训体系，缓解劳动力市场供需结构性失衡的矛盾；尤其是要健全多层次社会保障体系，为灵活就业人员提供社会保障；多维度降低劳动力成本，进一步推行住房分类供应制度，对高收入者供应商品房，对中低收入者供应带有一定社会保障性质的经济适用房，对较低收入者供应带有较大社会保障性质的廉租房；加强农业基础设施建设，大力推广杂交水稻等优质的现代化农业产品，提升农业生产效率；建立和完善全国性的大型农产品交易平台，拓宽国内和国际市场，有效减少农产品销售、运输环节，合理降低食品价格。第三，继续深化金融供给侧改革，发展普惠金融，推动金融机构数字化转型，不断提升金融服务实体经济能力，为供给创造需求提供重要驱动力与催化剂；大力发展多层次资本市场，提高直接融资比重，发挥资本市场对于推动实体经济高水平发展的枢纽作用；金融机构应顺应数字经济发展的新趋势，在当前业务渠道模式线上化和电子化的基础上，进一步推进数字化转型，为发展普惠金融创造条件，提升金融服务中小企业的能力；引导金融资源流向稀缺地区，激励银行加强信贷资源跨区域配给，弥补中西部地区、东北地区信贷资源相对匮乏的“短板”。尤其是要合理建设不同层次资本市场之间的转换机制，保障金融资源稀缺地区多层次资本市场有效联动，实现区域经济平衡协调发展，构建市场主体与金融机构互利共赢的“金融生态圈”。

（4）提高国家治理水平，推动内循环健康稳定发展，为人民币国际化提供坚实稳定的政治基础。第一，应深化税制改革，以优化税制结构和减税降费为重点，加强顶层税制设计，抓住税源，拓宽税基，取消部分税收贡献较小的种类，增强所得税、财产税的税收贡献度，推动减税降费政策红利直达市场主体。第二，继续缩短负面清单，进一步完善营商环境，推动贸易和投资自由化、便利化，促进更大范围、更广领域和更深层次的对外开放；积极参与全球、区域国际组织治理活动，承担大国责任，坚持多边化、平等协商、互利共赢原则，推动数字经济、绿色发展等新兴领域经济治理机制、规则、标准制定，推动建立更加公正、合理的全球治理体系。第三，准确界定市场边界，进一步简政放权，从制度上保障市场在资源配置中发挥主要作用；保持政策连续性、稳定性和可持续性，稳定市场预期，更好地发挥市场机制的调节作用；推动宏观政策协调，提高宏观调控能力，以加强跨境资本流动监管为重点，完善宏观审慎政策框架，维护我国经济金融安全。第四，全面加强知识产权保护工作，为创新营造良好环境；建立一套由政府、行业协会、企业和学校共同组织、共同参与的知识产权宣传体系，让知识产权保护理念深入人心；积极修订《中华人民共和国专利法实施细则》，加快《地理标志产品保护规定》的修订，提高知识产权保护工作的法治化水平；加强部门间的协同配合，强化知识产权全链条保护。

建议4 补齐服务贸易"短板"，对外增强投资拉动，对内强化区域联动，持续放大进博会的溢出效应，加强自贸区制度创新，形成可推广、可复制的经验及改革红利传导机制，构建双循环相互促进的重要平台。

（1）将服务贸易作为贸易创新的关键，扩大服务贸易示范区，打造差异化的服务贸易创新发展平台，提升服务贸易对经济增长和就业的拉动作用；对标国际服务贸易新规则，减少服务贸易限制，进一步加大制度型开放，逐步消除国内地区之间的市场分割和监管差异，补齐我国在服务贸易监管方面的"短板"；广泛运用数字技术，提升信息、金融保险、知识产权、管理咨询、医疗教育等重点服务贸易领域的数字化交付能力，促进新兴服务贸易领域发展。

（2）扩大进博会规模，提高进口贸易的质量，广泛吸引全球优质产品和服务进入中国市场。要扩大进博会对国内的溢出效应，更好地满足国内居民的消费升级需求，同时在供给端发挥鲶鱼效应，实现优胜劣汰，增强市场主体的活力，提高资源配置效率；还要发挥进博会在全球市场上的示范效应，加强与更多国外厂商的贸易合作，分享中国超大市场的经济利益，进而通过贸易拉动外商投资，建立重点外商企业信息库，提高优质项目落户的效率和精准度，共享中国经济增长的红利；尤其要发挥进博会对上海中心城市建设的溢出效应，引领长三角城市群发展，促进长江经济带区域一体化，并以此为基础向全国范围辐射，加速形成国内国际双循环相互促进的新格局。

（3）从对外增强投资拉动、对内强化区域联动两个方向着手，加大自贸区改革开放先行先试力度。在企业服务、知识产权保护、商事纠纷处理等领域提供良好的制度保障，保护外商合法权益，促进内外资企业公平竞争；强化负面清单精细化管理，从存量和增量两个方面深化“放管服”改革，减少不必要的投资限制，提升营商环境的国际竞争力，进而形成可复制、可推广的经验，发挥自贸区的示范作用。非自贸区应该从发展战略规划、资源禀赋、产业结构等多角度入手，积极吸纳自贸区制度创新成果，有的放矢，完善地方制度创新，形成由沿海向内陆、由自贸区向非自贸区的改革红利传导途径，发挥创新成果的辐射效应，促进区域经济协调快速发展。

（4）强化自贸区大宗商品期货市场产品和机制创新，打通债券、货币、外汇、商品期货市场之间的资金流通障碍，提升期货市场综合风险管理功能。RCEP 协议为区域扩大贸易规模、降低贸易成本提供了制度保障，建议我国针对区域贸易中主要大宗商品，开发更多以人民币计价结算的期货产品，提供更加便利的交易机制，降低交易成本，突出与欧美交易所的比较优势，鼓励我国的跨国企业、国有企业更多地参与大宗商品期货市场；应放宽实需交易限制，允许企业将大宗商品期货市场作为综合风险管理工具。此外，借鉴欧美大宗商品期货市场做法，适当扩大金融机构、私募、对冲基金参与期货市场，提高市场的国际化程度，增大交易活跃度和定价影响力。

建议 5 应通过六大实施路径，实现“一带一路”高质量建设，并以此推动国内国际双循环相互促进和人民币国际化；坚持统筹推进、突出重点的原则，在大宗商品贸易、基础设施第三方投融资合作、数字贸易、多边开发性机构和区域金融货币合作等方面实现新突破。

应畅通六大实施路径，推动“一带一路”高质量建设、双循环新格局和人民币国际化三者之间的相互促进、相辅相成。一是通过高质量政策联通夯实人民币国际化的规则基础。根据中国经济融入世界经济的需要、人民币国际使用的需要，加快政策、标准和制度等软联通，尤其是要加快人民币贸易结算、国际支付、投资、交易、货币兑换等方面的规则和标准联通，同时加强货币和汇率等宏观经济金融政策协调。二是通过高质量设施联通带动人民币投融资，将海外工程项目“投融建营”一体化作为推动境外基础设施项目人民币融资的重要手段。三是通过高质量贸易畅通增强人民币的计价结算职能，尤其是要扩大从“一带一路”国家进口的规模，强化人民币的计价结算职能。四是通过高质量资金融通构筑人民币国际使用网络，夯实人民币国际使用的载体，优化中资金融机构、CIPS在沿线国家和地区的布局，发展人民币债券市场，创新金融产品和国际投融资模式，疏通“一带一路”资金融通渠道。五是通过高质量国际产业合作推动双循环相互促进，夯实人民币资产计价的基础，整合提升“一带一路”沿线国家产业链、供应链、服务链、价值链，注重在国际产业分工格局重塑中提升我国在“一带一路”国际循环中的主导地位。六是通过高质量民心相通增强人民币国际使用意愿，在文化交流、教育、公共卫生和环保领域加强合作与交流，增强“一带一路”国家民众对中国的全面认同。

通过高质量“一带一路”建设推动双循环相互促进和人民币国际化，应坚持统筹推进、突出重点的原则，可以从以下几个方面寻找突破口，先行发力：(1) 建设“一带一路”大宗商品交易平台，加快大宗商品交易规则、期现一体化、服务体系和监管体系等方面的创新，完善金融服务，形成优势大宗商品计价中心，推动大宗商品贸易及其人民币计价。(2) 构建多层次的、较完整的基础设施投融资机构体系，发挥亚投行、金砖银行、次地区银行、主权国家开发性金融机构的作用，利用“联合贷款”模式撬动国际资本，深化与“一带一路”东道国银行在“银行联合体”框架上的建设；在单个项目层面上开展第三方投融资合作，形成机制化第三方合作方式；放宽境内境外发行人民币债券限制，鼓励基础设施项目融资采用人民币贷款、发放人民币债券，进行人民币股权投资，为“一带一路”大型基础设施项目海外融资提供便利。(3) 发展“一带一路”数字贸易，探索建立跨境电商全口径统计、税收、贸易便利化及消费者保护等制度，积极参加世贸组织与贸易有关的数字贸易（电子商务）议题谈判，规范数字贸易的交易内容、税收及费用、设备储备地点、境内外信息流通等，争取全球数字贸易规则制定方面的话语权。(4) 加强双多边金融货币合作，建立常态化的基础设施开发融资多边合作协调机构和统一的投资规则，协调双多边开发机构，促进遵循国际通行规则、适应发展中国家实际需要、遵循市场规律三者的有机结合，共同支持“一带一路”基础设施互联互通；与“一带一路”沿线国家和地区签订区域金融货币合作协议，建设多边外汇储备库；加强金融政策沟通，签订货币互换协议，鼓励相关国家增大人民币储备规模；推动人民币跨境结算平台、人民币与沿线国家货币兑换交易平台和跨境资本流动监控平台的建设。

建议6 拓宽外汇交易渠道，畅通资金拆借渠道，强化央行互换渠道，以债券市场为核心，构建高效的人民币离岸市场和在岸市场联动机制，为推进人民币国际化奠定市场基础；建立政策驱动与市场牵引的良性互动机制，为人民币国际化增添数字属性。

实现离岸市场与在岸市场之间的有效联动、协调发展和持续融合，是推动人民币国际化进程的关键。应大力发展人民币离岸市场，根据加速形成双循环新格局的要求，在重要节点国家和地区实现人民币离岸中心布局全覆盖，以方便国外企业、个人、机构和政府使用人民币。促进离岸市场和在岸市场融合，建立离岸市场和在岸市场价格联动机制与防火墙制度，建立离岸人民币专用的账户体系，有效监控人民币跨境资金流动，完善人民币离岸市场的存款准备金制度和流动性管理制度，以此确保离岸市场健康发展，为阻挡外部风险快速传染、维护国内金融安全提供必要的缓冲地带，有效减缓离岸市场对在岸市场的冲击。

加大力度拓展离岸市场和在岸市场的联系渠道，在离岸市场建设利率走廊，建立人民币金融市场交易的风险对冲机制和流动性保障机制。一是将外汇交易渠道作为促进人民币离岸市场和在岸市场汇率价格联动的主渠道。通过外汇交易推动资金跨境清算，改变离岸人民币资金供求状态，进而影响离岸人民币汇率。二是将资金拆借渠道作为直接影响离岸市场和在岸市场利率水平的主渠道。通过银行内联行资金往来、银行间的同业拆借以及银行和企业的境外融资活动三条资金拆借渠道，促使离岸和在岸人民币资金相互影响，产生联动效应。三是将央行互换渠道作为市场流动性管理的主渠道，通过央行货币互换向市场提供充足的人民币流动性；激励境外央行创设人民币流动性安排，向当地商业银行提供人民币，在当地离岸人民币市场流动性发生异常情况时，通过当地金融机构向市场投放短期人民币资金，增加市场流动性供给和保障，发挥流动性调节作用。四是将债券发行渠道作为离岸市场和在岸市场联动的主渠道。债券市场是人民币资产配置的主战场，应将其作为资本项目开放的重要抓手，丰富人民币固定收益证券的品种，参照纽约、伦敦、欧元区国际债券市场的规则，解决好跨境证券交易的税收问题，提高人民币债券投资的国际竞争力。鼓励境内机构在离岸人民币市场发债，鼓励境外机构在境内发行熊猫债，并在政策允许范围内，将所得人民币资金转至离岸市场运用，尤其要发挥中国人民银行发行离岸央票的作用，通过合理安排离岸人民币央票的发行节奏和存量规模，直接调控离岸人民币市场流动性。五是将股票通和债券通作为资本项目下人民币跨境流动的重要渠道，运用好上述制度性通道，影响人民币离岸市场和在岸市场之间的利率和汇率差异。

为了在双循环格局中促进人民币国际化，还需采取以下措施，建立政策驱动与市场牵引的良性互动机制，为人民币国际化增添数字属性：一是加强在岸金融市场建设，继续深化和完善利率与汇率市场化改革，健全金融市场运行机制。二是推动金融市场对外开放，自主把握资本账户开放节奏，完善相关配套制度，运用金融科技手段，防范并化解双循环新格局中的潜在风险。三是构建政策驱动与市场牵引的人民币国际化模式，为人民币国际化增添数字属性。通过直接投资、援助，在境外形成规模不等的人民币外汇市场，为更多企业和个人接受人民币创造必要条件；通过进博会、自贸区提供功能强大的电子商务、数字贸易平台，运用第三方平台，试点数字货币在跨境贸易中的应用；推动零售端人民币计价结算，通过增添数字属性来扩大人民币使用场景，促使人民币成为当地的货币锚。四是处理好人民币汇率市场决定、增加灵活性、稳定三者之间的逻辑关系，吸取以往的惨痛教训，不必死守什么汇率心理关口；提高人民币汇率形成机制的透明度，尤其是外汇干预、市场报价细节、储备货币变动、金融统计等方面的透明度，引导市场预期，更好地发挥市场在形成汇率、调节国际收支、配置外汇资源方面的决定性作用。

附录 1

《人民币国际化报告》年度主题概览

《人民币国际化报告 2012》是该系列研究的第一份报告。它选取跨境贸易人民币结算、香港人民币离岸金融市场套利活动等若干重大问题，从政府决策和市场发展两个视角进行了解读；并围绕资本账户改革、人民币汇率等热点问题展开了深入的理论分析。我们认为，人民币国际化最大的长期挑战来自中国实体经济，实现自主创新的技术突破和产业升级，是夯实人民币国际化经济基础的关键；金融体系市场化程度不足和效率低下，降低了人民币国际使用的吸引力和竞争力，构成了人民币国际化的中期挑战；人民币离岸金融市场尚未形成规模，是导致人民币国际化在低水平上徘徊的短线制约。报告建议，不能用搞运动的方式来推进人民币国际化；要将人民币国际化与利率市场化、汇率市场化以及资本账户有序开放等有机地结合在一起；对资本账户开放尤其应该谨慎，应在加快提高名义开放度的同时，通过技术手段和程序设置把握实际开放度，将投机性热钱流动控制在经济金融安全运行的可承受范围内。

《人民币国际化报告 2013》以“世界贸易格局变迁与人民币国际化”为主题，通过对世界贸易格局调整、货币替代以及国际货币体系演变的历史经验分析，总结了货币国际化与实体经济国际化之间的理论联系与一般规律。我们发现，历史上曾经出现过的货币强国都是以贸易强国为前提，但贸易格局调整未必总能引起国际货币格局变化；在当前的国际经济金融形势下，人民币国际化肩负着重大历史使命，或可破解“一超多元”国际货币体系滞后于多元竞争世界贸易格局而导致的“新特里芬难题”。报告认为，应当抓住世界贸易格局调整的有利时机，以东盟“10＋3”、上海合作组织、金砖国家、拉丁美洲、非盟等多个组织和地区为突破口，充分利用区域贸易、双边贸易等各种便利条件，强化人民币的贸易计价职能；要通过人民币直接投资、人民币对外信贷等资本流出方式，带动贸易人民币计价结算份额的继续提高；要深刻反思阻碍跨境贸易人民币计价结算份额进一步提高的主要因素，尽可能地为国内外企业和机构主动选择人民币创造机会、提供便利。

《人民币国际化报告 2014》的主题是“人民币离岸市场建设与发展”。本报告根据对历史经验和相关文献的梳理，深入探讨了离岸金融市场促进货币国际化的内在逻辑，重点分析了当前人民币离岸市场发展的意义和影响，并对其全球布局问题进行了初步讨论。报告指出，完善、高效的离岸市场机制为国际交易使用第三方货币提供了便利性和安全性，对于巩固国际货币地位至关重要；短期内人民币离岸市场的快速发展既将跨国资本流动的风险控制在有限范围内，又通过变相地放松资本管制来助推人民币国际化，同时为资本账户改革赢得了必要时间，创造了有利条件；从长远来看，伦敦、法兰克福等主要国际金融中心的人民币离岸金融业务规模与交易比重将是检验人民币是否已经成为主要国际货币之一的重要标志。报告建议，近期要处理好离岸市场与实体经济的关系，强调人民币离岸市场建设服务于中资企业和中资金融机构的国际化战略；中远期则要处理好人民币在岸金融市场与离岸金融市场的关系，逐步实现在岸金融市场价格引导离岸金融市场价格的理想模式。

《人民币国际化报告 2015》以“‘一带一路’建设中的货币战略”为主题。报告指出，“一带一路”和人民币国际化是中国在 21 世纪提出的两项重大国家发展战略，符合中国的国家利益，可为新兴大国提供必不可少的支撑力量；同时也符合全球利益，是对现行世界经济秩序和国际货币体系的进一步完善，体现出中国提供全球公共物品的大国责任与历史担当。报告从理论探讨、历史经验和实证检验等多个角度系统梳理了“一带一路”与人民币国际化两大战略相互促进的逻辑，强调二者应当协同发展。我们认为，大宗商品计价结算、基础设施融资、产业园区建设、跨境电子商务等应当成为借助“一带一路”建设进一步提高人民币国际化水平的有效突破口，且“一带一路”建设中的人民币国际化必须继续坚持改革开放。国内经济成功转型、技术进步和制度创新是“一带一路”建设和人民币国际化的根本保障，只有以更高标准对外开放，坚持包容的发展理念，动员全球资源，造福沿线各国，才能为“一带一路”和人民币国际化两大战略的最终成功创造有利条件。

《人民币国际化报告 2016》将主题确定为“货币国际化与宏观金融风险管理”。我们认为，随着人民币加入 SDR 货币篮子，人民币国际化即将开始新的发展阶段，表明我国已经进入汇率管理、资本流动管理等重大宏观政策的调整敏感期。历史经验表明，德国和日本的货币国际化起点虽然相似，但是由于各自选择的政策调整路径不同，对国内经济和金融运行产生了迥然不同的深刻影响，使其货币国际化成果大相径庭。因此，要特别重视提高宏观管理能力，以免它成为制约人民币国际化继续推进的“短板”。报告强调，在政策调整过程中必须处理好汇率波动对国内经济金融运行的冲击，还要尽快适应跨境资本流动影响国内金融市场、金融机构以及实体经济的全新作用机制，尤其要重视防范和管理系统性金融风险。我们建议：应当基于国家战略视角构建宏观审慎政策框架，以其作为制度保障，将汇率管理作为宏观金融风险管理的主要抓手，将资本流动管理作为宏观金融风险管理的关键切入点，全力防范和化解极具破坏性的系统性金融危机，确保人民币国际化战略最终目标的顺利实现。

《人民币国际化报告 2017》以“强化人民币金融交易功能”为主题，原因是国际金融交易人民币计价综合占比的上升势头明显，继跨境贸易人民币结算之外成为驱动 RII 的又一重要因素。鉴于国际金融市场上或将开启一个以跨国银行、跨国企业甚至货币当局为主体积极配置人民币资产的有利窗口期，我们认为：应当充分利用人民币加入 SDR 的制度红利，深化国内金融改革，以完善的金融市场为对外贸易和资本输出提供“后勤保障”；通过顶层设计和相关法律、政策的国际协调，充分发挥直接投资对贸易、离岸市场等的杠杆撬动效应；将人民币债券市场作为中国提供全球“安全资产”的主渠道，将提高国际债券市场的人民币占比作为阶段性任务；发挥银行主导的优势，将贸易路径作为人民币信贷拓展的主要策略选择；构建多层次外汇市场，为人民币全面发挥国际货币职能创造条件；将人民币跨境支付清算体系建设、金融相关法律制度建设以及征信和信用评级体系建设作为当前完善金融基础设施、便利人民币国际使用的工作重点。

《人民币国际化报告 2018》的主题为“结构变迁中的宏观政策国际协调”。报告指出，每一次主要国际货币的更替都导致了国际政策协调的发展演变，创新协调机制的成败在一定程度上决定了新兴国际货币的地位高低；国际政策协调效率与货币国际化相互促进、相辅相成；由于大国特别是货币强国的政策溢出效应更加明显，所以大国政策协调是决定世界经济发展和全球金融稳定的关键。我们认为：要正确看待人民币国际化进程中的调整，面对压力，要保持定力，不骄不躁，苦练内功，努力提升实体经济效率和国际竞争力，倡导本币优先，重点服务实体经济发展与国内改革开放进程；要实现高质量经济发展，获得人民币国际化所需的国际网络效应，迫切需要全方位、高效率的宏观政策国际协调；应当将贸易、货币政策作为短期国际协调的重点，并将结构改革、宏观审慎政策逐步纳入协调范畴；应当重视多层次国际组织，积极寻求在新兴国际协调平台上发挥中国的引领作用。报告强调，要在“一带一路”建设中开展内容丰富的区域合作机制创新，为国际协调理论和实践提供新样本、新模式；要妥善处理中美贸易摩擦和政策分歧，这是实现无危机可持续发展和人民币国际化的关键，也是当前我国进行国际政策协调需要解决的主要矛盾。

《人民币国际化报告 2019》的主题为“高质量发展与高水平金融开放”。报告认为，高质量发展的内涵在于富有效率、稳健有序和包容共享，高质量发展决定着人民币国际化的未来。高质量发展的效率内涵和稳健内涵可增强国家整体经济实力，稳定市场信心；高质量发展的包容内涵是人民币国际化的最好背书。高质量发展赋予人民币国际化以时代特征和中国属性，有利于实现与中国经济贸易地位相匹配的货币地位。报告指出，高质量发展要求与之适配的金融体系，高水平金融开放有助于实现高质量的经济发展。由于金融开放对经济发展进程的影响巨大，在条件不成熟的情况下贸然开放，可能因负面冲击而产生灾难性后果，所以高水平金融开放要在进一步改革中实现。当前的工作重点包括：培育适应高水平金融开放的微观经济主体，重点是提高企业和金融机构的国际竞争力和抗风险能力；大力发展金融市场，以货币市场、债券市场、股票市场、外汇市场的深化改革为主要任务；抓紧建设安全、高效、国际化的金融基础设施，兼顾硬件与软件，重视发挥 CIPS 对金融市场双向开放和“一带一路”建设的服务功能；不断完善负面清单制度，以宏观审慎政策防范跨境资本流动风险，提高开放中的金融管理能力，确保国家经济金融安全和产业优势。

《人民币国际化报告 2020》的主题为“上海如何建设全球金融中心”。报告系统阐述了上海建设全球金融中心的必要性与紧迫性；在揭示全球金融中心建设与人民币国际化之间的逻辑关系的基础上，从世界与中国、历史与现实、机遇与挑战等多个维度全面深入地探讨了上海建设全球金融中心的模式选择、基础条件和发展策略等重要问题。报告认为：上海应当抓住第四次工业革命的有利时机，充分发掘改革开放以来在金融深化和创新发展过程中积累的深厚基础，建设成为科创中心、经济中心、金融中心、贸易中心、航运中心协同发展的全球中心城市，引领中国高质量发展和高水平开放，为人民币国际化提供坚实的基础和持久的动力。报告强调：上海建设全球金融中心要坚持五位一体的发展模式；坚持金融服务实体经济和高水平开放，将“上海价格”打造为全球人民币资产以及以人民币计价的大宗商品的定价基准；完善营商环境，集聚世界高端企业和高级人才，吸引全球优质资本和优势资源，不断追求科技进步，引领全球产业升级，促进各国共同发展；运用金融科技手段构建鼓励创新、平衡风险的金融监管体系，提高应对投机冲击和管理重大风险的能力。

附录 2

2020 年人民币国际化十大里程碑事件

（1）中国国债将被纳入富时世界国债指数，金融市场对外开放再谱写新章。

9 月 25 日，富时罗素公司宣布中国国债将被纳入富时世界国债指数。近年来，中国债券市场改革开放发展稳步推进。我国债券和股票市场规模位居全球第二，超过 160 万亿元，已被纳入多个主流国际指数。国际机构配置人民币资产已达到 6.4 万亿元，并以年均超过 20%的速度增长，尤其是境外投资者持有境内人民币债券资产近年来以年均近 40%的速度增长。中国债券已被先后纳入彭博巴克莱全球综合指数和摩根大通全球新兴市场政府债券指数。此次富时世界国债指数也明确将中国债券纳入时间表。这充分反映了国际投资者对于中国经济长期健康发展、金融持续扩大开放的信心。在疫情背景下，中国经济基本面率先恢复，货币政策保持了稳健，中国债券的收益率在全球主要国家中表现相对突出，人民币资产在全球范围内表现出一定的避险资产属性，这都是吸引外资进入境内债券市场的最主要因素。

（2）中国人民银行提出参与国际基准利率改革，健全中国基准利率体系。

8 月 31 日，中国人民银行发布《参与国际基准利率改革和健全中国基准利率体系》白皮书，明确提出了以培育存款类金融机构间的债券回购利率（DR）为重点、健全中国基准利率和市场化利率体系的思路和方案。下阶段，中国银行间基准利率体系建设的重点在于推动各类基准利率的广泛运用，通过创新和扩大 DR 在浮息债、浮息同业存单等金融产品中的运用，将其打造为中国货币政策调控和金融市场定价的关键性参考指标。

（3）人民币创 12 年来最大季度涨幅，成为全球第五大即期外汇交易货币。

面对严峻的疫情冲击和复杂的国际形势，人民币汇率双向波动，稳中有升。2020 年，人民币兑美元汇率波动幅度仅为 4.2%，远低于美元指数 15%的波幅，较其他主要货币以及新兴市场货币更为稳定。在人民币汇率上半年贬值压力陡增、下半年快速升值的情形下，市场交易理性有序，人民币外汇市场向更有韧性、更加成熟的方向迈进。2020 年 5 月 28 日到 12 月 4 日，在岸美元兑人民币汇率从 7.16 下降至 6.53，短短六个月内升值 8.8%，全年累计升值幅度达 6.1%。根据 SWIFT 的统计，2020 年 12 月，人民币跻身全球第五大即期外汇交易货币。从地域分布来看，英国是全球第一大人民币即期外汇交易市场，其市场占比达 37.5%；美国、中国、中国香港、法国分别位居第二至第五位，市场占比分别为 16.5%、11.9%、8.3%和 7.9%。人民币国际使用的拓展进一步带动了人民币外汇交易增长并向全球外汇市场延伸。

（4）债券市场基础设施实现互联互通，进一步便利了债券投资者。

为贯彻落实全国金融工作会议关于推进金融基础设施互联互通的要求，进一步便利债券投资者，促进我国债券市场高质量发展，中国人民银行、中国证券监督管理委员会联合发布《中国人民银行 中国证券监督管理委员会公告〔2020〕第 7 号》，同意银行间与交易所债券市场相关基础设施机构开展互联互通合作。互联互通是指银行间与交易所债券市场的合格投资者通过两个市场相关基础设施机构连接，买卖两个市场交易流通债券的机制安排。互联互通遵守投资者适当性等有关监管规定。中国人民银行、中国证券监督管理委员会将加强监管合作与协调，共同对通过互联互通开展的债券发行、登记、交易、托管、清算、结算等行为实施监督管理。债券市场基础设施实现互联互通，有利于切实便利债券的跨市场发行与交易，促进资金等要素自由流动，形成统一市场和统一价格，为货币政策的顺畅传导和宏观调控的有效实施奠定坚实的基础，也有利于提升我国债券市场基础设施服务水平和效率，推动构建以客户为中心、适度竞争的债券市场基础设施服务体系，更好地服务实体经济。

（5）粤港澳大湾区开展“跨境理财通”业务试点，促进我国金融市场对外开放。

为贯彻国家建设粤港澳大湾区的战略部署，落实《粤港澳大湾区发展规划纲要》关于“扩大香港与内地居民和机构进行跨境投资的空间，稳步扩大两地居民投资对方金融产品的渠道”的要求，2020年6月29日，中国人民银行会同香港金融管理局、澳门金融管理局发布公告，在粤港澳大湾区开展“跨境理财通”业务试点。粤港澳大湾区居民个人投资活跃，跨境购买低风险的银行理财产品的需求较大。“跨境理财通”业务试点将有利于满足粤港澳大湾区居民个人自主投资、灵活配置资产的需求，促进粤港澳大湾区居民个人跨境投资便利化，进一步深化粤港澳大湾区金融合作。

（6）加码自贸区、自由港、临港新片区建设，推动重点区域人民币跨境使用试点。

中国坚持走实体经济对外开放的道路，加大对外开放力度，包括加码自贸区、自由港、临港新片区建设等。5月14日，中国人民银行、中国银行保险监督管理委员会、中国证券监督管理委员会、国家外汇管理局发布《关于金融支持粤港澳大湾区建设的意见》，从促进粤港澳大湾区跨境贸易和投融资便利化、扩大金融业对外开放、促进金融市场和金融基础设施互联互通、提升粤港澳大湾区金融服务创新水平、切实防范跨境金融风险五个方面提出了26条具体措施。上海积极推进临港新片区金融先行先试、在更高水平加快上海金融业对外开放和金融支持长三角一体化发展，先后出台了50条措施和30条意见。2020年以来，临港新片区启动了优质企业跨境人民币结算便利化方案、临港新片区境内贸易融资资产跨境转让试点等金融制度创新。这两项政策已于5月1日起推广至上海市产业链、供应链和外贸企业，临港新片区在金融改革创新方面的引领作用初步显现。金融服务于跨境贸易和投融资的自由化、便利化。高水平的经常项目开放和资本项目开放政策、跨境资金流动管理政策是海南自由贸易港建设中最重要，也是最核心的金融政策。

(7) 取消境外机构投资者额度限制、进一步开放金融市场，助力人民币国际化。

为贯彻落实党中央、国务院决策部署，进一步扩大金融业对外开放，2020 年 5 月 7 日，中国人民银行、国家外汇管理局发布《境外机构投资者境内证券期货投资资金管理规定》，明确并简化了境外机构投资者境内证券期货投资资金管理要求，进一步便利了境外投资者参与我国金融市场。其主要内容包括：一是落实取消合格境外机构投资者和人民币合格境外机构投资者（以下简称合格投资者）境内证券投资额度管理要求，对合格投资者跨境资金汇出入和兑换实行登记管理。二是实施本外币一体化管理，允许合格投资者自主选择汇入资金币种和时机。三是大幅简化合格投资者境内证券投资收益汇出手续，取消中国注册会计师出具的投资收益专项审计报告和税务备案表等材料要求，改以完税承诺函替代。四是取消托管人数量限制，允许单个合格投资者委托多个境内托管人，并实施主报告人制度。五是完善合格投资者境内证券投资外汇风险及投资风险管理要求。六是中国人民银行、国家外汇管理局加强事中事后监管。

(8) 万事网联信息技术（北京）有限公司和连通（杭州）技术服务有限公司先后获批筹建银行卡清算机构，我国支付清算服务水平得到提高。

2020 年 2 月，中国人民银行会同中国银行保险监督管理委员会审查通过万事网联信息技术（北京）有限公司提交的银行卡清算机构筹备申请。万事网联信息技术（北京）有限公司是万事达卡公司在我国境内发起设立的合资公司，作为市场主体申请筹建银行卡清算机构，运营万事达卡品牌。6 月，中国人民银行会同中国银行保险监督管理委员会审查通过连通（杭州）技术服务有限公司提交的银行卡清算机构开业申请，并向其核发银行卡清算业务许可证。连通（杭州）技术服务有限公司是美国运通（American Express）在我国境内发起设立的合资公司，获得许可后，可在我国境内拓展成员机构、授权发行和受理美国运通品牌的银行卡。

银行卡市场开放是我国金融业开放的重要组成部分，这两家公司的获批是我国扩大金融业对外开放、深化金融供给侧改革的又一具体反映，有利于提高我国支付清算服务水平，推进人民币国际化，为金融消费者提供多元化和差异化的支付服务。

（9）“十四五”稳慎推进双循环新发展格局下的人民币国际化。

为了应对全球经济挑战，我国提出推动构建以国内大循环为主体、国内国际双循环相互促进的新发展格局，经济高质量发展将开启新一轮人民币国际化的战略机遇期。“十四五”规划提出，要稳慎推进人民币国际化。人民币国际化要“坚持市场驱动和企业自主选择，营造以人民币自由使用为基础的新型互利合作关系”。

为了进一步优化跨境人民币业务服务实体经济，9 月 18 日，中国人民银行、国家发展和改革委员会、商务部、国务院国有资产监督管理委员会、中国银行保险监督管理委员会、国家外汇管理局六部门共同起草了《关于进一步优化跨境人民币政策支持稳外贸稳外资的通知（征求意见稿）》，针对推动更高水平贸易投资人民币结算便利化、进一步简化跨境人民币结算流程、进一步优化跨境人民币投融资管理、便利个人经常项目下人民币跨境收付、便利境外机构人民币银行结算账户使用五大方面出台了一系列新政，在促进贸易投资便利化的同时，吸引全球资本加码中国投资。此举大幅提升了跨境人民币在投融资方面的使用范围与操作便利度，助推人民币从国际贸易结算货币向国际投融资货币升级。

（10）我国多地启动数字人民币试点，技术设计和运行架构已趋于成熟。

中国央行在全球法定数字货币的研发竞争中，已经取得先发优势。2019 年，中国人民银行基本完成了数字人民币（DC/EP）的顶层设计、标准制定、功能研发和联调测试等工作，从 2020 年 4 月起，在深圳、苏州等多地启动了数字人民币试点。2020 年 12 月，数字人民币北京冬奥试点应用在北京地铁大兴机场线启动。根据国际清算银行 2020 年发布的报告，全球约 80%的央行已启动数字货币研发。目前，数字人民币已启动试点，我国在数字货币领域拥有雄厚的应用基础与技术实力。数字化革命将为人民币国际化以及国际金融架构调整带来新契机。

附录 3

2020 年人民币国际化大事记

● **1 月**

1 月 6 日，中国人民银行与老挝中央银行签署双边本币合作协议，允许在两国已经放开的所有经常项目和资本项目下交易中直接使用双方本币结算。

1 月 12 日，中国人民银行签署遵守《全球外汇市场准则》的承诺声明，积极参与全球外汇市场建设与发展。

● **2 月**

2 月 10 日，中国人民银行与埃及中央银行续签规模为 180 亿元人民币/410 亿埃及镑的双边本币互换协议。

2 月 11 日，中国人民银行审查通过万事网联信息技术（北京）有限公司银行卡清算机构筹备申请。

2 月 13 日，中国人民银行在香港成功发行 300 亿元人民币央行票据，其中 3 个月期央行票据 200 亿元，1 年期央行票据 100 亿元，中标利率分别为 2.55%和 2.60%。

2 月 14 日，《关于进一步加快推进上海国际金融中心建设和金融支持长三角一体化发展的意见》正式发布，从积极推进临港新片区金融先行先试、在更高水平上加快上海金融业对外开放和金融支持长三角一体化发展等方面提出了 30 条具体措施。

2月14日，中国证券监督管理委员会、财政部、中国人民银行、中国银行保险监督管理委员会联合印发《关于商业银行、保险机构参与中国金融期货交易所国债期货交易的公告》，允许符合条件的试点商业银行和具备投资管理能力的保险机构，按照依法合规、风险可控、商业可持续的原则，参与中国金融期货交易所国债期货交易。

2月21日，经国务院同意，中国证券监督管理委员会与财政部、中国人民银行、中国银行保险监督管理委员会联合发布公告，允许符合条件的试点商业银行和具备投资管理能力的保险机构，按照依法合规、风险可控、商业可持续的原则，参与中国金融期货交易所国债期货交易。

2月28日起，中国国债正式纳入摩根大通全球新兴市场政府债券指数。

● **3月**

3月5日，为加强金融基础设施建设，统筹监管重要金融基础设施，提高服务实体经济水平和防控金融风险能力，中国人民银行、国家发展和改革委员会等六部门联合印发《统筹监管金融基础设施工作方案》。

3月26日，中国外汇市场指导委员会（CFXC）转发全球外汇市场委员会（GFXC）关于市场状况的声明，促进外汇市场专业、公平、高效、稳健运行。

3月26日，中国人民银行在香港成功发行100亿元人民币央行票据，期限为6个月，中标利率为2.19%。

3月26日，国务院批复同意《关于支持中国（浙江）自由贸易试验区油气全产业链开放发展的若干措施》，特别提出要在浙江自由贸易试验区开展油品贸易跨境人民币结算便利化试点。

3月30日，中共中央、国务院发布《关于构建更加完善的要素市场化配置体制机制的意见》，提出主动有序扩大金融业对外开放；稳步推进人民币国际化和人民币资本项目可兑换；逐步推进证券、基金行业对内对外双向开放；有序推进期货市场对外开放；逐步放宽外资金融机构准入条件，推进境内金融机构参与国际金融市场交易。

● **4月**

4月16日，数字人民币率先在苏州相城区落地应用，随后在深圳、雄安、成都以及未来的冬奥会场景内进行了封闭测试。未来，数字人民币还将在上海、长沙、海南、青岛、大连、西安六地试点。

4月30日，中国农业银行（简称农行）出台《进一步推动人民币国际化工作方案》，从坚持重点地区优先发展、广泛拓展客户营销视图、加大重点产品营销推广、发挥境外机构的支撑作用、加强业务统筹和评估监测、筑牢合规及风险底线等方面，明确提出了下一阶段农行境内外机构服务人民币国际化的重点工作举措。

● **5月**

5月7日，中国人民银行、国家外汇管理局发布《境外机构投资者境内证券期货投资资金管理规定》，明确并简化了境外机构投资者境内证券期货投资资金管理要求，进一步便利了境外投资者参与我国金融市场。

5月8日，临港新片区管理委员会会同中国人民银行上海总部、上海银保监局、上海证监局、市金融工作局共同发布《全面推进中国（上海）自由贸易试验区临港新片区金融开放与创新发展的若干措施》，从落实对外开放、强化制度创新、培育金融体系、服务实体经济、加强服务保障五方面提出了创新举措。

5月11日，中国最大的钢铁集团中国宝武宣布，最近与澳大利亚力拓集团完成了首单利用区块链技术实现的人民币跨境结算，总金额逾1亿元。这是继2020年1月和4月中国宝武分别与巴西淡水河谷、澳大利亚必和必拓完成首单人民币跨境结算后的又一新进展。至此，中国宝武与全球三大铁矿石供应商之间都已经实现了铁矿石交易的人民币跨境结算。

5月14日，美国惠誉评级公司获准进入中国信用评级市场。这标志着惠誉评级公司成为继2019年标普全球公司之后第二家获准进入中国市场的外资信用评级机构。

5月14日，中国人民银行在香港成功发行300亿元人民币央行票据，其中3个月期央行票据200亿元，1年期央行票据100亿元，中标利率分别为1.77%和1.78%。

5月15日，中国人民银行副行长、国家外汇管理局局长潘功胜在《关于金融支持粤港澳大湾区建设的意见》发布会上指出，部分开放创新工作已经稳步推进并落地。例如，在民生金融方面，中国人民银行根据各方意见，已经制定并推出近期大湾区内社会诉求较为强烈的几项金融政策，包括：采用远程方式，为港澳居民代理见证远程开立内地银行结算账户试点，并逐步扩大机构使用范围和规模；便利港澳居民在内地使用移动电子支付；投产港澳版银联“云闪付”、微信和支付宝（香港）电子钱包等项目。在投融资便利化方面，更高水平的贸易投融资便利化和贸易新业态外汇管理等举措已在广东进行初步尝试。

5月20日，中国人民银行与老挝中央银行签署规模为60亿元人民币（折合7.6万亿老挝基普）的双边本币互换协议。

5月23日，中国人民银行副行长陈雨露接受采访时表示，当前，人民币跨境使用继续保持快速增长。下一步，人民币国际化将继续以更好地服务国际贸易和投融资为导向；中国人民银行将坚持市场化原则，积极有为，顺势而为，推动人民币充分发挥全球公共物品的功能。

5月27日，国务院金融稳定发展委员会办公室发布11条金融改革措施，其中一条是发布《外国政府类机构和国际开发机构债券业务指引》，进一步完善熊猫债信息披露要求，细化熊猫债发行规则，鼓励有真实人民币资金需求的发行人发债，稳步推动熊猫债市场发展。

● 6月

6月8日，中国人民银行副行长、国家外汇管理局局长潘功胜在国务院新闻办公室新闻发布会上介绍支持海南自由贸易港建设的金融政策时表示，在海南自由贸易港的建设过程中，高水平的经常项目开放和资本项目开放的政策、跨境资金流动管理政策是海南自由贸易港建设中最重要，也是最核心的金融政策。

6月13日，中国人民银行会同中国银行保险监督管理委员会审查通过美国运通在我国境内发起设立的合资公司连通（杭州）技术服务有限公司提交的银行卡清算机构开业申请，并向其核发银行卡清算业务许可证。

6月18日，中国人民银行副行长、国家外汇管理局局长潘功胜在第十二届陆家嘴论坛上发言时表示，上海已成为人民币国际化的重要枢纽，始终处于金融对外开放的最前沿。在境内外市场互联互通方面，债券通、沪港通、沪伦通等均通过上海联结。在人民币国际化方面，上海市跨境人民币结算量占全国的比重已经超过50%；在沪世界500强企业跨境人民币结算量已超过外币结算量，人民币成为在沪跨国企业的首选跨境结算币种。

6 月 19 日，土耳其中央银行网站发布公告称，6 月 18 日土耳其首次使用了土耳其央行与中国人民银行于 2019 年续签的双边本币互换协议下的人民币资金。今后，土耳其企业可以通过相关银行使用人民币支付从中国进口的费用。这也被认为是进一步加强土中金融合作的重要一步。

6 月 23 日，中国人民银行在香港成功发行 100 亿元人民币央行票据，期限为 6 个月，中标利率为 2.21％。

6 月 29 日，中国人民银行会同香港金融管理局、澳门金融管理局发布公告，在粤港澳大湾区开展“跨境理财通”业务试点。

● 7 月

7 月 3 日，作为我国债券市场对外开放的重要里程碑的“债券通”启动三周年。目前，中国债券市场余额为 108 万亿元人民币，位居世界第二。截至 2020 年 6 月末，共有近 900 家境外法人机构进入银行间债券市场，覆盖全球 60 多个国家和地区，持有的人民币债券规模约为 2.6 万亿元，2017 年以来每年以近 40％的速度增长。目前，境外机构持债规模占我国债券总量的比重为 2.4％，持有国债规模占比达 9％。

7 月 19 日，中国人民银行、中国证券监督管理委员会联合发布《中国人民银行 中国证券监督管理委员会公告〔2020〕第 7 号》，同意银行间与交易所债券市场相关基础设施机构开展互联互通合作。

7 月 31 日，中国人民银行和巴基斯坦中央银行签署双边本币互换修订协议，将互换规模扩大为 300 亿元人民币/7 200 亿巴基斯坦卢比。

7 月 31 日，中国人民银行和智利中央银行签署双边本币互换修订协议，将互换规模扩大为 500 亿元人民币/56 000 亿智利比索。

7 月 31 日，中国人民银行和蒙古中央银行续签规模为 150 亿元人民币/6 万亿蒙古图格里克的双边本币互换协议。

● 8 月

8 月 3 日，中国人民银行召开 2020 年下半年工作电视会议。会议指出，坚定不移推动金融业稳妥有序开放；继续落实好已宣布的金融开放措施；推动全面落实准入前国民待遇加负面清单制度；积极稳妥推进人民币国际化和资本项目可兑换，统一债券市场对外开放外汇管理政策；深度参与全球金融治理，切实维护多边主义。

8 月 13 日，中国人民银行在香港成功发行 300 亿元人民币央行票据，其中 3 个月期央行票据 200 亿元，1 年期央行票据 100 亿元，中标利率均为 2.70%。

8 月 22 日，中国人民银行和新西兰中央银行续签规模为 250 亿元人民币的双边本币互换协议。

8 月 26 日，中国人民银行召开跨境人民币便利企业贸易投资工作座谈会。会议强调，中国人民银行将会同有关部委紧紧围绕实体经济需求，推动更高水平贸易投资人民币结算便利化，进一步完善跨境人民币政策，打通政策落地“最后一公里”，为更好地完成“六稳”“六保”任务提供有力支撑。会议要求，金融机构要不断提升金融服务水平，提供更加便捷高效的跨境人民币金融产品和服务，进一步提高人民币跨境及离岸清算效率，助力各类企业健康发展。

8 月 26 日，中国人民银行货币政策司青年课题组撰文指出，2020 年以来，人民币兑美元汇率年化波动率为 4.5%，与国际主要货币基本相当，汇率作为宏观经济和国际收支自动稳定器的作用进一步增强。

8 月 31 日，中国人民银行发布《参与国际基准利率改革和健全中国基准利率体系》白皮书，明确提出了以培育存款类金融机构间的债券回购利率为重点、健全中国基准利率和市场化利率体系的思路和方案。

● **9 月**

9 月 2 日，为进一步加强中国债券市场对外开放的系统性、整体性、协同性，便利境外机构投资者配置人民币债券资产，中国人民银行、中国证监会、国家外汇管理局就共同起草的《中国人民银行 中国证监会 国家外汇管理局关于境外机构投资者投资中国债券市场有关事宜的公告（征求意见稿）》征求意见。

9 月 7 日，国务院批复《深化北京市新一轮服务业扩大开放综合试点建设国家服务业扩大开放综合示范区工作方案》。该方案指出，支持社会资本在京设立并主导运营人民币国际投贷基金，支持外资投资机构参与合格境内有限合伙人境外投资试点；在北京市特定区域内，开展本外币一体化试点；研究推动境外投资者用一个人民币境外机构境内外汇账户处理境内证券投资事宜；对于境外机构按规定可开展即期结售汇交易的，北京市特定区域内银行可为其办理人民币与外汇衍生品交易；在全市范围开展资本项目收入支付便利化试点；探索开展本外币合一跨境资金池试点，对跨境资金流动实行双向宏观审慎管理；支持符合条件的外贸综合服务企业为跨境电商提供货物贸易外汇综合服务；研究探索实物资产跨境转让的场内外汇结算模式，提升外汇资金结算效率；允许出口商在境外电商平台销售款项以人民币跨境结算；给予在京中资机构海外员工薪酬结汇便利化政策。

9 月 17 日，中国人民银行党委委员、副行长刘国强赴上海调研时指出，上海在人民币跨境使用进程中始终担当"排头兵"的角色，今后要继续发挥更大作用。当前，中国人民银行正在抓紧建设跨境人民币贸易融资资产转让平台，力争让该平台早日上线运行，进一步便利人民币跨境贸易融资，促进人民币跨境使用。

9 月 17 日，中国人民银行和匈牙利中央银行签署规模为 400 亿元人民币的双边本币互换补充协议。

9 月 18 日，中国人民银行会同工业和信息化部、司法部、商务部、国务院国有资产监督管理委员会、国家市场监督管理总局、中国银行保险监督管理委员会、国家外汇管理局出台《关于规范发展供应链金融 支持供应链产业链稳定循环和优化升级的意见》，建立了供应链金融规范发展的政策框架。

9 月 21 日，由资产管理公司 CSOP 管理的新加坡第一只中国债券 ETF 开始交易，原始资金为 6.76 亿美元（约合 45.8 亿元人民币），由机构和散户投资者提供。

9 月 21 日，国务院办公厅印发的《关于以新业态新模式引领新型消费加快发展的意见》中提出，探索新型消费贸易流通项下逐步推广人民币结算；提升境外人员境内支付的规范化、便利化水平。

9 月 23 日，国家外汇管理局更新合格境内机构投资者（QDII）额度审批情况表显示，国家外汇管理局时隔近两年半重启 QDII 额度扩容。此次共向 18 家机构发放了 QDII 额度 33.6 亿美元，涵盖了基金、证券、理财子公司等多类型机构。截至当日，QDII 投资总额度增加至 1 073.43 亿美元。

9 月 24 日，中国人民银行在香港成功发行了 100 亿元 6 个月期人民币央行票据，中标利率为 2.68%。此次发行受到境外投资者广泛欢迎，包括美洲、欧洲、亚洲等多个国家和地区的商业银行、央行、基金等机构投资者以及国际金融组织踊跃参与认购，投标总量超过350亿元，约为发行量的3.6倍。

9月25日，富时罗素公司宣布将中国国债纳入富时世界国债指数。

9月30日，人民币兑美元汇率在9月的最后一日依旧保持上扬趋势。人民币实现了从2008年以来的最高季度涨幅——3.71%。

9月30日，IMF最新数据显示，2020年第2季度末，人民币外汇储备总额由第1季度末的2 201亿美元上升至2 304亿美元，实现连续六个季度的增长。人民币在全球官方外汇储备货币结构中的占比也上升至2.05%，刷新了纪录。目前，人民币已是全球第五大支付货币和官方外汇储备货币，全球70多家央行已将人民币纳入官方储备。

9月30日，中国人民银行行长易纲和印度尼西亚银行行长佩里·瓦吉约签署了《关于建立促进经常账户交易和直接投资本币结算合作框架的谅解备忘录》。两国央行将通过信息共享和定期讨论的形式加强合作。本次合作是中国与印度尼西亚两国加强双边金融合作的里程碑事件。

- **10月**

10月11日，中共中央办公厅、国务院办公厅印发《深圳建设中国特色社会主义先行示范区综合改革试点实施方案（2020—2025年）》，提出支持符合条件的在深境内企业赴境外上市融资；开展本外币合一跨境资金池业务试点；支持深圳在推进人民币国际化方面先行先试，推动完善外汇管理体制。

10月11日，中国人民银行副行长陈雨露撰文指出，以服务实体经济、促进贸易投资便利化为出发点，加快推进上海国际金融中心建设，优化内陆金融服务体系，支持香港离岸人民币市场发展，促进粤港澳大湾区金融市场互联互通；进一步完善跨境人民币政策框架，通过精细化管理提升人民币使用的便利化程度和接受度，推进人民币国际化。

10月12日，中国人民银行决定将远期售汇业务的外汇风险准备金率从20%下调为0。

10月14日，易纲在《中国金融》2020年第19～20期上刊发的《金融助力全面建成小康社会》一文中提到，维持币值稳定对成功经济体十分有必要。

10月22日，经国务院批准，中国人民银行与韩国银行（韩国的中央银行）续签了双边本币互换协议，互换规模由原来的 3 600 亿元人民币/64 万亿韩元扩大至 4 000 亿元人民币/70 万亿韩元，协议有效期为五年，经双方同意可以展期。中韩两国央行续签双边本币互换协议，将对维护金融市场稳定、扩大中韩间本币使用发挥积极作用，同时有助于促进贸易和投资的便利化。

10 月 24 日，易纲在第二届外滩金融峰会上的主题发言中表示，要统筹推进金融服务业开放、人民币汇率形成机制改革和人民币国际化。人民币汇率形成机制改革要增强人民币汇率弹性，更好地发挥汇率在宏观经济稳定和国际收支平衡中的“自动稳定器”作用。人民币国际化要坚持市场主导，监管当局主要是减少对人民币跨境使用的限制，顺其自然。新形势下的人民币国际化可在坚持市场主导的基础上，进一步完善对本币使用的支持体系，为市场作用的发挥创造更好的环境和条件。

- **11 月**

11 月 12 日，中国人民银行、国务院国有资产监督管理委员会联合召开跨境人民币便利企业贸易投资工作座谈会。会议要求，金融机构要切实增强服务意识，提供更加便捷高效的跨境人民币金融产品和服务，进一步提高人民币跨境及离岸清算效率，更好地帮助企业减少汇率风险，节约汇兑成本，增加融资渠道，降低融资成本。

11 月 12 日，中国人民银行在香港成功发行了两期人民币央行票据，其中 3 个月期央行票据 100 亿元，1 年期央行票据 150 亿元，中标利率分别为 2.85%和 2.90%。此次发行受到境外投资者的广泛欢迎，包括美、欧洲、亚洲等多个国家和地区的银行、央行、基金等机构投资者以及国际金融组织踊跃参与认购，投标总量约为 685 亿元，超过发行量 2.7 倍。

11 月 15 日，东盟十国及中国、日本、韩国、澳大利亚、新西兰的贸易部部长共同签署了《区域全面经济伙伴关系协定》（RCEP）。东盟于 2012 年邀请亚太主要经济体共同参加 RCEP 谈判，旨在建立一个统一市场的自由贸易协定。经过 8 年的努力、31 轮正式谈判，RCEP 于 2020 年末顺利签署，标志着亚太区域经济合作进入新的阶段。

11 月 25 日，经国务院批准，中国人民银行与香港金融管理局续签了货币互换协议，互换规模由原来的 4 000 亿元人民币/4 700 亿港元扩大至 5 000 亿元人民币/5 900 亿港元，有效期为五年，经双方同意可以展期。

双方认为，货币互换协议的续签有利于维护两地和区域金融稳定，便利两地贸易和投资，推动香港离岸人民币市场发展。

● **12月**

12月4日，国家外汇管理局批准深圳合格境内投资者境外投资（QDIE）试点规模由50亿美元增加到100亿美元。已有深圳QDIE管理企业，以平安银行为托管行募集境内合格投资者人民币资金，购汇约5 000万美元于境外进行直接投资。

12月4日，上海市地方金融监管局会同上海市商务委、上海市市场监管局、外汇管理局上海市分局、上海证监局等部门召开外资资产管理行业在沪发展研讨会，多家外资资管机构、律师事务所、第三方行政外包机构参加座谈并针对上海合格境内有限合伙人（QDLP）额度扩容、外资资管业务发展和创新进行了深入研讨。国家外汇管理总局批准上海QDLP试点新增额度50亿美元，总额达到100亿美元，大力支持QDLP试点业务和外资资产管理行业在沪发展。瑞士百达等机构正式取得QDLP试点额度，惠理投资等机构取得追加额度，并正在积极筹备新产品的设立与发行。

12月8日，中国人民银行党委委员、副行长陈雨露在《央行研究》栏目发表《“双循环”新发展格局与金融改革开放》。文中指出，完善上海原油期货规则制度，探索建立新能源人民币计价结算体系，以服务实体经济、促进贸易投资便利化为出发点，加快推进上海国际金融中心建设，优化内陆金融服务体系，支持香港离岸人民币市场发展，促进粤港澳大湾区金融市场互联互通；进一步完善跨境人民币政策框架，通过精细化管理提升人民币使用的便利化程度和接受度，稳慎推进人民币国际化；构建适应人民币国际化的跨境资金流动宏观审慎管理机制，完善金融风险监测、评估、预警和处置机制。

12月8日，上海清算所与欧洲清算银行合作推出“玉兰债”业务，境内发行人在海外发债有了新通道。这是中国人民银行指导境内外金融基础设施加强合作、服务我国债券市场高水平对外开放的一项有益探索。“玉兰债”是通过金融基础设施跨境互联互通，服务中资发行人面向国际市场发债的创新业务。上海清算所作为境内金融基础设施，直接服务中资发行人，提供债券无纸化登记服务。国际投资人直接或间接通过欧洲清算银行持有“玉兰债”。欧洲清算银行则利用其市场资源优势，为全球投资人提供“玉兰债”的托管结算服务。

12 月 11 日，为进一步完善全口径跨境融资宏观审慎管理，引导金融机构市场化调节外汇资产负债结构，中国人民银行、国家外汇管理局决定将金融机构的跨境融资宏观审慎调节参数从 1.25 下调至 1。金融机构应树立“风险中性”理念，更好地服务经济社会发展。

12 月 11 日，为进一步推动全球法人识别编码在我国的应用实施，对接国际高标准市场规则体系，支持金融高水平开放，便利跨境贸易和金融交易，中国人民银行会同中国银行保险监督管理委员会、中国证券监督管理委员会、国家外汇管理局发布《全球法人识别编码应用实施路线图（2020—2022 年）》，提出了 2020—2022 年我国应用实施全球法人识别编码的主要目标，明确了应用规则制定、赋码推广、技术应用和本地系统可持续发展等方面的重点任务。

12 月 15 日，全国首单境外投资者通过合格境外机构投资者/人民币合格境外机构投资者（QFII/RQFII）认购外商独资私募证券投资基金管理人（WFOE PFM）基金产品在上海顺利落地。此次通过 QFII/RQFII 认购的产品为霸菱投资管理（上海）有限公司发行的霸菱中国综合债券 1 号私募证券投资基金。该模式的落地为外资资管机构募资开辟了新路径，也是上海国际金融中心建设的有益探索，是配合金融领域对外开放的成功实践。

12 月 16 日至 18 日，中央经济工作会议在北京举行。会议指出，要深化利率汇率市场化改革，保持人民币汇率在合理均衡水平上的基本稳定。

12 月 18 日，中越金融与货币合作工作组第五次会议以视频连线方式召开。中国人民银行副行长陈雨露与越南国家银行副行长阮金英共同主持了会议。双方就中越两国近期宏观经济形势和货币政策、促进本币结算、未来合作计划等双方共同关心的议题进行了深入交流。

12 月 18 日，中国人民银行党委召开扩大会议，传达学习中央经济工作会议精神，研究部署贯彻落实工作。会议强调，明年要着重抓好稳步扩大金融双向开放，推动已宣布金融开放措施切实落地，稳慎推进人民币国际化。

12月21日，中国人民银行批复同意在北京设立人民币国际投贷基金。人民币国际投贷基金将“坚持全球视野、突出北京特色”，重点支持北京市企业对外合作和转型升级，为构建国内国际双循环新发展格局提供跨境资金支持。人民币国际投贷基金将强化制度创新，注重风险防范，并采用市场化、专业化运作模式，开展人民币境外直接投资和人民币海外贷款业务。

12月23日，中国人民银行在香港成功发行了100亿元6个月期人民币央行票据，中标利率为2.70%。此次发行受到境外投资者广泛欢迎，美洲、欧洲、亚洲等多个地区的商业银行、央行、基金等机构投资者以及国际金融组织踊跃参与认购，投标总量约300亿元，达到发行量的3倍。

12月25日，为贯彻落实党中央、国务院政策精神和中国人民银行相关工作要求，扩大金融高水平开放，中国银行间市场交易商协会吸收借鉴国际市场经验，广泛听取市场成员和相关领域专家意见，在中国人民银行的指导下制定了《外国政府类机构和国际开发机构债券业务指引（试行）》、修订形成了《境外非金融企业债务融资工具业务指引（2020版）》。

12月28日，沪深市场QFII登记结算制度改革相关业务正式上线，并允许QFII于12月29日起参与融资融券类证券交易。

12月29日，国泰君安证券协助大型海外机构投资者完成A股市场首单QFII融资融券业务，交易标的涵盖主板、创业板、科创板等多类别股票。QFII参与融资融券和转融通业务，有助于吸收优质资金入市、完善资本市场多空平衡机制、丰富投资方式、提高交易活跃度，将进一步提升资本市场对外开放水平，为资本市场深化改革提供新动能，对健全我国金融体系有着重要意义。

12月30日，中欧领导人共同宣布如期完成《中欧投资协定》谈判。《中欧投资协定》将有力拉动后疫情时期世界经济复苏，促进全球贸易和投资自由化、便利化，增强国际社会对经济全球化和自由贸易的信心，借助中欧两大市场为构建开放型世界经济做出重要贡献。

参考文献

巴曙松，王珂．中美贸易战引致全球经贸不确定性预期下的人民币国际化——基于大宗商品推动路径的分析［J］．武汉大学学报（哲学社会科学版），2019，72（6）：89－98.

白景明，赵全厚，封北麟，等．降低实体企业融资成本调研报告［J］．财政科学，2019（12）：23－54.

白重恩，张琼．中国的资本回报率及其影响因素分析［J］．世界经济，2014，37（10）：3－30.

蔡海亚，徐盈之．贸易开放是否影响了中国产业结构升级？［J］．数量经济技术经济研究，2017，34（10）：3－22.

曹建海．对我国工业中过度竞争的实证分析［J］．改革，1999（4）：5－14.

曹少文．浅谈中国资本回报率研究现状［J］．中国集体经济，2019（34）：78－79.

曹彤，赵然．从多核心货币区视角看人民币国际化进程［J］．金融研究，2014（8）：47－63.

曹玉瑾，于晓莉．分报告三：主要货币国际化的历史经验［J］．经济研究参考，2014（9）：43－59.

陈皓．破解小微企业融资困境：基于商业银行的视角［J］．金融监管研究，2017（7）：66－84.

陈继勇，陈大波．贸易开放度、经济自由度与经济增长——基于中国与“一带一路”沿线国家的分析［J］．武汉大学学报（哲学社会科学版），2017，70（3）：46－57．

陈瑶雯．“双循环”新发展格局下升级“一带一路”金融支撑体系研究［J］．国际贸易，2021（1）：67－73．

陈雨露．“双循环”新发展格局与金融改革发展［J］．中国金融，2020（Z1）：19－21．

陈雨露．全球货币政策合作共赢［J］．金融会计，2016（3）：5－7．

陈雨露．人民币汇率争端问题［J］．党建纵横，2011（2）：60－61．

陈雨露，胡冰．关于建立上海离岸国际金融市场的探讨［J］．国际金融研究，1994（4）：53－56．

陈雨露，涂永红，王芳．人民币国际化的未来［J］．宏观与金融，2013（1）：21－26．

代利凤．高质量科技供给理论发凡与科技供给侧改革思路［J］．科学管理研究，2020，38（3）：8－13．

董志勇，李成明．国内国际双循环新发展格局：历史溯源、逻辑阐释与政策导向［J］．中共中央党校（国家行政学院）学报，2020，24（5）：47－55．

方斐．跨境融资发力实体经济［J］．中国外汇，2020（Z1）：46－48．

封北麟．我国企业融资成本分析及降成本的对策——基于广东、浙江、江苏三省企业调查数据［J］．南方金融，2016（12）：81－86．

冯永琦，张蓦严．中国劳动力成本问题研究综述［J］．人口学刊，2018，40（4）：103－112．

冯志峰．供给侧结构性改革的理论逻辑与实践路径［J］．经济问题，2016（2）：12－17．

付敏，吴若伊．德国马克国际化及其对中国的启示［J］．经济理论与经济管理，2014（4）：100－112．

高程，王震．大国崛起模式与中国的策略选择——基于大国崛起历史进程的比较分析［J］．世界经济与政治，2020（12）：4－27．

高海红，余永定．人民币国际化的含义与条件［J］．国际经济评论，2010（1）：46－64．

管涛，陈之平. 日元国际化对人民币“走出去”的启示［J］. 国际金融，2014（8）：36－41.

桂莉，孙文沛. 美国对二战后德国赔偿政策的演变［J］. 武汉大学学报（人文科学版），2012，65（6）：117－120.

韩飏，刘胜会，张宏伟，孙景德，曾辉，洪波. 中小企业融资成本调查及思考——基于全国 18 个地市问卷调查的实证分析［J］. 金融发展评论，2014（1）：65－75.

韩帅帅，孙斌栋. 中国劳动力市场分割的时空演化［J］. 人口与经济，2019（2）：92－104.

贺晓博，张笑梅. 境内外人民币外汇市场价格引导关系的实证研究——基于香港、境内和 NDF 市场的数据［J］. 国际金融研究，2012（6）：58－66.

胡秋慧. 德国马克国际化进程与启示［J］. 中国金融，2012（1）：62－63.

华民，于换军，孙伊然，等. 从欧元看货币一体化的发展前景［J］. 世界经济，2005（5）：3－11.

黄梅波. 货币国际化及其决定因素——欧元与美元的比较［J］. 厦门大学学报（哲学社会科学版），2001（2）：44－50.

黄涛，李浩民. 金融供给侧结构性改革：重点任务与路径选择［J］. 改革，2019（6）：73－83.

计秋枫. 近代前期英国崛起的历史逻辑［J］. 中国社会科学，2013（9）：180－204.

贾康，苏京春. 论供给侧改革［J］. 管理世界，2016（3）：1－24.

江小涓，孟丽君. 内循环为主、外循环赋能与更高水平双循环——国际经验与中国实践［J］. 管理世界，2021，37（1）：1－19.

姜波克，罗得志. 最优货币区理论综述兼述欧元、亚元问题［J］. 世界经济文汇，2002（1）：73－80.

孔丽娜，汪三琴. 小微企业政策性融资担保体系建设的国际比较与经验借鉴［J］. 海南金融，2020（3）：33－37.

赖明勇，包群，彭水军，张新. 外商直接投资与技术外溢：基于吸收能力的研究［J］. 经济研究，2005（8）：95－105.

蓝嘉俊，方颖，马天平. 就业结构、刘易斯转折点与劳动收入份额：

理论与经验研究［J］. 世界经济，2019，42（6）：94－118.

李锋亮，岳昌君，侯龙龙．过度教育与教育的信号功能［J］. 经济学（季刊），2009，8（2）：569－582.

李晓欣．京津冀区域市场一体化水平测度研究——基于商品价格方差测度的分析［J］. 价格理论与实践，2020（4）：76－79.

梁朋．健全可持续的多层次社会保障体系［N］. 学习时报，2020－10－28（003）.

梁涛．"二元悖论"视角下中国跨境资本流动的宏观审慎管理——兼论新冠肺炎疫情影响与应对［J］. 首都经济贸易大学学报，2020，22（6）：17－27.

林霜．知识产权保护、技术创新与企业财务绩效［J］. 财会通讯，2018（33）：107－112.

刘鹤．两次全球大危机的比较研究［M］. 北京：中国经济出版社，2013（2）.

刘景华．论崛起时期英国经济地理格局的演变［J］. 天津师范大学学报（社会科学版），2009（6）：38－42.

刘仁和，陈英楠，吉晓萌，苏雪锦．中国的资本回报率：基于q理论的估算［J］. 经济研究，2018，53（6）：67－81.

刘思明，侯鹏，赵彦云．知识产权保护与中国工业创新能力——来自省级大中型工业企业面板数据的实证研究［J］. 数量经济技术经济研究，2015，32（3）：40－57.

刘玮．国内政治与货币国际化——美元、日元和德国马克国际化的微观基础［J］. 世界经济与政治，2014（9）：129－155.

刘亚，张曙东，许萍．境内外人民币利率联动效应研究——基于离岸无本金交割利率互换［J］. 金融研究，2009（10）：94－106.

刘振芳．英国金融机构的国际化［J］. 欧洲，1994（6）：36－45.

柳永明．论金融霸权［J］. 经济学家，1999（5）：68－73.

吕冰洋，贺颖．迈向统一市场：基于城市数据对中国商品市场分割的测算与分析［J］. 经济理论与经济管理，2020（4）：13－25.

马冉．政务营商环境研究［D］. 对外经济贸易大学，2019.

倪红福，冀承，杨耀武．中国宏观需求结构的演变逻辑、趋势研判与政策含义［J］. 改革，2020（7）：82－97.

欧阳芳．基于长尾理论的小微企业供给侧改革新思路［J］. 福建论坛（人文社会科学版），2016（10）：60－64.

彭徽．国际贸易理论的演进逻辑：贸易动因、贸易结构和贸易结果［J］. 国际贸易问题，2012（2）：169－176.

彭俞超，方意．结构性货币政策、产业结构升级与经济稳定［J］. 经济研究，2016，51（7）：29－42.

钱诚．"中国制造"还具有劳动力成本比较优势吗？——基于动态评价模型的国际比较［J］. 经济纵横，2020（4）：77－88.

钱学锋，裴婷．国内国际双循环新发展格局：理论逻辑与内生动力［J］. 重庆大学学报（社会科学版），2021，27（1）：14－26.

乔海曙，杨蕾．论金融供给侧改革的思路与对策［J］. 金融论坛，2016，21（9）：14－20.

申广军，陈斌开，杨汝岱．减税能否提振中国经济？——基于中国增值税改革的实证研究［J］. 经济研究，2016，51（11）：70－82.

沈坤荣，赵倩．以双循环新发展格局推动"十四五"时期经济高质量发展［J］. 经济纵横，2020（10）：18－25.

沈悦，戴士伟，樊锦琳，张蕾．人民币国际化：进程、影响因素及前景分析——基于与欧元、英镑、日元及美元的对比［J］. 经济问题，2019（1）：27－34.

宋林，谢伟，何红光．对外直接投资对我国就业影响的实证研究——基于门限面板模型的分析［J］. 当代经济科学，2017，39（5）：95－106.

孙海霞．欧元国际化：历程与启示［J］. 浙江金融，2011（11）：26－30.

孙健，魏修华，唐爱朋．从三大货币发展历程看人民币国际化战略的路径选择［J］. 亚太经济，2005（2）：69－71.

孙志军．过度教育的经济学研究述评［J］. 经济学动态，2001（5）：57－60.

唐为．分权、外部性与边界效应［J］. 经济研究，2019，54（3）：103－118.

唐为．要素市场一体化与城市群经济的发展——基于微观企业数据的分析［J］. 经济学（季刊），2021，21（1）：1－22.

田霖．金融普惠、金融包容与中小企业融资模式创新［J］．金融理论与实践，2013（6）：17－20.

王娇阳．我国绿色金融发展中存在的问题及对策研究［J］．中国集体经济，2021（3）：94－95.

王丽，张岩．对外直接投资与母国产业结构升级之间的关系研究——基于1990—2014年OECD国家的样本数据考察［J］．世界经济研究，2016（11）：60－69.

王萌萌．国开行2021年将投放500亿元贷款支持科技创新［EB/OL］．新华网，2021－04－07.

王帅．两德统一与欧洲一体化［J］．历史教学（下半月刊），2019，130（6）：21－27.

王文甫，王德新，岳超云．地方政府支出有偏性、企业融资约束与经济结构失衡［J］．财经研究，2016，42（10）：155－178.

王燕武，李文溥．居民负债压力下的财政政策效应［J］．中国工业经济，2020（12）：28－46.

王一鸣．通过供给侧改革重塑发展动力［N］．人民日报，2015－12－28（017）.

王玉西．建设重大科技创新平台 打造创新高地［EB/OL］．央视新闻，2021－05－09.

王震．新冠肺炎疫情冲击下的就业保护与社会保障［J］．经济纵横，2020（3）：7－15.

温俊萍．经济史视野中的大国崛起——基于荷兰、英国和美国的经验［J］．史林，2008（4）：167－173.

吴丰光．德国马克和日元国际化启示［J］．中国金融，2017（21）：85－87.

伍戈，杨凝．人民币跨境流动与离岸市场货币创造——兼议对我国货币政策的影响［J］．比较，2015（4）.

习近平．习近平谈治国理政：第二卷．北京：外文出版社，2017.

肖严华．劳动力市场、社会保障制度的多重分割与中国的人口流动［J］．学术月刊，2016，48（11）：95－107.

熊灵，魏伟，杨勇．贸易开放对中国区域增长的空间效应研究：

1987—2009 [J]. 经济学（季刊），2012，11（3）：1037－1058.

亚当·斯密．国民财富的性质和原因的研究：下卷 [M]. 郭大力，王亚南，译．北京：商务印书馆，2008.

闫力，孙勇．美元、日元和马克国际化对人民币国际化的启示 [J]. 经济研究参考，2015（54）：27－28.

严成樑，徐翔．生产性财政支出与结构转型 [J]. 金融研究，2016（9）：99－114.

严敏，巴曙松．境内外人民币远期市场间联动与定价权归属：实证检验与政策启示 [J]. 经济科学，2010（1）：72－84.

严敏，巴曙松．人民币即期汇率与境内外远期汇率动态关联——NDF监管政策出台之后 [J]. 财经研究，2010（2）：15－25.

杨君，黄先海，肖明月．金融发展、投资扩张模式与中国的资本回报率 [J]. 经济理论与经济管理，2018（2）：81－97.

杨力．评析欧元区统一的货币政策 [J]. 财经研究，2002（6）：40－45.

杨玲．英镑国际化的历程与历史经验 [J]. 南京政治学院学报，2017，33（2）：72－78.

姚铃．从德国马克到欧元——欧洲货币一体化对人民币国际化的启示 [J]. 国际贸易，2016（9）：55－57.

叶响裙．完善覆盖全民的社会保障体系 [N]. 学习时报，2020－06－10（001）.

易纲，范敏．人民币汇率的决定因素及走势分析 [J]. 经济研究，1997（10）：26－35.

易倩，卜伟．知识产权保护执法力度、技术创新与产业升级 [J]. 经济经纬，2019，36（3）：95－101.

殷剑峰．人民币国际化："贸易结算＋离岸市场"，还是"资本输出＋跨国企业"？——以日元国际化的教训为例 [J]. 国际经济评论，2011（4）：53－68.

殷桐生．德国经济通论 [J]. 金融评论，2016，8（6）：2.

于永臻，李明慧．美元、日元、欧元和英镑国际化历程及对人民币国际化的启示 [J]. 经济研究参考，2013（54）：5－10.

余元春，顾新，陈一君．引力模型、边界效应与中国跨区域技术转移——基于2009—2013年省际面板数据分析［J］. 软科学，2016，30（7）：15－18.

翟振武，陈佳鞠，李龙. 2015—2100年中国人口与老龄化变动趋势［J］. 人口研究，2017，41（4）：60－71.

张慧君. 发挥创新驱动在供给侧改革中的战略引领作用［J］. 理论视野，2016（1）：8－10.

张明. 如何系统全面地认识"双循环"新发展格局？［J］. 辽宁大学学报（哲学社会科学版），2020，48（4）：1－8.

张明斗，毕佳港. 城乡劳动力市场的制度性分割及一体化建设研究［J］. 城市，2020（4）：46－55.

张腾，蒋伏心，韦朕韬. 财政分权、晋升激励与经济高质量发展［J］. 山西财经大学学报，2021，43（2）：16－28.

张伟华，毛新述，刘凯璇. 利率市场化改革降低了上市公司债务融资成本吗？［J］. 金融研究，2018（10）：106－122.

张为杰，李少林. 经济新常态下我国的供给侧结构性改革：理论、现实与政策［J］. 当代经济管理，2016，38（4）：40－45.

张宇. FDI技术外溢的地区差异与吸收能力的门限特征——基于中国省际面板数据的门限回归分析［J］. 数量经济技术经济研究，2008（1）：28－39.

赵柯. 德国的"欧元保卫战"——国际货币权力的维护与扩张［J］. 欧洲研究，2013，31（1）：64－86.

赵柯. 工业竞争力、资本账户开放与货币国际化——德国马克的国际化为什么比日元成功［J］. 世界经济与政治，2013（12）：140－155.

赵柯. 货币国际化的政治逻辑——美元危机与德国马克的崛起［J］. 世界经济与政治，2012（5）：120－141.

郑毓盛，李崇高. 中国地方分割的效率损失［J］. 中国社会科学，2003（1）：64－72.

中国金融四十人论坛课题组，纪志宏，纪敏，赵奕然. 产能过剩的衡量与原因分析——一个文献综述［J］. 新金融评论，2017（1）：73－95.

中国人民大学国际货币研究所. 人民币国际化报告2019：高质量发展与高水平金融开放［M］. 北京：中国人民大学出版社，2019.

中国人民大学国际货币研究所．人民币国际化报告 2015：“一带一路”建设中的货币战略［M］．北京：中国人民大学出版社，2015.

中国人民大学国际货币研究所．人民币国际化报告 2013：世界贸易格局变迁与人民币国际化［M］．北京：中国人民大学出版社，2013.

中国人民银行金融稳定分析小组．中国金融稳定报告 2019［M］．北京：中国金融出版社，2019.

中国银行课题组，刘连舸，陈卫东，刘旭光．国内国际双循环大格局下居民消费研究及扩大居民消费的政策建议［J］．国际金融，2020（10）：3－32.

钟华星．我国金融高质量发展的现状及对策——基于国际比较的研究［J］．西南金融，2021（2）：74－84.

周诚君．金融助力构建“双循环”新发展格局［J］．中国金融，2020（23）：21－22.

周诚君，吕威，卜凡玫，王娜．关于进一步规范熊猫债管理的若干考虑及政策建议［J］．债券，2017（9）：18－22.

宗良，李斌．金融助力新发展格局行稳致远［J］．中国金融，2020（17）：24－26.

Bain，J. *Industrial Organization*［M］．2ed. John Wiley & Sons，lnc.，1968.

Bernanke B.，Gertler，M.，and Gilchrist，S. *The Financial Accelerator in a Quantitative Business Cycle Framework*［M］．Elsevier，1999.

Brown，J. R.，Fazzari，S. M. and Petersen，B. C. “Financing Innovation and Growth：Cash Flow，External Equity，and the 1990s R&D Boom”［J］．*Joural of Financial*，2009，64（1）：151—185.

Chava，S.，Oettl，A.，Subramanian，A.，Subramanian，K.，“Banking Deregulation and Innovation”［J］．*Journal of Financial Economics*，2013，109（3）：759－774.

Chinn，M. and Frankel，J. “Will the Euro Eventually Surpass the Dollar as Leading International Reserve Currency”［Z］．NBER Working Paper 11510，Cambridge，2005.

Cornaggia, J., Mao, Y., Tian, X., Wolfe, B. "Does Banking Competition Affect Innovation?" [J]. *Journal of Financial Economics* 2015 (115): 189-209.

Goldberg, L. S. and Tille, C.. "Vehicle Currency Use in International Trade" [Z]. NBER Working Papers 11127, National Bureau of Economic Research, 2005.

Han, L., Kung, J. K. S. "Fiscal Incentives and Policy Choices of Local Governments: Evidence from China" [J]. *Journal of Development Economics*, 2015 (116): 89-104.

Helpman, E. and Krugman, P. R. *Market Structure and Foreign Trade: Increasing Returns, Imperfect Competition*, and the International Economy [M]. Cambridge: MIT Press, 1985.

Liang, W., Lu, M., Zhang, H. "Housing Prices Raise Wages: Estimating the Unexpected Effects of Land Supply Regulation in China" [J]. *Journal of Housing Economics*, 2016 (33): 70-81.

McKinnon, R. I. *International Exchange: The Convertible Currency System* [M]. New York: Oxford University Press, 1979.

Poncet, S. "Measuring Chinese Domestic and International Integration" [J]. *China Economic Review*, 2003, 14 (1): 1-21.

Sufi, A. "Out of Many, One? Household Debt, Redistribution and Monetary Policy during the Economic Slump" [R]. Andrew Crockett Memorial Lecture, 2015.

后　记

《人民币国际化报告》由中国人民大学自2012年起每年定期发布，忠实记录人民币国际化历程，深度研究各个阶段的重大理论问题和政策热点。本报告以特别编制的人民币国际化指数（RII）为抓手，动态反映人民币在国际范围内的实际使用程度，剖析RII变化背后的市场、政策、制度原因，为国内外各界人士及时、全面掌握人民币国际地位的发展变化提供科学依据。

《人民币国际化报告2021》的主题为“双循环新发展格局与货币国际化”。本报告系统阐述了双循环新格局、高质量发展与人民币国际化之间的关系，分析了畅通国内大循环的突破口，总结了双循环支持货币国际化的国际经验，并深入探讨了以贸易创新引领高水平开放、以“一带一路”建设推动双循环相互促进、以离岸市场促进双循环及人民币国际化之间的内在逻辑与实现路径。报告认为：选准畅通国内大循环的三大突破口，综合施策，完善相关机制体制，可以使人民币国际化的推动力倍增。通过多种贸易创新奠定国际经济合作与竞争新优势、高质量建设“一带一路”以及充分发展和合理布局离岸市场，是有效推进人民币国际化的重要途径。报告强调：内循环是货币国际化的先决条件，外循环则是货币国际化的实现手段。应构建国内国际循环相互促进的经济循环，并在建设国内消费市场、掌握关键技术、本币优先、提升政治影响力等方面实现重点突破，进而充分发挥双循环新格局对人民币国际化的支撑作用。

《人民币国际化报告》由中国人民大学国际货币研究所组织撰写，得到了中国人民大学财政金融学院尤其是国际金融团队的全力支持，以及各位专家学者的通力合作。多位本校研究生、本科生参与了数据采集、信息处理等基础性工作。特别感谢中国人民大学国际货币研究所学术委员会主任委员、《人民币国际化报告》前任主编、中国人民银行副行长陈雨露教授对2021年报告选题、写作、评审、修改完善等各个环节给予的学术指导。感谢中国人民银行总行和上海总部、国家外汇管理局、国家发展和改革委员会、商务部、中国银行研究院、中国银行（香港）有限公司、上海黄金交易所、交通银行等机构在数据获取、市场调查以及政策信息核对等多方面所给予的大力支持。此外，陈卫东、丁志杰、焦瑾璞、杜星、马贱阳、周永坤、施琍娅等各界专家多次出席课题组研讨会议，提出了中肯的修改意见与建议；中国人民大学国际货币研究所张杰所长，中国资本市场研究院赵锡军联席院长，中国人民大学财政金融学院庄毓敏院长、马勇教授和芦东也为本报告的不断完善贡献良多。对此我们表示由衷的感谢！

本报告各章分工如下：

导　论：王芳

第1章：赵雪情、任屹颖、白宗辰

第2章：涂永红、刁璐、贺雅亭、张畅、周梓楠

第3章：钱宗鑫、付鹏璐、许界天、张畅、王蓁、齐亚灵

第4章：刘舫舸、杨海龙、胡通、何青

第5章：涂永红、钱宗鑫、龚劲、刁璐、牛嘉豪、郭康、付鹏璐、许界天

第6章：涂永红、钱宗鑫、龚劲、王蓁、张畅、郭康、齐亚灵

第7章：罗煜、陆利平、陈艺仁、于家粱

第8章：曲凤杰、涂永红

第9章：贺晓博、鄂志寰

第10章：涂永红、王芳

附录1：王芳

附录2：姜楠、陈周阳

附录3：姜楠、陈周阳

“IMI·大金融书系”编辑委员会

"IMI·大金融书系"书目

1.《欧元的故事——一个新全球货币的激荡岁月》
［英］戴维·马什 著，向松祚 宋姗姗 译
出版时间：2011 年 5 月第 1 版第 1 次印刷
出 版 社：机械工业出版社

2.《财政危机下的金融困局与突破：国际金融形势评论 2013》
曹彤 编著
出版时间：2013 年 5 月第 1 版第 1 次印刷
出 版 社：机械工业出版社

3.《后金融危机时代全球货币治理的坚守与革新：国际金融形势评论 2014》
曹彤 编著
出版时间：2014 年 5 月第 1 版第 1 次印刷
出 版 社：机械工业出版社

4.《人民币国际化报告 2012》
中国人民大学国际货币研究所 著
出版时间：2012 年 9 月第 1 版第 1 次印刷
出 版 社：中国人民大学出版社

5.《人民币国际化报告 2013：世界贸易格局变迁与人民币国际化》
中国人民大学国际货币研究所 著
出版时间：2013 年 11 月第 1 版第 1 次印刷
出 版 社：中国人民大学出版社

6.《人民币国际化报告 2014：人民币离岸市场建设与发展》
中国人民大学国际货币研究所 著
出版时间：2014 年 7 月第 1 版第 1 次印刷

出 版 社：中国人民大学出版社

7.《人民币国际化报告 2015：“一带一路”建设中的货币战略》

中国人民大学国际货币研究所 著

出版时间：2015 年 7 月第 1 版第 1 次印刷

出 版 社：中国人民大学出版社

8.《人民币国际化报告 2016：货币国际化与宏观金融风险管理》

中国人民大学国际货币研究所 著

出版时间：2016 年 10 月第 1 版第 1 次印刷

出 版 社：中国人民大学出版社

9.《人民币国际化报告 2017：强化人民币金融交易功能》

中国人民大学国际货币研究所 著

出版时间：2017 年 7 月第 1 版第 1 次印刷

出 版 社：中国人民大学出版社

10.《人民币国际化报告 2018：结构变迁中的宏观政策国际协调》

中国人民大学国际货币研究所 著

出版时间：2018 年 7 月第 1 版第 1 次印刷

出 版 社：中国人民大学出版社

11.《人民币国际化报告 2019：高质量发展与高水平金融开放》

中国人民大学国际货币研究所 著

出版时间：2019 年 7 月第 1 版第 1 次印刷

出 版 社：中国人民大学出版社

12.《人民币国际化报告 2020：上海如何建设全球金融中心》

中国人民大学国际货币研究所 著

出版时间：2020 年 7 月第 1 版第 1 次印刷

出 版 社：中国人民大学出版社

13.《人民币国际化报告 2021：双循环新发展格局与货币国际化》

中国人民大学国际货币研究所 著

出版时间：2021 年 7 月第 1 版第 1 次印刷

出 版 社：中国人民大学出版社

14. *The Internationalization of the Renminbi*：*2012 Annual Report*

International Monetary Institute，Renmin University of China

出版时间：2012年12月第1版第1次印刷
出 版 社：中国人民大学出版社
15. *Internationalization of the RMB：2013 Annual Report*
International Monetary Institute，Renmin University of China
出版时间：2014年4月第1版第1次印刷
出 版 社：Enrich Professional Publishing，Inc.
16.《人民币国际化报告2012》(日文版)
中国人民大学国际货币研究所 著
出版时间：2014年2月第1版第1次印刷
出 版 社：科学出版社东京株式会社
17.《人民币国际化报告2015》(俄文版)
中国人民大学国际货币研究所 著
出版时间：2017年11月第1版第1次印刷
出 版 社：机遇国际出版公司
18.《大国货币Ⅰ：政治篇》
涂永红，戴稳胜 著
出版时间：2014年7月第1版第1次印刷
出 版 社：科学出版社
19.《大国货币Ⅱ：军事篇》
戴稳胜，涂永红 著
出版时间：2014年7月第1版第1次印刷
出 版 社：科学出版社
20.《大国货币Ⅲ：文化篇》
涂永红 著
出版时间：2014年7月第1版第1次印刷
出 版 社：科学出版社
21.《欧洲的未来》
[英] 大卫·马什 等 著，许钊颖 译
出版时间：2014年7月第1版第1次印刷
出 版 社：中国经济出版社
22.《布雷顿森林体系70年：国际货币体系重构与人民币国际化——

2014 国际货币论坛会议文集》

中国人民大学国际货币研究所 编

出版时间：2015 年 3 月第 1 版第 1 次印刷

出 版 社：中国金融出版社

23. 《负利率效应下的中国经济》

伍聪 著

出版时间：2015 年 6 月第 1 版第 1 次印刷

出 版 社：中国人民大学出版社

24. 《人民币作为计价货币：理论与政策分析》

涂永红 著

出版时间：2015 年 9 月第 1 版第 1 次印刷

出 版 社：中国金融出版社

25. 《“新特里芬难题”与人民币国际化战略》

王芳 著

出版时间：2015 年 10 月第 1 版第 1 次印刷

出 版 社：中国人民大学出版社

26. 《全球货币政策的分化与协调——供需再平衡：国际金融形势评论 2015》

曹彤 编著

出版时间：2015 年 11 月第 1 版第 1 次印刷

出 版 社：机械工业出版社

27. 《2015 中资银行国际化报告》

贲圣林，俞洁芳，顾月，吕佳敏 等 著

出版时间：2015 年 12 月第 1 版第 1 次印刷

出 版 社：中国金融出版社

28. 《新秩序——美联储货币互换网络重塑国际货币体系》

徐以升 著

出版时间：2016 年 4 月第 1 版第 1 次印刷

出 版 社：中国经济出版社

29. 《“一带一路”战略与人民币国际化——2015 国际货币论坛会议文集》

中国人民大学国际货币研究所 编

出版时间：2016 年 8 月第 1 版第 1 次印刷

出 版 社：中国金融出版社

30.《2016 中资银行国际化报告》

贲圣林，俞洁芳，顾月，吕佳敏 等 著

出版时间：2016 年 12 月第 1 版第 1 次印刷

出 版 社：中国金融出版社

31.《新常态下北京金融可持续发展研究》

涂永红，赵雪情 著

出版时间：2016 年 12 月第 1 版第 1 次印刷

出 版 社：中国金融出版社

32.《资产价格、产出波动与货币政策》

闫先东，朱迪星 著

出版时间：2016 年 12 月第 1 版第 1 次印刷

出 版 社：中国财政经济出版社

33.《黄达传略》

宋科 编著

出版时间：2017 年 3 月第 1 版第 1 次印刷

出 版 社：中国人民大学出版社

34.《守住底线——全球金融安全网及中国作为》

曲双石 著

出版时间：2018 年 6 月第 1 版第 1 次印刷

出 版 社：机械工业出版社

35.《大金融思想沙龙》（第一辑）

中国人民大学国际货币研究所 编

出版时间：2018 年 7 月第 1 版第 1 次印刷

出 版 社：中国经济出版社

36.《大金融思想沙龙》（第二辑）

中国人民大学国际货币研究所 编

出版时间：2019 年 8 月第 1 版第 1 次印刷

出 版 社：中国经济出版社

图书在版编目（CIP）数据

人民币国际化报告．2021：双循环新发展格局与货币国际化/中国人民大学国际货币研究所著．--北京：中国人民大学出版社，2021.7

ISBN 978-7-300-29614-2

Ⅰ.①人… Ⅱ.①中… Ⅲ.①人民币-国际化-研究报告-2021 Ⅳ.①F822

中国版本图书馆 CIP 数据核字（2021）第 134157 号

IMI·大金融书系

人民币国际化报告 2021：双循环新发展格局与货币国际化

中国人民大学国际货币研究所　著

Renminbi Guojihua Baogao 2021

出版发行	中国人民大学出版社		
社　　址	北京中关村大街 31 号	**邮政编码**	100080
电　　话	010－62511242（总编室）		010－62511770（质管部）
	010－82501766（邮购部）		010－62514148（门市部）
	010－62515195（发行公司）		010－62515275（盗版举报）
网　　址	http://www.crup.com.cn		
经　　销	新华书店		
印　　刷	北京玺诚印务有限公司		
规　　格	185 mm×260 mm　16 开本	**版　　次**	2021 年 7 月第 1 版
印　　张	18 插页 1	**印　　次**	2021 年 7 月第 1 次印刷
字　　数	273 000	**定　　价**	69.00 元